职业教育汽车诊断思维技能创新教材

汽车车身电控系统故障检修

主　编　李晶华　高吕和　弋国鹏
副主编　王　会　侯　勇　王　昀
参　编　鲍晓东　杨　梅　郭　凯
　　　　陆亚灵　周克媛

二维码总码

机械工业出版社

本书是高职院校汽车故障检修大赛资源转化系列教材之一，主要是按照故障诊断流程对汽车车身电控系统常见故障进行详细的讲解，包括无钥匙进入系统、玻璃升降器控制系统、电动后视镜控制系统、灯光控制系统，同时对新一代控制器局域网（CAN）总线技术进行了一定的讲解，并列举大量翔实的案例辅助教学实施。

本书梳理了汽车诊断思维，细化了技术细节，引导学生在具体的诊断过程中进一步掌握汽车车身电控系统的结构和控制逻辑，指导学生学会使用各种诊断设备，培养学生将广泛的基础知识和实际车型相结合，更有效地掌握排除汽车故障的流程和技能。

本书可作为高职院校汽车检测与维修技术专业教材，也可作为汽车维修技能竞赛的指导性教材或汽车技术培训教材。

图书在版编目（CIP）数据

汽车车身电控系统故障检修 / 李晶华，高吕和，弋国鹏主编. -- 北京：机械工业出版社，2025.6.
（职业教育汽车诊断思维技能创新教材）. -- ISBN 978-7-111-78880-5

Ⅰ. U472.41

中国国家版本馆CIP数据核字第2025QY1584号

机械工业出版社（北京市百万庄大街22号 邮政编码100037）
策划编辑：李 军　　　　　　　　责任编辑：李 军
责任校对：王 捷　张雨霏　景 飞　封面设计：马精明
责任印制：邓 博
北京中科印刷有限公司印刷
2025年9月第1版第1次印刷
184mm×260mm·15.25印张·349千字
标准书号：ISBN 978-7-111-78880-5
定价：69.90元

电话服务　　　　　　　　　　网络服务
客服电话：010-88361066　　　机 工 官 网：www.cmpbook.com
　　　　　010-88379833　　　机 工 官 博：weibo.com/cmp1952
　　　　　010-68326294　　　金 书 网：www.golden-book.com
封底无防伪标均为盗版　　　机工教育服务网：www.cmpedu.com

前　言

为促进赛课融合，引领专业建设发展，加快三教改革创新的步伐，助推具有工匠精神的复合型技术技能人才的培养，我们将汽车故障检修大赛资源转化为本系列教材，供职业院校汽车相关专业教学或培训使用。

本书依据全国职业院校汽车故障检修（高职组）赛项中车身电控系统故障检修的内容和要求，基于工作过程系统化的汽车故障诊断流程进行编写，将历年汽车故障检修技能竞赛的技术规范和日常教学活动紧密结合，培养学生在汽车故障诊断过程中的诊断思维和操作规范性，培养学生将理论知识和实际维修案例相结合及编写故障诊断和检测技术文件的能力，提升学生的专业素养及竞赛能力。

本书符合国家对技术技能型紧缺人才培养培训工作的要求，注重以就业为导向，以能力为本位，面向市场、面向社会，体现了职业教育的特色，满足了高素质人才培养的需求。

本书的编写以"创新职业教育理念、改革教育教学模式、提升学生职业素质、适应经济社会发展"为指导思想，采用职教专家、行业一线企业和出版社相结合的编写模式。在组织编写过程中，编者认真总结了历年技能竞赛的相关技术文件，通过大量的验证性试验总结原车的结构特点和控制流程，并基于此制定了规范的诊断流程，同时还注意吸收发达国家先进的职教理念和方法，形成以下特色：

1）打破传统的教材体例，以典型工作情境为单元确定知识目标和能力目标，以翔实的故障诊断案例引领教学实施，使培养过程实现"知行合一"。

2）以工作过程为导向，细化作业流程，规范诊断思维和操作过程，对必要的理论知识进行了详细的解释，真正将技能竞赛的要求和日常教学活动有机结合。

3）内容选择注重汽车后市场职业岗位对人才的知识、能力要求，力求与相应的职业资格标准衔接，并较多地反映了新知识、新技术、新工艺、新方法和新材料等内容。

本书由北京工业职业技术学院与北京中汽恒泰教育科技有限公司合作编写，在编写过程中，得到全国智能交通控制行业产教融合共同体的大力支持和悉心指导，此外，魏建平、贺贵栋、何文收、刘超也参与了本书的资料收集、数据采集、文稿整理及其他相关工作，在此表示衷心的感谢。

由于经验有限，书中诊断流程、测试数据等可能存在疏漏，请使用本书的师生提出宝贵意见，以便在今后进行补充和改进。

编　者

目 录

前 言

任务 1
无钥匙进入系统的认知与诊断

任务描述 ·· 001
学习目标 ·· 001
建议学时 ·· 002
学习准备 ·· 002
1.1　迈腾无钥匙进入系统认知 ··· 002
1.2　无钥匙进入系统的测试与诊断 ··· 021
计划与实施 ·· 031
评价与反馈 ·· 033
能力与拓展 ·· 036
案例 1　J965 的唤醒信号线路故障检修 ··· 036
案例 2　舒适 CAN 总线故障检修 ·· 039
案例 3　J519 端舒适 CAN 总线故障检修 ··· 044
案例 4　J519 接地线路断路故障检修 ··· 047
案例 5　J285 端舒适 CAN 总线或供电线路故障检修 ····························· 048
案例 6　J965 端 CAN 总线故障检修 ··· 053
案例 7　J965 供电线路故障检修 ··· 056
案例 8　遥控钥匙未匹配故障检修 ··· 059
案例 9　左前车门触摸传感器线路故障检修 ··· 060
案例 10　左前车门外部天线线路断路故障检修 ······································· 065

案例 11	驾驶员侧车门门锁电机线路故障检修	067
案例 12	左后侧车门门锁电机线路断路故障检修	068
案例 13	E308 开关信号线路及触点故障检修	069
案例 14	E308 开关接地线路虚接 1000Ω 电阻故障检修	072
案例 15	E308 开关接地线路断路故障检修	073
案例 16	J386 端舒适 CAN 总线反接故障检修	074

任务 2
玻璃升降器控制系统的认知与诊断

任务描述 ······ 076
学习目标 ······ 076
建议学时 ······ 077
学习准备 ······ 077
  2.1 玻璃升降器控制系统的认知 ······ 077
  2.2 玻璃升降器控制系统的测试与诊断 ······ 088
计划与实施 ······ 100
评价与反馈 ······ 102
能力与拓展 ······ 103

案例 1	E710 与 E716 信号线路之间虚接 50Ω 电阻故障检修	103
案例 2	E710 与 E716 信号线路反接故障检修	105
案例 3	E710 信号线路故障检修	106
案例 4	E713 信号线路断路故障检修	108
案例 5	E512 接地线路故障检修	109
案例 6	E52 内部触点断路故障检修	110
案例 7	右后侧车窗玻璃升降器开关 E54 电路故障检修	111
案例 8	前排乘员侧玻璃升降电机线路断路故障检修	113
案例 9	驾驶员侧玻璃升降电机线路虚接 10Ω 电阻故障检修	115
案例 10	J388 端 LIN 总线故障检修	116

案例 11	J389 端 LIN 总线故障检修	118
案例 12	J386 模块供电熔丝 SC25 虚接 10Ω 电阻故障检修	121
案例 13	J388 模块负极供电线路断路故障检修	122
案例 14	J387 模块供电熔丝 SC39 断路故障检修	123
案例 15	J389 模块负极供电线路虚接 10Ω 电阻故障检修	124

任务 3
电动后视镜控制系统的认知与诊断

任务描述	126
学习目标	126
建议学时	127
学习准备	127
3.1 电动后视镜控制系统的认知	127
3.2 电动后视镜控制系统的测试与诊断	134
计划与实施	140
评价与反馈	142
能力与拓展	143
案例 1	后视镜调节转换开关 E48 信号线路对地虚接 160Ω 故障检修	143
案例 2	后视镜调节转换开关 E48 信号线路故障检修	144
案例 3	后视镜调节开关 E43 故障检修	146
案例 4	E48 与 E43 公共接地线路断路故障检修	148
案例 5	E48 与 E43 公共接地线路虚接 500Ω 电阻故障检修	148
案例 6	驾驶员侧后视镜调节电机公共线路故障检修	149

任务 4
灯光控制系统认知与诊断

任务描述 151
学习目标 151
建议学时 152
学习准备 152

4.1 灯光控制系统的认知 153
    4.1.1 远光灯控制系统的认知 153
    4.1.2 近光灯控制系统的认知 158
    4.1.3 示廓灯控制系统的认知 161
    4.1.4 制动灯控制系统的认知 164
    4.1.5 转向灯及危险警告灯控制系统的认知 166
    4.1.6 雾灯控制系统的认知 174
    4.1.7 倒车灯控制系统的认知 177

4.2 灯光控制系统测试与诊断 180
    4.2.1 远光灯控制系统测试与诊断 180
    4.2.2 近光灯控制系统测试与诊断 185
    4.2.3 示廓灯控制系统测试与诊断 189
    4.2.4 制动灯控制系统测试与诊断 192
    4.2.5 转向灯及危险警告灯控制系统测试与诊断 195
    4.2.6 雾灯控制系统测试与诊断 199
    4.2.7 倒车灯控制系统测试与诊断 203

计划与实施 207
评价与反馈 210
能力与拓展 213
    案例 1 灯光开关 LIN 线故障检修 213
    案例 2 灯光开关 LIN 线对冗余线路短路故障检修 215
    案例 3 灯光开关 LIN 线对冗余线路虚接 200Ω 电阻故障检修 216

案例 4　灯光开关冗余信号线路对地短路故障检修 …………………………………… 217
案例 5　灯光开关冗余信号线路对地虚接 500Ω 电阻故障检修 ……………………… 219
案例 6　灯光开关冗余信号线路虚接 500Ω 电阻故障检修 …………………………… 220
案例 7　灯光开关供电线路故障检修 …………………………………………………… 221
案例 8　后雾灯供电线路断路故障检修 ………………………………………………… 223
案例 9　倒车灯与牌照灯供电线路短路故障检修 ……………………………………… 224
案例 10　尾部左侧牌照灯 X4 损坏故障检修 …………………………………………… 225
案例 11　高位制动灯供电线路断路故障检修 …………………………………………… 225
案例 12　J519 端制动信号线路对正极短路故障检修 …………………………………… 227

附件

任务单 1　汽车维修服务接车单 ………………………………………………………… 229
任务单 2　故障树 ………………………………………………………………………… 230
任务单 3　诊断报告 ……………………………………………………………………… 231
任务单 4　完工单 ………………………………………………………………………… 236

任务 1 无钥匙进入系统的认知与诊断

任务描述

一辆迈腾汽车来到修理厂进行修理，车主向业务员主诉门锁故障。服务顾问试车后发现是中控门锁出现问题。请你在约定的时间内对车辆进行检修，完成诊断报告单，将修好的车辆返还业务部门，并给客户提供用车建议。

学习目标

1. 知识目标

1）能叙述汽车舒适系统的基本结构、工作原理。
2）能叙述汽车无钥匙进入系统的基本构成、作用。
3）能叙述舒适系统 CAN 总线的结构和工作原理。
4）能分析无钥匙进入系统工作异常的原因。

2. 能力目标

1）通过对舒适系统的结构认知，培养学生对事物的观察和应变能力。
2）通过对舒适系统故障的检查、分析、排除，培养学生分析问题、解决问题的能力。
3）能正确选择、连接、使用检测仪器。
4）能使用检测仪器数据进行分析和判断。

3. 素质目标

1）能够按照企业 5S 要求和安全生产规范进行操作。
2）具有一定的沟通能力和团队合作能力。

4. 拓展目标

1）可以借助原厂资料(维修手册)描述车辆的构造特点和工作原理。
2）能描述与中控门锁有关的系统或部件，并能准确描述其工作原理。
3）能编制中控门锁异常的故障树（诊断流程）。
4）能借助原厂资料和诊断设备，按照编制的故障树（诊断流程）进行系统诊断，以确定故障所在。
5）能正确排除诊断出的故障，并对车辆进行试验，以确保车辆运行正常。

6）能正确完成诊断报告，并给客户提供用车建议。

建议学时

8学时

学习准备

1. 知识准备

（1）舒适系统的功能
（2）中控门锁控制系统的组成和分类
（3）中控门锁控制系统的作用和工作原理
（4）中控门锁控制系统异常的原因
1）调整开关接触故障。
2）中控门锁控制线路故障。
3）熔断器故障。
4）中控门锁电机接触不良或损坏。
5）机械机构卡死或变形。
具体内容详见1.1节迈腾无钥匙进入系统认知。

2. 技能准备

具体内容详见1.2节无钥匙进入系统的测试与诊断。

3. 教学准备

1）修车保护五件套。
2）常用工具、万用表、内饰拆装工具、绝缘胶带、剥线钳等。
3）车辆诊断设备。
4）原厂维修手册。
5）用于数据记录和计算的笔、纸、本或表格。
6）参考教材和工作页。

1.1 迈腾无钥匙进入系统认知

无钥匙进入/起动系统是一种非接触式的中控门锁和警报系统。车主无须"主动"使用车辆钥匙，就能够打开车门、起动车辆。只要车钥匙在车主的身边（如口袋里），车主轻碰车辆的任意一个门把手内侧就可以解除防盗状态；轻拉门把手就可以打开车门。

图1-1所示为迈腾无钥匙进入系统结构原理图，在开启或锁闭车门时，车辆KESSY

（Key-less Access）无钥匙进入系统可以靠人手感应，在不直接操作钥匙的情况下解锁和锁闭车辆，当然也可以使用遥控钥匙或机械钥匙解锁和锁闭车辆；当进入车辆后，车内天线确定车内是否存在被授权的车钥匙，通过按键 E378 完成车辆点火和发动机起动的控制。

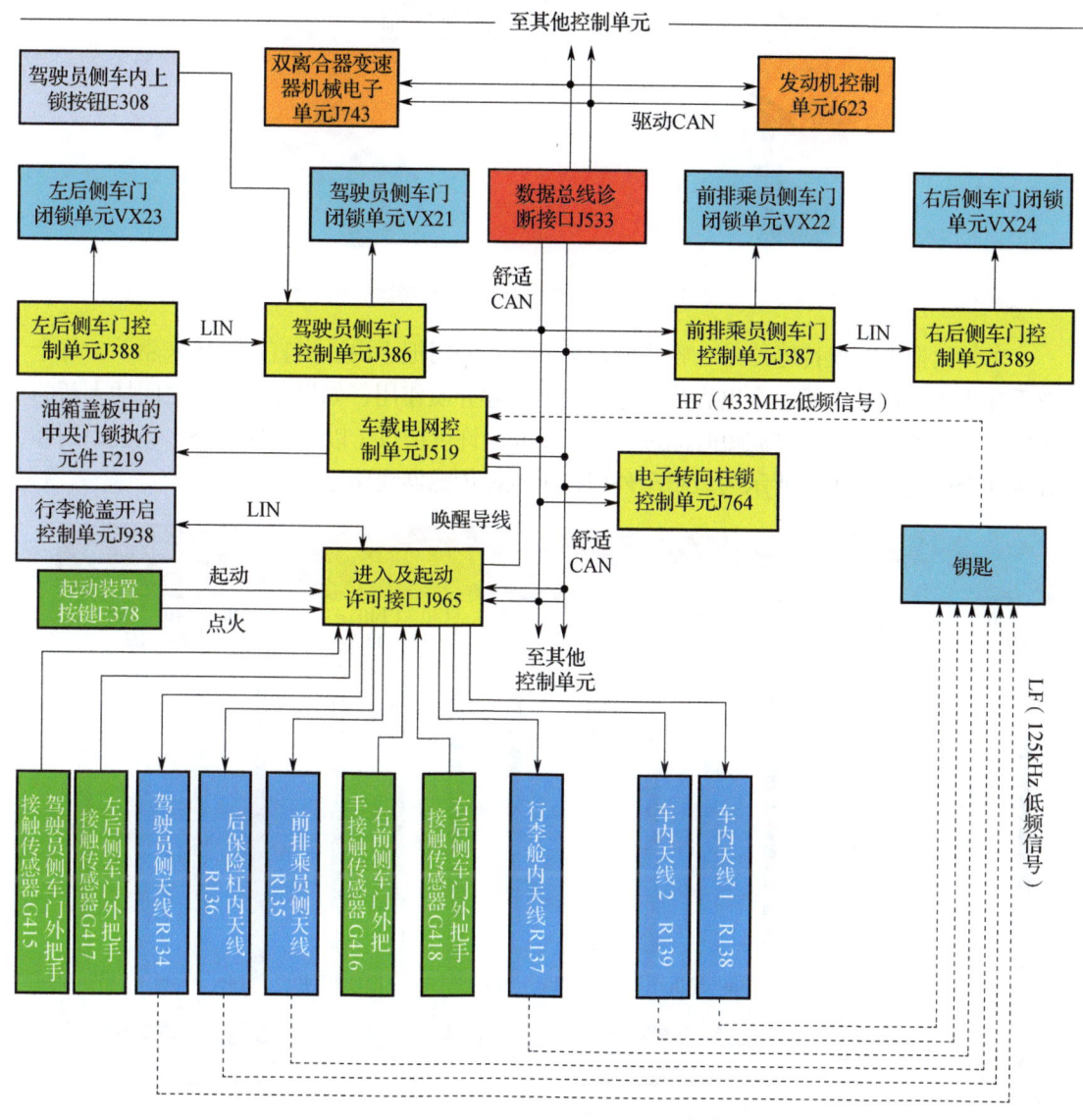

图 1-1 迈腾无钥匙进入系统结构原理图

1. 迈腾进入系统的组成

（1）车外门把手触摸传感器

在配置无钥匙进入系统的车辆上，部分车辆的每个车门均安装有车外门把手触摸传感器，而部分车辆只有前部车门安装有车外门把手触摸传感器，其外形如图 1-2 所示，它们分别包括：驾驶员侧车门外把手接触传感器 G415、右前侧车门外把手接触传感器 G416、左后侧车门外把手接触传感器 G417 和右后侧车门外把手接触传感器 G418。

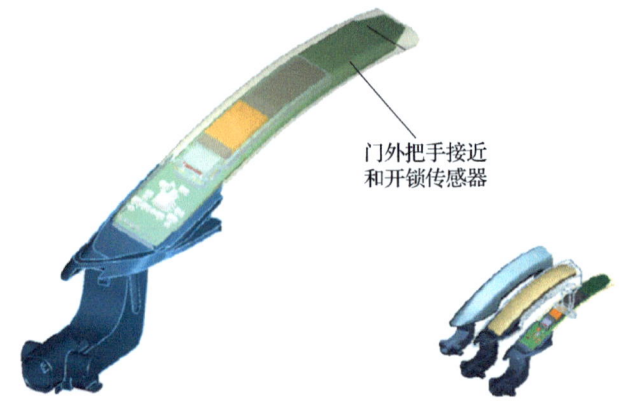

图 1-2 迈腾车外门把手触摸传感器

车外门把手触摸传感器是电容式的，集成在车外门把手内，由直流电压来驱动，每个把手和支座上都装上了一个电容片。手抠的凹坑起介质作用，如果在电容片之间插入新的介质，那么就会有一个电流短时流过，进入及起动许可接口（以下简称J965）就会识别并分析这个电流。图 1-3 所示为迈腾车外门把手触摸传感器线路原理图。

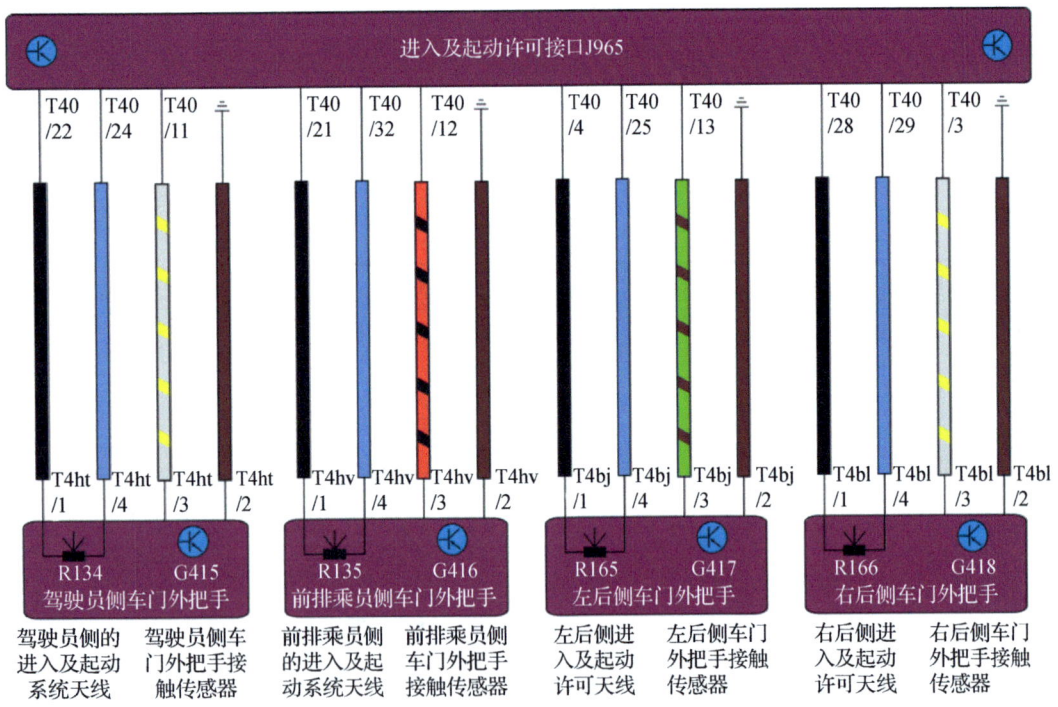

图 1-3 迈腾车外门把手触摸传感器线路原理图

每个车门的门把手上都装有一个按钮，它是用来关闭中央门锁的。只有当钥匙被同侧的车外天线识别出来时，才能关闭中央门锁。

如果车钥匙处于中央门锁的识别范围内，那么就可以将手放到门把手内来打开车门，或按下车门外把手上的中央门锁按钮来锁上车门。如果在锁车门过程中，车内还有其他钥匙，那么就可能无法正常锁车了。

图 1-4 所示为开锁时用示波器测得的信号波形，图 1-5 所示为闭锁时用示波器测得的信号波形，从中可以看出，没有操作时没有信号电流，开锁时通过较小的占空比信号实现较小的驱动电流，闭锁时通过较大的占空比信号实现较大的驱动电流。

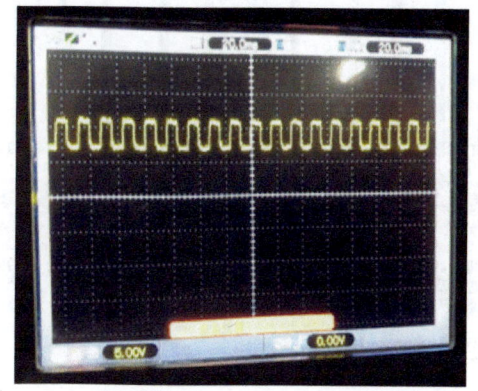 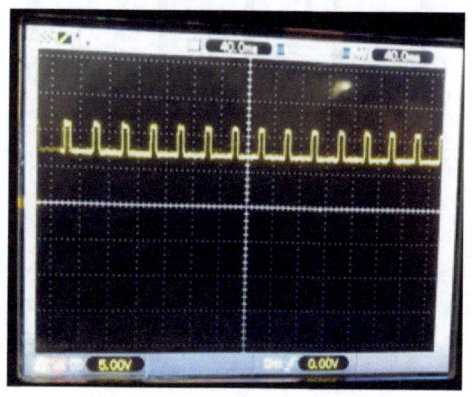

图 1-4　开锁时正常波形（频率增大）　　　　图 1-5　闭锁时正常波形（频率减小）

（2）天线

带无钥匙进入功能的汽车通常配有车外天线和车内天线，如图 1-6、图 1-7 所示。主要天线部件包括：驾驶员侧车门的系统天线 R134（车外主天线）、前排乘员侧车门的系统天线 R135、右后侧车门的系统天线 R166（部分车型有）、左后侧车门的系统天线 R165（部分车型有）、后保险杠内的系统天线 R136、行李舱内的系统天线 R137、车内空间前部的系统天线 R138（主天线）以及车内空间后部的系统天线 R139。

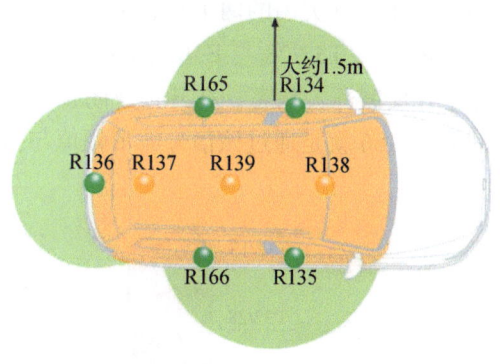 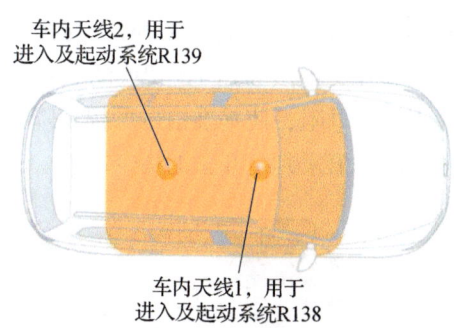

图 1-6　无钥匙进入系统天线位置　　　　图 1-7　一键起动系统天线位置

这些天线的任务主要是将 J965 的信号发送到车钥匙上。遥控钥匙的有效范围参数包括：解锁/锁闭车辆 ≤ 6m；寻车 ≤ 30m；KESSY 功能范围小于 1.5m。

图 1-8 所示为迈腾汽车天线与 J965 之间的连接线路图，从中可以看出，天线的两个端子都是通过单独的导线与 J965 相连，在需要天线发射信号的时候，J965 就通过这两根导线给天线施加脉冲电压，以便天线正常工作。

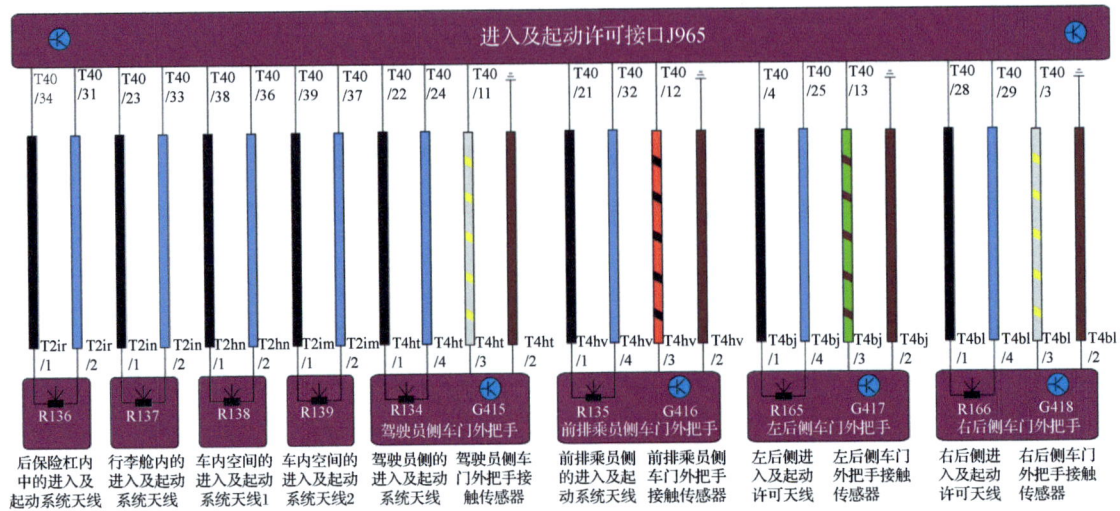

图 1-8 迈腾天线线路原理图

（3）驾驶员侧车内上锁按钮 E308

图 1-9 所示为驾驶员侧车内上锁按钮 E308，通过 E308 可以开锁和闭锁中控门锁系统。关闭并闭锁所有车门和行李舱盖时，按钮里的指示灯点亮为黄色，防盗报警装置不会激活，在车外无法打开车门或行李舱盖。而在车内拉车门开启拉手即可开启车门锁。打开车门，所有车门开关上

图 1-9 迈腾驾驶员侧车内上锁按钮 E308

的指示灯会熄灭。未打开的车门和行李舱盖仍处于闭锁状态，无法从车外打开。

图 1-10 所示为 E308 的线路原理图，从中可以看出，开关内的两个状态指示灯、开关自身都是通过同一个端子 T4bw/1 与接地相连，J386 通过 T32/28 与 E308 的 T4bw/4 之间的连线为开关提供 0 到 +B 切换的参考方波信号，并反馈开关状态，在开锁或闭锁档位时串入不同的电阻，使基准信号振幅下降到规定的值，J386 就是通过该信号波形幅值与蓄电池电压的比值来判定开关的指令。

图 1-10 迈腾驾驶员侧车内上锁按钮 E308 线路原理图

（4）车门门锁总成

图 1-11 所示为迈腾车门门锁总成及结构，其内部安装有印制电路板，这些电路板上

安装有微动开关,在门锁机械机构或门锁控制电机动作时,会触发这些微动开关,后者将门锁当前的机械状态转换为电信号输送给车门控制单元。车门有以下两种闭锁状态:

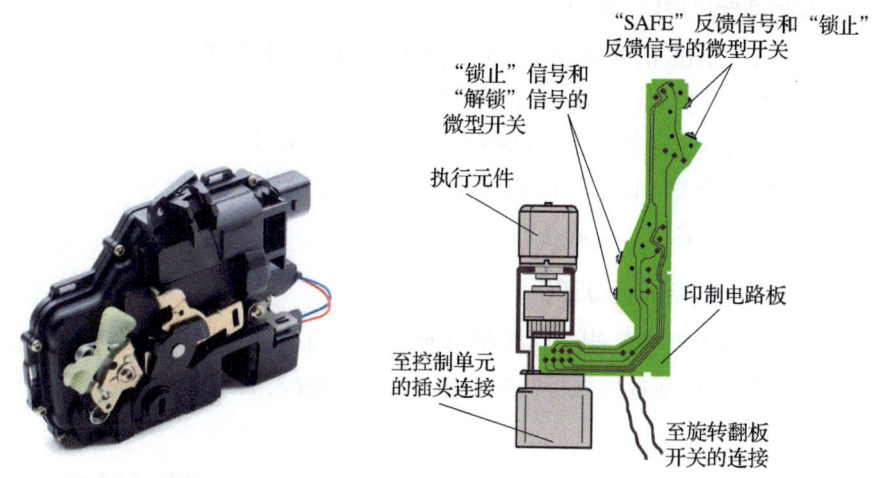

图 1-11　迈腾车门门锁总成及结构

1)安全(SAFE)锁止状态。在安全(SAFE)锁止状态下,从车内及车外均无法打开车门。

2)锁止状态:在锁止状态下,车门无法从车外打开,但可以从车内打开。

图 1-12 所示为迈腾驾驶员侧门锁总成线路原理图,从中可以看出,驾驶员侧门锁总成内包含一个门锁电机、三个微动开关(分别是反映车门是否关闭的 F2、反映机械锁芯

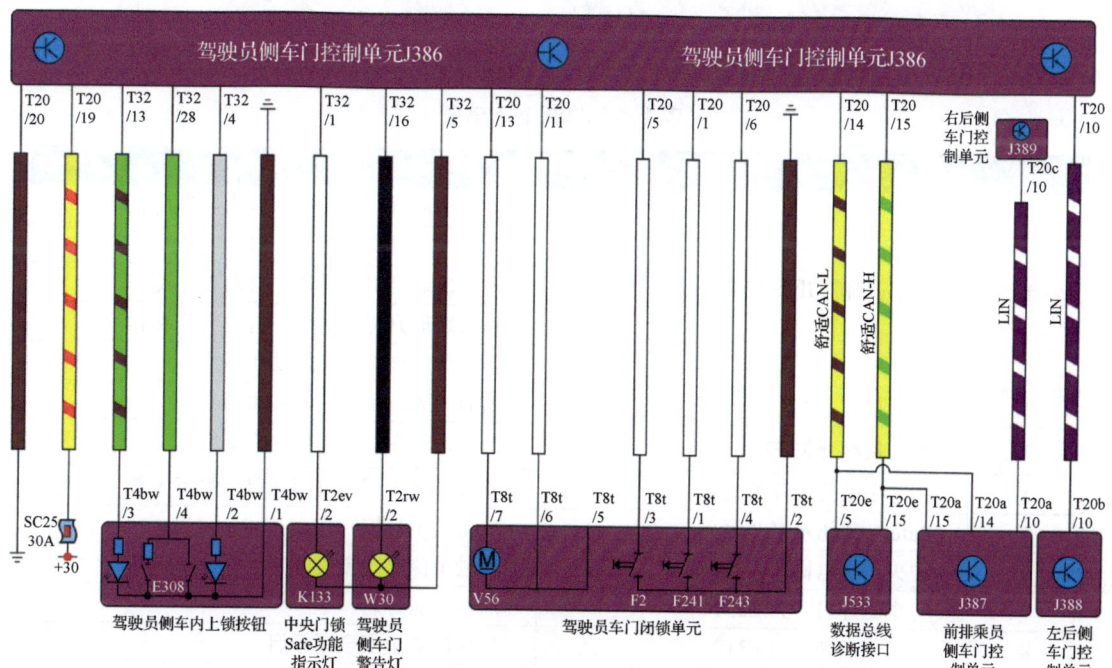

图 1-12　迈腾驾驶员侧门锁总成线路原理图

状态的 F241、反映门锁电机状态的 F243），门锁电机采用双源控制，可以实现正反两个方向的转动。

（5）进入及起动许可接口 J965

如图 1-13 所示为 J965 的实物照片，它主要具备以下几种功能：

1）通过车门外把手接触传感器感知车门是否需要开启。

2）通过天线向钥匙发送特定的查询码（125kHz 低频信号）。

3）接收一键起动开关（以下简称 E378）的点火 / 起动信号。

4）通过舒适总线发送 E378/ 起动的点火信号。

（6）驾驶员侧车门控制单元 J386

图 1-14 所示为迈腾驾驶员侧车门控制单元（以下简称 J386）的实物照片，其主要作用是根据各种输入信号控制各种执行器的工作。J386 的输入信号见表 1-1，J386 的控制功能见表 1-2。

图 1-13　迈腾进入及起动许可接口 J965　　图 1-14　迈腾驾驶员侧车门控制单元

表 1-1　J386 输入信号

序号	元件	信号
1	玻璃升降器开关 E512	左前玻璃升降器手动、自动上升或下降
		右前玻璃升降器手动、自动上升或下降
		左后玻璃升降器手动、自动上升或下降
		右后玻璃升降器手动、自动上升或下降
		两个后门玻璃升降器动作锁止
2	上锁按钮 E308	所有中央门锁开启、关闭
3	车门接触开关 F2	驾驶员侧车门状态（开或关）
4	锁芯中的接触开关 F241	驾驶员侧车门锁机构开启、关闭状态
5	Safe 功能指示灯开关	安全警示灯控制
6	中央门锁电机开关 F243	驾驶员侧车门锁机构开启、关闭状态
7	行李舱开启开关 E234	后行李舱开启
8	儿童安全锁按钮 E318	后车门儿童安全锁开启
9	后视镜调节转换开关 E48	后视镜左右调节选择
10	后视镜调节开关 E43	单侧后视镜左、右、上、下调节

（续）

序号	元件	信号
11	后视镜收折开关 E168	后视镜折叠收起
12	车外后视镜加热按钮 E231	车外后视镜加热
13	转向开关信号	左转向信号

表 1-2　J386 控制功能

序号	元件	动作
1	左前玻璃升降器	左前玻璃手动、自动上升或下降
1	右前玻璃升降器	右前玻璃手动、自动上升或下降
1	左后玻璃升降器	左后玻璃手动、自动上升或下降
1	右后玻璃升降器	右后玻璃手动、自动上升或下降
2	中央门锁执行元件（电机）	所有车门开启、锁止
3	行李舱电机	行李舱开启、锁止
4	油箱盖电机	油箱盖开启、锁止
5	后视镜调节电机	后视镜左、右、上、下调节
6	后视镜收折电机	后视镜折叠、收起
7	加热式车外后视镜	后视镜加热
8	车门开启照明灯	车门开启照明点亮
9	上车灯	上车灯点亮
10	转向灯	后视镜上左转向信号灯闪烁

图 1-15 所示为 J386 线路原理图，其中包含了用于通信的 CAN、LIN 线，包含了各种开关的输入信号，以及用于完成某些控制功能的执行器等（注意：图中仅绘制了与中控门锁有关的线路图）。

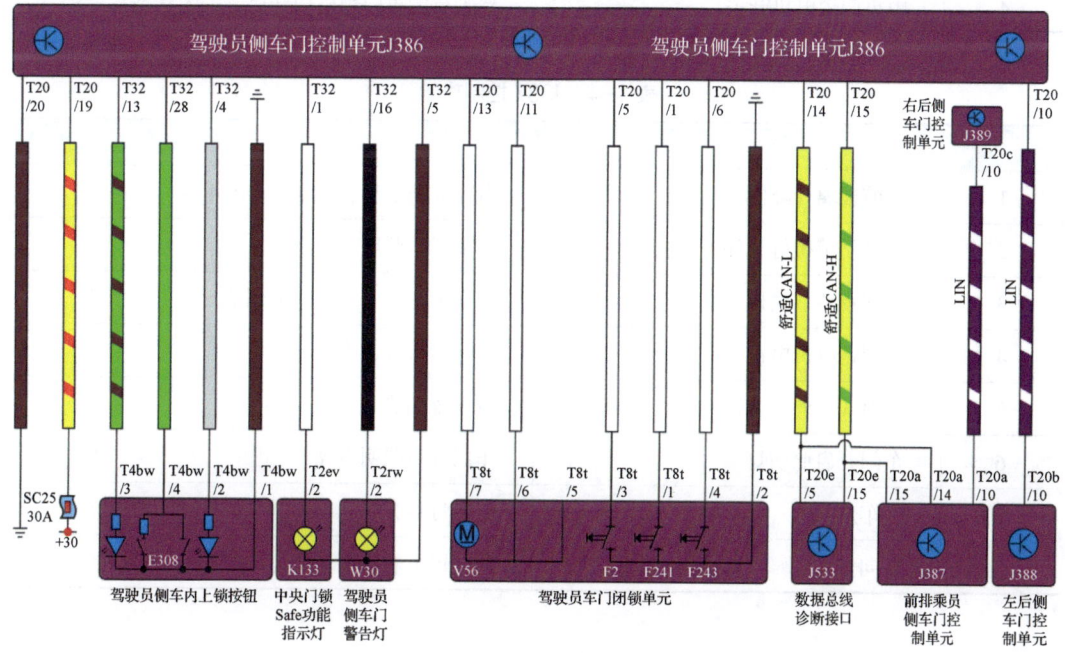

图 1-15　迈腾驾驶员侧车门控制单元线路原理图

（7）前排乘员侧车门控制单元 J387

如图 1-16 所示为迈腾前排乘员侧车门控制单元（以下简称 J387）的实物照片，其主要作用是根据各种输入信号控制各种执行器的工作。

图 1-16　迈腾前排乘员侧车门控制单元 J387

J387 的输入信号见表 1-3，J387 的控制功能见表 1-4。

表 1-3　J387 输入信号

序号	元件	信号
1	玻璃升降器开关	右前玻璃升降器手动、自动上升或下降
2	车门接触开关	驾驶员侧车门状态（开或关）
3	Safe 功能指示灯开关	安全警示灯控制
4	中央门锁电机开关	驾驶员侧车门锁机构开启、关闭状态

表 1-4　J387 控制功能

序号	元件	动作
1	右前玻璃升降器	右前玻璃手动、自动上升或下降
2	中央门锁执行元件（电机）	右前车门开启、锁止
3	后视镜调节电机	后视镜左、右、上、下调节
4	后视镜收折电机	后视镜折叠、收起
5	加热式车外后视镜	后视镜加热
6	车门开启照明灯	车门开启照明点亮
7	上车灯	上车灯点亮
8	转向灯	后视镜上右转向信号灯闪烁

图 1-17 所示为 J387 线路原理图，其中包含了用于通信的 CAN、LIN 线，包含了各种开关的输入信号，以及用于完成某些控制功能的执行器等。

注意：图 1-17 中仅绘制了与中控门锁有关的线路图，涉及后视镜、玻璃升降器、转向灯的内容并没有绘制，请参考本书其他相关内容。

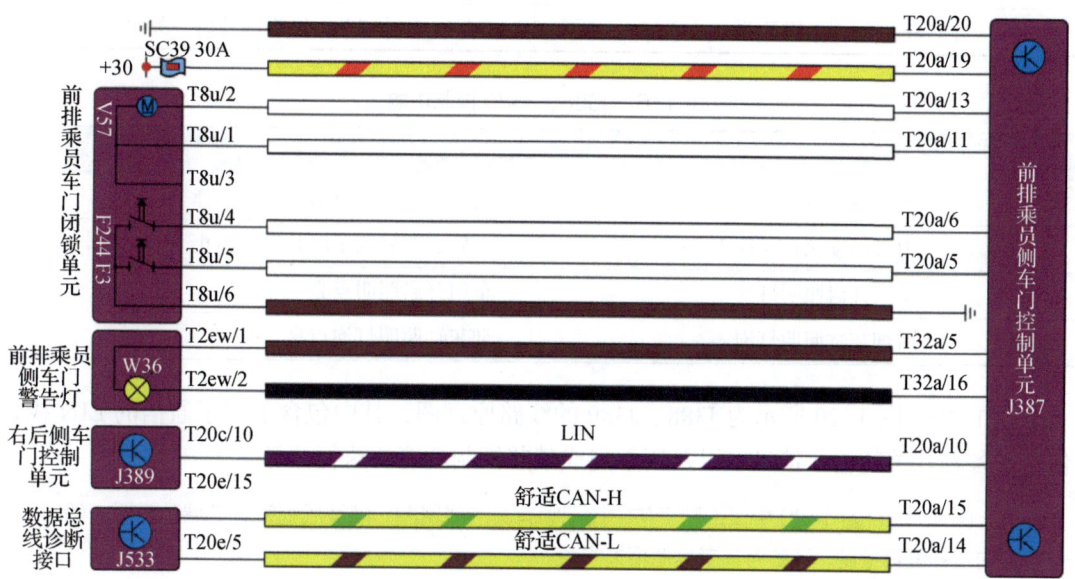

图 1-17 迈腾前排乘员侧门锁线路原理图

（8）后侧车门控制单元 J388、J389

图 1-18 所示为迈腾左后侧车门控制单元（以下简称 J388）、右后侧车门控制单元（以下简称 J389）的实物照片，其主要作用是根据各种输入信号控制各种执行器的工作。

图 1-18 迈腾后侧车门控制单元 J388、J389

J388、J389 的输入信号见表 1-5，J388、J389 的控制功能见表 1-6。

表 1-5　J388、J389 输入信号

序号	元件	信号
1	玻璃升降器开关	左后、右后侧车门玻璃升降器上升或下降
2	车门接触开关	左后、右后侧车门状态（开或关）
3	Safe 功能指示灯开关	安全警示灯控制
4	中央门锁电机开关	左后、右后侧车门锁机构开启、关闭状态

表 1-6　J388、J389 控制功能

序号	元件	动作
1	玻璃升降器	左后、右后侧玻璃上升或下降
2	中央门锁执行元件（电机）	左后、右后侧车门开启、锁止
3	车门开启照明灯	车门开启照明点亮
4	后烟灰缸照明灯泡	烟灰缸照明灯泡点亮

图 1-19、图 1-20 所示为 J388、J389 的线路原理图，其中包含了用于通信的 LIN 线，包含了各种开关的输入信号，以及用于完成某些控制功能的执行器等。

注意：图 1-19、图 1-20 仅绘制了与中控门锁有关的线路图，涉及后视镜、玻璃升降器、转向灯的内容并没有绘制，请参考本书其他相关内容。

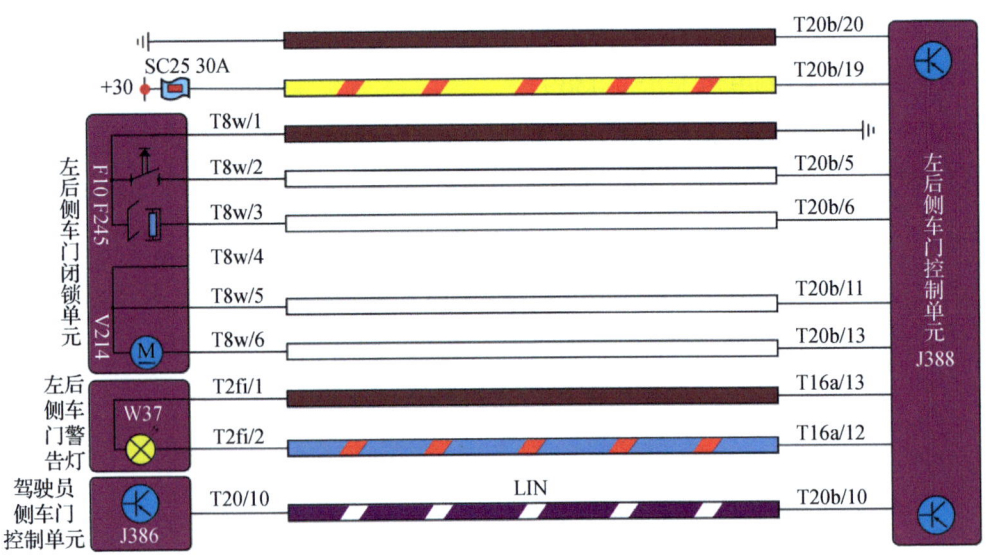

图 1-19　迈腾左后侧门锁线路原理图

2. 迈腾无钥匙进入系统工作过程

（1）门锁控制方式

门锁的控制可分为车内控制和车外控制两种方式。车内控制可通过车门上锁按钮

E308 来执行，车外控制可以通过"无钥匙进入""遥控器"或"车门锁孔中控开关"来执行。当然，在车辆发生碰撞时系统也会开启所有车门锁。

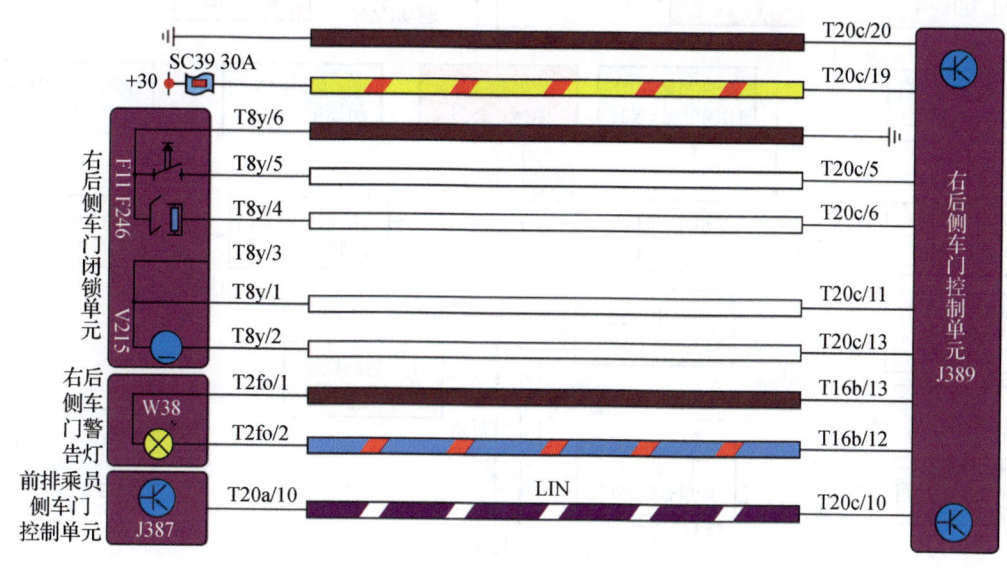

图 1-20　迈腾右后侧门锁线路原理图

1）无钥匙进入控制。图 1-21 所示为迈腾无钥匙进入系统的原理图，从图中可以看出，触摸门把手接触传感器 G415-G418 中的任何一个（或者基于车型、设置，有的车型只有左前门把手能开启所有车门，有的车型两前门均可以开启所有车门，其余车门门把手只能开启自身车门，还有的车型四个车门均可以开启所有车门），该传感器将唤醒 J965。J965 被唤醒后，一方面通过 CAN 总线唤醒车载电网控制单元（以下简称 J519），一方面通过唤醒线提示 J519 准备接收钥匙信号（J519 持续向唤醒信号线提供蓄电池电压、J965 短时间拉低唤醒线的高电平），另一方面 J965 向该侧车门室外天线发送 125kHz 低频信号（包括钥匙唤醒信息、ID 码询问信息等）。已授权的钥匙被唤醒后指示灯会闪烁，验证 ID 码，若合法，则发出 433MHz 的高频信息（含钥匙 ID 码、钥匙接收到的天线信息）给 J519；J519 通过内置高频天线 R47 接受钥匙信息，验证钥匙 ID 码，若合法，则车辆会有以下反应：

① J519 控制车辆四角的所有转向灯闪烁。

② 各车门控制单元接收到来自 CAN 总线的解锁信息，控制门锁电机解锁、后视镜收折电机（需要考虑车辆设置功能确定）展开、后视镜上转向灯闪烁。

③ 组合仪表（以下简称 J285）接收到来自 CAN 总线的信息，控制其自身上的转向指示灯闪烁两次。

④ 发动机控制模块（以下简称 J623）激活 J271 继电器约 8s。

⑤ 车辆蜂鸣器会发出响声。

⑥ 舒适 CAN 会通过 J965 点亮点火开关背景灯；通过 J519、LIN、灯光旋钮开关点亮其背景灯。

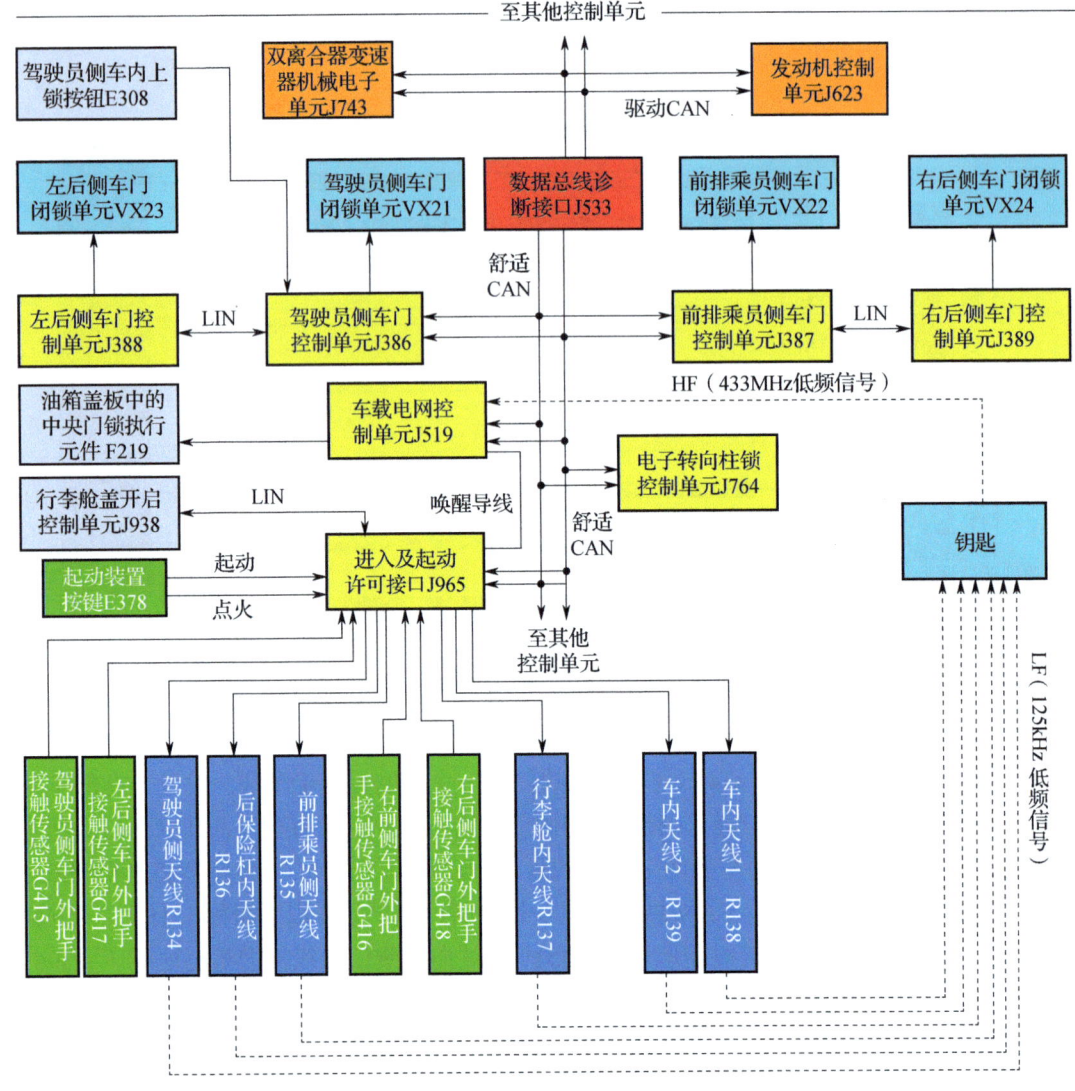

图1-21 迈腾无钥匙进入系统结构原理图

闭锁时的过程基本相同,只是车辆的表现略有不同。

2)遥控钥匙控制。按压遥控钥匙上的功能按键,已匹配的钥匙会发送一个特定的钥匙验证代码和功能请求代码。这些代码包括以下内容:

①车门、油箱盖解锁。

②行李舱解锁。

③所有锁机构闭锁。

④所有锁机构闭锁且车窗玻璃关闭。

⑤车门、油箱盖解锁且车窗玻璃打开。

⑥寻车请求。

图1-22所示为遥控钥匙开启车门的控制原理图。当操作遥控器钥匙时,钥匙将特定

的、带有钥匙验证代码的信息发送给J519，J519检查数据的可靠性。如果是可靠的钥匙基本数据，则J519唤醒舒适系统CAN数据总线，同时起动以下操作：

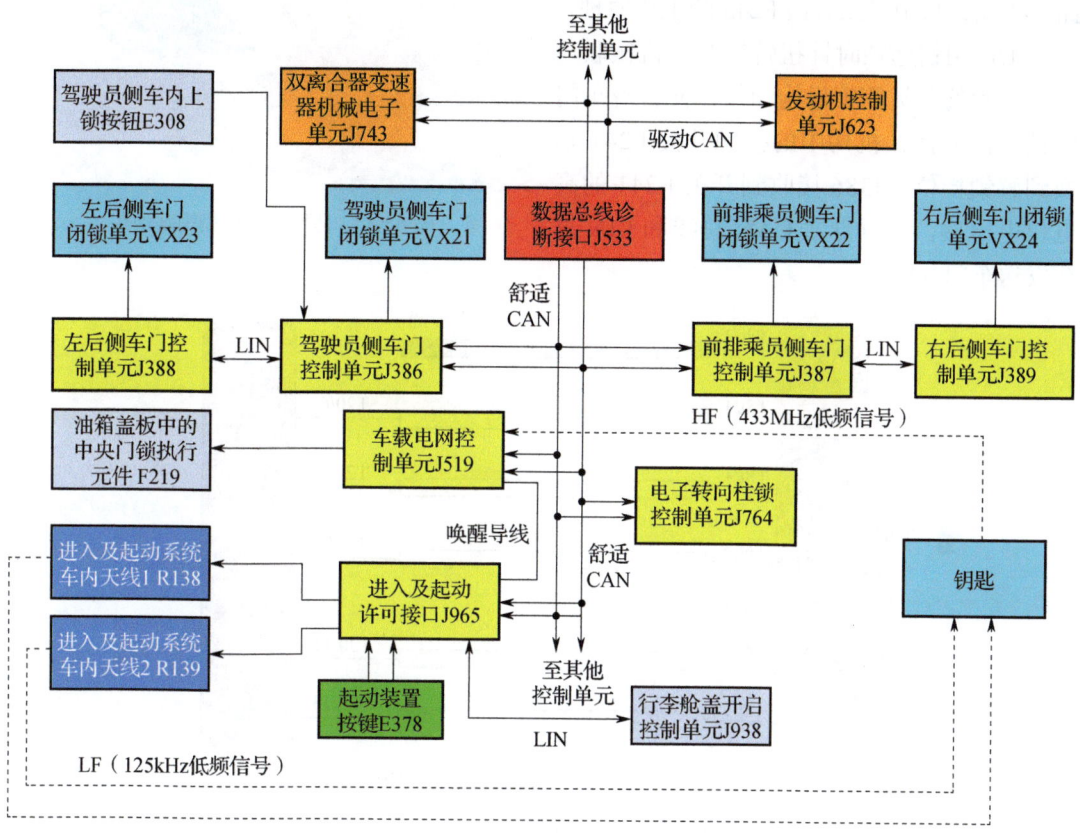

图1-22 迈腾一键起动进入许可工作过程

① J519通过舒适系统CAN总线向两个前车门控制单元发送一个车门解锁/闭锁命令，前车门锁机构执行相对应的解锁/闭锁。

② 两个前车门控制单元通过局域网LIN总线向两个后车门控制单元发送一个车门解锁/闭锁命令，后车门锁机构执行相对应的解锁/闭锁。

③ J519直接向油箱盖板中的中央门锁执行元件F219发送油箱盖解锁/闭锁命令，F219执行相对应的解锁/闭锁。

④ J965通过局域网LIN总线向行李舱盖开启装置控制单元J938发送行李舱解锁/闭锁命令，J938控制行李舱锁机构执行相对应的解锁/闭锁。

⑤ J519直接或通过总线向外部所有转向灯输出信号，外部转向灯闪烁。其中，闭锁轿车时所有转向信号灯闪亮一次，确认轿车已闭锁；解锁轿车时所有转向信号灯闪亮两次，确认轿车已解锁。

如转向信号灯不闪亮，表示至少一扇车门或行李箱舱未关闭，或车门、行李舱盖开关状态信号故障。

3）机械钥匙控制。图1-23所示为迈腾驾驶员侧钥匙锁孔，在无钥匙进入和遥控钥匙开启车门失效的情况下，可以用机械钥匙开启车门。图1-24为迈腾左前侧闭锁单元线路原理图，从中可以看出F243的工作原理。

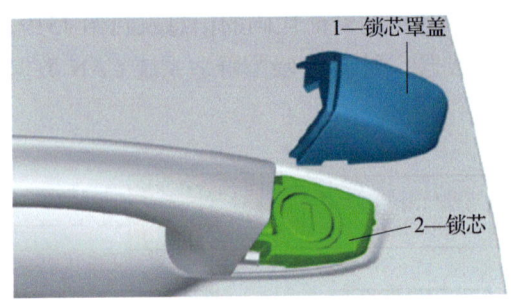

图1-23　迈腾驾驶员侧钥匙锁孔

① 使用钥匙顺时针扭转锁芯，机械联动机构带动驾驶员侧锁机构动作，使自身车门解锁，同时使锁机构中的接触开关F241切换到解锁档位；J386接收到开关F241的高电位电压后，通过舒适CAN总线和LIN总线发送车门开锁信息。

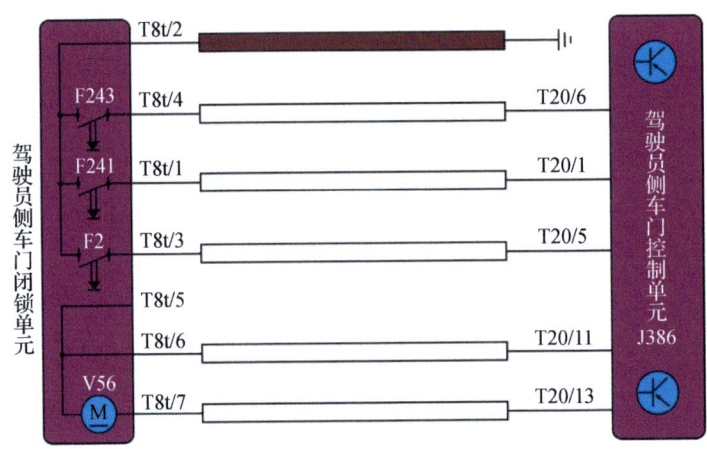

图1-24　迈腾左前侧闭锁单元线路原理图

② 使用钥匙逆时针扭转锁芯，机械联动机构带动驾驶员侧锁机构动作，使锁机构中的接触开关F241切换到落锁档位；J386接收到开关F241的低电位电压后，通过舒适CAN总线和LIN总线发送车门锁止信息。

4）驾驶员侧车门上的上锁按钮控制。图1-25所示为迈腾驾驶员侧车内上锁按钮E308，图1-26所示为迈腾驾驶员侧车内上锁按钮E308线路原理图，从中可以看出：

图1-25　迈腾驾驶员侧车内上锁按钮E308

图1-26　迈腾驾驶员侧车内上锁按钮E308线路原理图

①按压驾驶员侧车门上的上锁按钮 E308 开锁键，J386 接收到开关 E308 内部开锁触点返回的分压后的电压，通过舒适 CAN 总线和 LIN 总线发送车门开锁信息。

②按压驾驶员侧车门上的上锁按钮 E308 闭锁键，J386 接收到开关 E308 内部闭锁触点返回的分压后的电压，通过舒适 CAN 总线和 LIN 总线发送车门闭锁信息。

5）气囊控制单元在车辆发生碰撞时开启所有车门锁。图 1-27 所示为迈腾安全气囊控制线路图，车辆在受到撞击后，安全气囊控制单元 J234 检测到撞击传感器发出的撞击信号（电信号），判断撞击力度，如果力度达到上限，则 J234 接通气囊引爆装置，气囊爆开，保护人身安全。同时，J234 通过驱动 CAN 总线、数据总线诊断接口 J533、舒适 CAN 总线、LIN 数据总线向所有车门控制单元发送车门解锁命令。

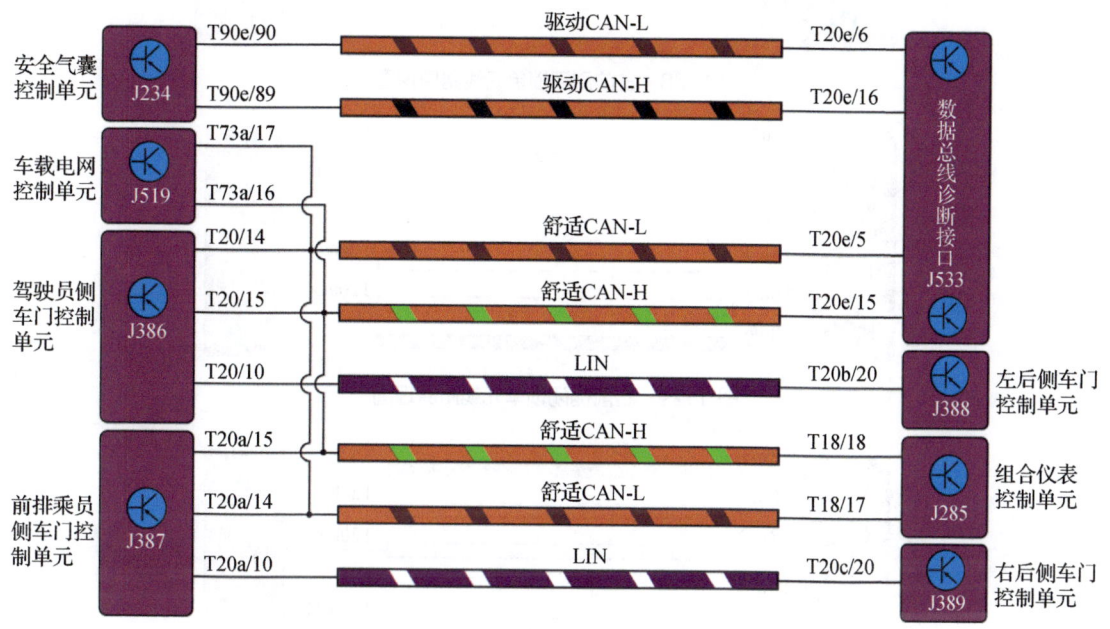

图 1-27　迈腾安全气囊控制线路图

（2）门锁工作过程

图 1-28～图 1-31 所示分别为四个车门闭锁单元与各自车门控制单元之间的连接线路，从中可以看出，车门接触开关将车门打开时的低电位或关闭时的高电位信号传递给车门控制单元，车门控制单元依次来判断车门开启还是关闭状态。同时，通过舒适总线将车门状态发送给组合仪表，如果车门打开，组合仪表上会显示打开侧车门信息，如图 1-32 所示。锁机构在完全闭锁的情况下才能执行开锁和闭锁功能。

车门控制单元接收到车门锁止信息后，控制"锁单元"中的中央门锁电机转动，驱动机械机构动作，使门锁处于"安全锁止"状态。

中央门锁 Safe 开关将安全锁止状态（高电位）或开锁状态（低电位）传递给 J386，J386 依此来判断车门安全锁止还是开锁状态。在安全锁止状态下，J386 激活中央门锁 Safe 功能指示灯 K133，指示灯 K133 闪烁，警示外部人员车辆已进入防盗状态。

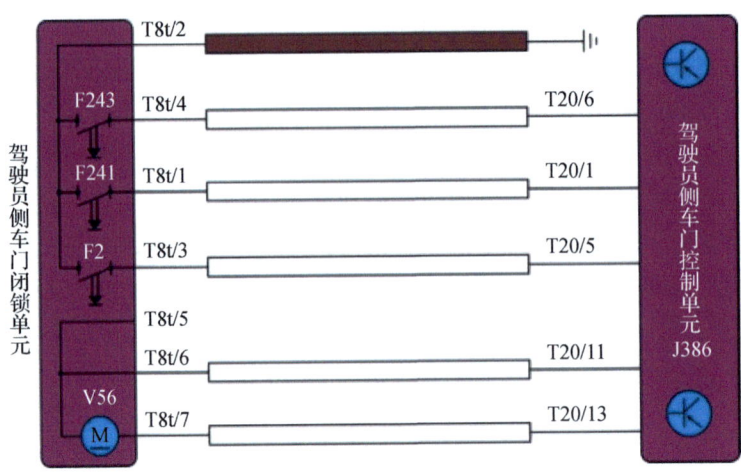

图 1-28　左前侧闭锁单元线路原理图

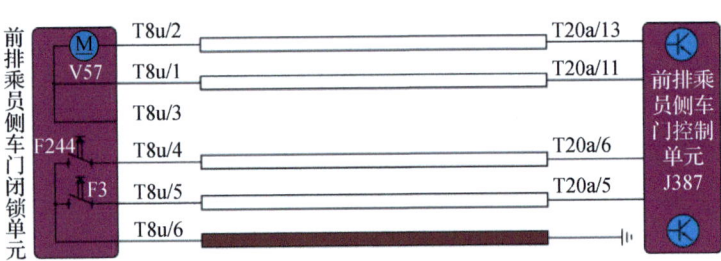

图 1-29　右前侧闭锁单元线路原理图

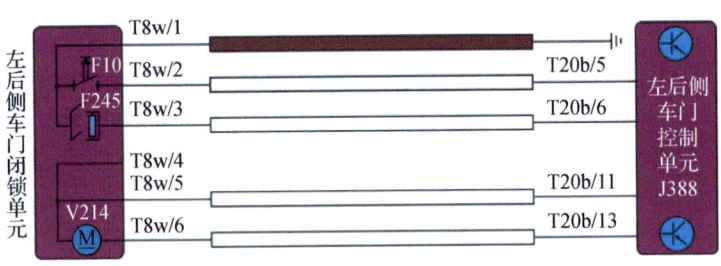

图 1-30　左后侧闭锁单元线路原理图

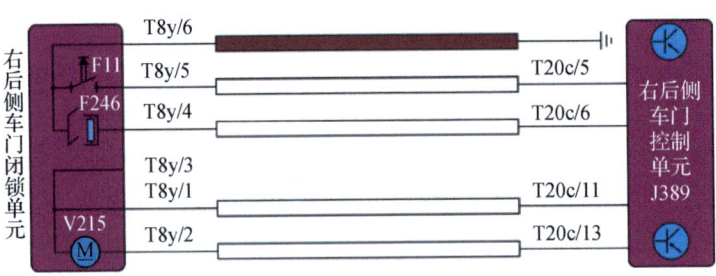

图 1-31　右后侧闭锁单元线路原理图

(3) 行李舱锁工作过程

1) 行李舱开锁控制方式。行李舱锁控制可分为车内控制和车外控制两种方式。车内控制可通过左前车门上行李舱盖遥控开锁按钮 E233 来执行；车外控制可以通过"遥控器"或"车门锁孔中控开关"来执行。

2）行李舱无钥匙进入系统开锁。使用者站在车后中间位置，抬起一条腿在保险杠下做出快速地伸入和撤出的摆动动作，如图 1-33 所示，从而使胫骨进入和离开电容传感器的检测区域。传感器以及行李舱盖开启控制单元 J938 识别到这一"踢腿"动作，并通过其自有的 LIN 总线向 J965 发出信号。图 1-34 所示为迈腾行李舱控制线路原理图。

图 1-32　迈腾仪表显示车门状态

图 1-33　迈腾行李舱无钥匙进入系统开锁

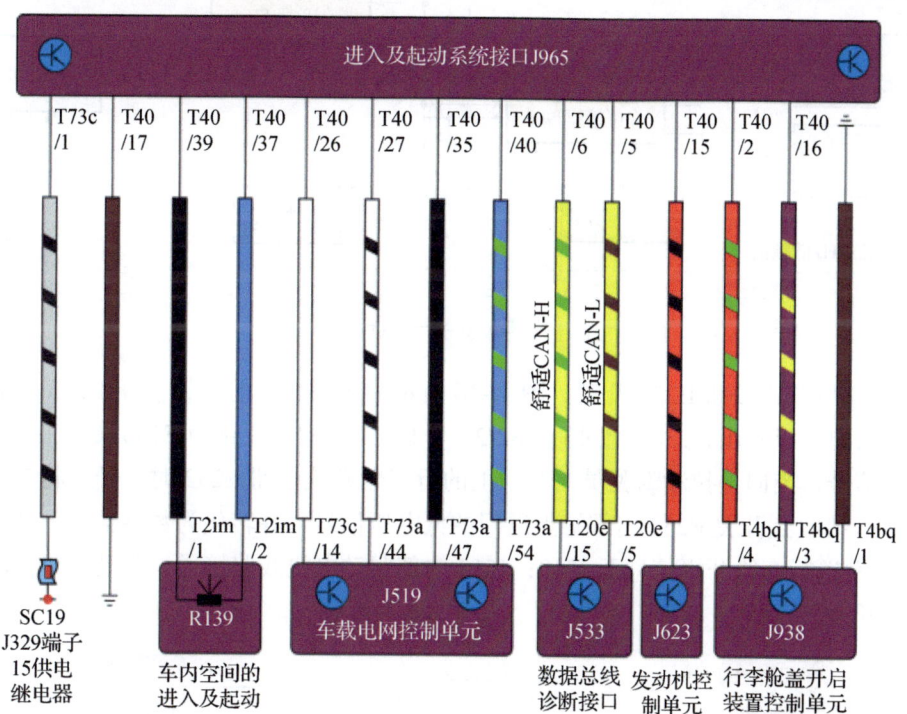

图 1-34　迈腾行李舱控制线路原理图

J965 通过后保险杠内的进入及起动系统天线 R139（125kHz 的低频信号），检查在车尾区域是否至少存在一个遥控钥匙。如果钥匙成功授权，则在高位制动灯（位于后窗玻璃上部区域）亮起后，行李舱盖打开（注意：授权与车辆的锁止状态无关）。

3）行李舱遥控钥匙开锁。行李舱遥控钥匙开锁过程如图 1-35 所示，按压遥控钥匙上的行李舱开启按键，已匹配的钥匙发送一个特定的钥匙验证代码和请求解锁代码至 J519；J519 预检查数据的可靠性，如果是可靠的钥匙基本数据，则 J519 唤醒舒适系统 CAN 数据总线，同时直接向油箱盖板中的中央门锁执行元件 F219 发送行李舱解锁命令，执行元件 F219 执行解锁。

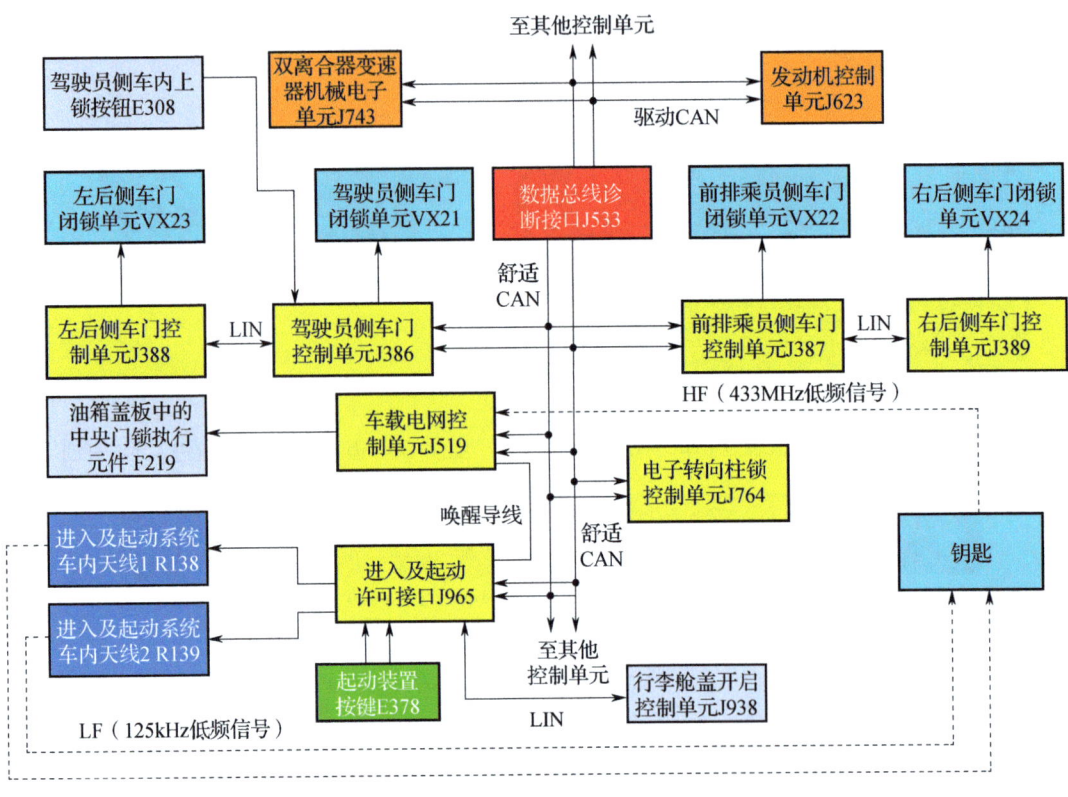

图 1-35　迈腾一键起动进入许可工作过程

4）行李舱开锁按钮 E233 开锁。图 1-36 所示为迈腾行李舱开锁按钮 E233 控制线路原理图，从中可以看出，J386 通过其 T32/23 与 E233 之间的线路为 E233 提供 0 到 +B 的方波参考信号，当向上拉动驾驶员侧车门上的行李舱开锁按钮 E233 时，开关将参考信号接地；J386 接收到开关 E233 内部触点返回的低电压信号，并转化为数字信号，通过舒适 CAN 总线发送行李舱开锁信息至 J519；J519 内部驱动电机线路接通，驱动电机运转，打开行李舱开锁。

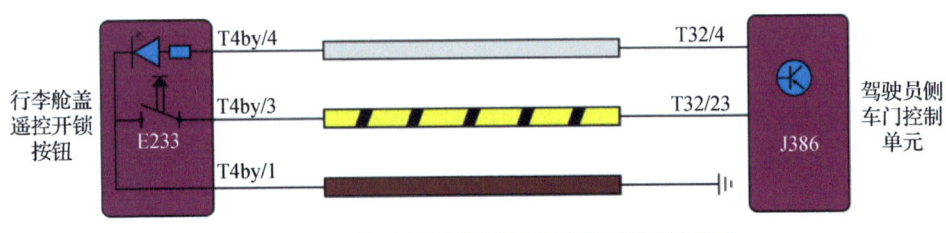

图 1-36　迈腾行李舱开锁按钮 E233 控制线路原理图

1.2 无钥匙进入系统的测试与诊断

1. 初步分析

（1）检查车辆初始状态

正常情况下，四个车门、油箱盖、行李舱应正常闭锁；后视镜应正常折叠；所有车窗玻璃应处于正常密封位置；天窗应处于关闭状态；所有车灯应该关闭；散热器风扇应停转。

1）一个或多个车门可打开。如果一个或多个车门可打开，实质是之前没法锁闭。图1-37所示为迈腾舒适系统控制原理图，从中可以看出：

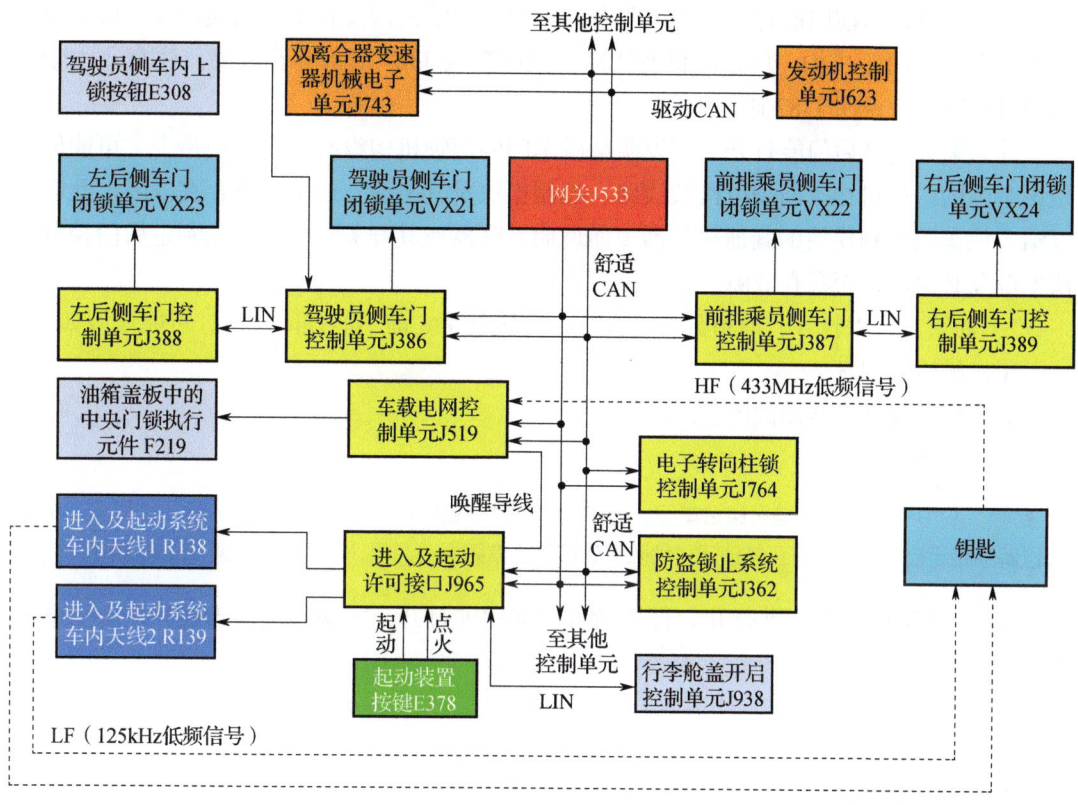

图1-37 迈腾舒适系统控制原理图

①如果所有车门都能打开，除了驾驶员忘记锁车以外，那就是执行无钥匙锁车失败，或者用遥控器甚至机械锁也不能锁闭车辆。

②如果只是左侧车门能打开，那说明左侧两个车门的门锁机构没有执行闭锁指令，基于故障概率，左侧两个车门的门锁机构、门锁电机及线路、控制模块及电源同时损坏的概率不高，重点考虑两者的公共部分，即J386没有接收到来自舒适CAN总线系统的锁闭车门的信号。此时可以结合J386、J388的其他执行器（如玻璃升降器、后视镜、转向灯、车内氛围灯）的动作来判断其舒适CAN总线是否存在故障，通过舒适CAN总线上的其他模块（如J519、J965、J285等）的动作来判断故障的区域或者性质。

③如果只是右侧车门能打开，那说明右侧两个车门的门锁机构没有执行闭锁指令，基于故障概率，右侧两个车门的门锁机构、门锁电机及线路、控制模块及电源同时损坏的概率不高，重点考虑两者的公共部分，即J386没有接收到来自舒适CAN总线系统的锁闭车门的信号。此时可以结合J387、J389的其他执行器（如玻璃升降器、后视镜、转向灯、车内氛围灯）的动作来判断其舒适CAN总线是否存在故障，通过舒适CAN总线上的其他模块（如J519、J965、J285等）的动作来判断故障的区域或者性质。

④如果只是左前门能打开，那说明左前车门的门锁机构没有执行闭锁指令，可能原因是左前车门的门锁机构、门锁电机及线路、控制模块J386局部存在故障。注意：由于左后门可以锁车，说明J386通信正常。

⑤如果只是右前门能打开，那说明右前车门的门锁机构没有执行闭锁指令，可能原因是右前车门的门锁机构、门锁电机及线路、控制模块J387局部存在故障。注意：由于右后门可以锁车，说明J387通信正常。

⑥如果只是某后门能打开，那说明某后车门的门锁机构没有执行闭锁指令，可能原因是该车门的门锁机构、门锁电机及线路、控制模块及其电源、通信线路存在故障，此时可以结合该车门控制模块的其他执行器（如玻璃升降器或其开关背景灯）来判定后门控制模块电源及其通信是否存在故障。

2）油箱盖可以打开。油箱盖可以打开，实质就是之前不能锁闭所致，可能原因如下：

①机械机构损坏。

②电机自身及其线路故障。

③J519局部故障。

注意：J519的电源及通信可结合车门、行李舱锁、危险警告灯等工作情况综合分析，如果车门可以解锁和闭锁、行李舱可正常锁闭、危险警告灯可正常闪烁，说明J519电源及通信没有故障。

3）行李舱可以无钥匙打开。行李舱可以无钥匙打开，实质是之前未能锁闭，可能原因如下：

①机械机构损坏。

②电机自身及其线路故障。

③J965局部故障。

注意：有的资料上说行李舱锁直接受控于J519，有的资料上说直接受控于J965，是否有以上两种车型不得而知，但分析的方法基本也是相同的，即J519或J965的电源及通信需要结合车门、行李舱锁、危险警告灯等工作情况综合分析，如果车门可以解锁和闭锁、行李舱可以正常锁闭、危险警告灯可以正常闪烁，说明J519或J965电源及通信没有故障。

4）后视镜处于展开状态。后视镜处于展开状态，实质是之前未能折叠。有的车辆在出厂时已经设置成闭锁后后视镜自动折叠，那当前没有折叠就算是系统故障；有的车辆在出厂时已经设置成闭锁后后视镜不会自动折叠，那这种情况就属于正常。如果没有折叠，一般情况下包含以下两种情形：

①两边后视镜都没有折叠：此时可以打开点火开关，操作E512上的后视镜折叠开关，

如果后视镜可以正常折叠，说明闭锁时后视镜不能折叠的是由系统功能设置所致；如果后视镜不能折叠，根据故障概率，两种情况下后视镜均不能折叠的是因为前门控制模块、控制模块与后视镜总成之间的线路或后视镜折叠电机存在故障。

②单边后视镜不能折叠：这属于个性事件，说明某个前门控制模块收到了闭锁控制指令并且对折叠电机发出了执行指令，而另外一侧后视镜折叠电机没有相应的动作，故障部件可能包括：前门控制模块（包含自身、电源、通信）、控制模块与后视镜总成之间的线路或后视镜折叠电机。注意：前门控制模块的电源和通信是否存在故障，可以参考该侧前门控制模块的其他控制功能（如后视镜上的转向指示灯）是否正常进行综合诊断。

5）一个或多个车窗玻璃处于敞开位置。一个或多个车窗玻璃处于敞开位置，可能是驾驶员忘记所致，也可能是车辆存在故障，有关分析可参照玻璃升降器控制的诊断讲解内容，这里不再赘述。

（2）无钥匙进入测试

如果以上检查没有问题，接着将钥匙放在距离门把手 0.5m 范围内，然后用手插入门把手，看四个车门、油箱盖及行李舱是否可以正常解锁；然后用手触摸门把手外侧，看四个车门、油箱盖及行李舱是否可以正常锁闭。四个车门分别试一次，综合所有测试结果进行诊断。

> **注意：** 根据车辆设计或出厂设置的不同，有的车辆在操作每个车门的门把手时均可以开启和锁闭所有车门；而有的车型在操作门把手时只能开启自身车门，别的车门只能在进入车内后操作车内的上锁按钮才可以开启，但每个车门的门把手均可以锁闭所有车门；有的车型的后门门把手内没有安装室外天线和触摸传感器。针对每个车型的不同，诊断思路会有所不同。本书以四个车门门把手均可以解锁、闭锁，并且每个车门门把手可以开启和锁闭四门两盖的车型为例进行讲解。

图 1-38 所示为迈腾无钥匙进入系统的控制逻辑图，正常情况下，当操作车门门把手解锁时，首先钥匙上的指示灯会闪烁，所有车门均可以打开，行李舱和油箱盖均可开，所有的转向灯闪烁（包括前后及后视镜上的转向灯、仪表上的转向指示灯）、后视镜展开。

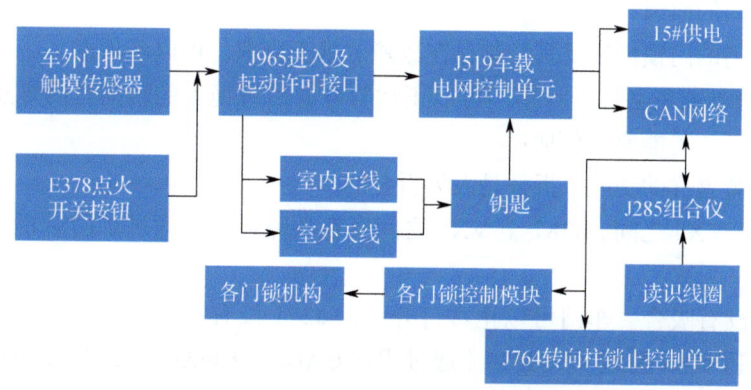

图 1-38 迈腾无钥匙进入系统的控制逻辑图

1）钥匙灯不闪烁。钥匙灯不闪烁，同时车辆无反应，说明钥匙没有接收到任何触发信号，根据系统控制路径：G415→J965→R134→钥匙（图1-39），故障可能在于：

①G415自身或搭铁线路故障。

②G415至J965之间线路故障。

③J965自身故障。

④J965至R134之间线路故障。

⑤R134自身故障。

⑥钥匙电池没电。

⑦钥匙损坏。

⑧钥匙错误。

2）钥匙闪烁正常，但车辆无反应。钥匙闪烁说明钥匙被室外天线触发，而此时车辆的反应一切源于J519的输出，一方面是J519直接让车前后的转向灯闪烁，让油箱盖、行李舱（留意车型）解锁；另一方面是激活舒适CAN总线，并通过CAN总线控制四个车门的控制模块，让车门门锁电机旋转解锁，让后视镜展开，让后视镜的转向灯闪烁，并通过CAN总线让仪表上的转向指示灯闪烁；另外通过网关激活驱动CAN，J623发出指令让J271

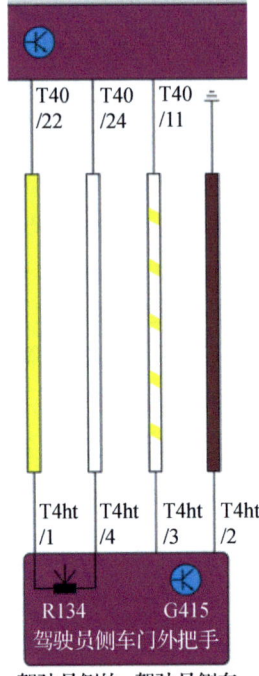

图1-39 车外门把手与J965之间连接图

吸合一段时间。如果车辆无以上反应，根据故障概率，以上所有执行器同时失效的概率很小，应更多考虑其共同部分，即J519的故障可能，具体包括以下几点：

①钥匙没有发出高频信号。

②J519没有接收到高频信号。

③J519没有对高频信号做出反应。

3）某车门门把手只能开启自身车门，但无法开启别的车门。可能的原因包括：

①设置方面的原因。

②其他车门的门锁机构及其控制存在故障（基于概率，可以不考虑）。

4）后视镜不能正常展开。车门可以正常打开，后视镜上的转向灯闪烁正常，但后视镜不能正常展开，可能原因包括：

①没有设置这样的功能，折叠是人为折叠的。

②J386至VX4之间、J387至VX5之间存在故障，可以通过车门后视镜调节开关来辅助验证。

5）J271没有吸合。车门可以正常打开，但J271没有吸合，根据J271的控制流程：J519（通过舒适CAN总线）→J533（通过驱动CAN）→J623→J271，故障可能在于：

①J623未接收到激活指令，注意激活信号源。

②J271自身或相关线路故障。

6）车门可以打开，但所有转向灯不闪烁。解锁时，车上有三种类型的灯光信号可以显示转向及危险报警状态，一类灯是车辆前部和后部的转向灯，直接受控于 J519；一类灯是后视镜上的转向灯，通过"J519（通过舒适 CAN）→ J386 和 J387 → 转向灯"的路径进行控制；一类灯是仪表上的转向灯，通过"J519（通过舒适 CAN）→ J285"的路径进行控制。现在是三种路径控制下的转向灯均不能闪烁，根据故障概率，可能是 J519 自身及其电源存在故障。J519 的电源是否存在故障可以参照之前的检验项目予以判定，而 J519 最可能的故障，就是自身并没有类似的控制功能，不过这种概率少之又少。

7）车门可以打开，但行李舱不能打开。根据行李舱锁机构的控制流程，通过其他可以正常工作的排除一些故障可能，尽可能缩小范围。

> **注意：** 行李舱还可以通过遥控器按键、室内的专用按钮打开，如果无钥匙进入功能打不开，则可以通过另外两种方法尝试打开，以确定故障范围。

8）车门可以打开，但油箱盖不能打开。根据油箱盖锁机构的控制流程，通过其他可以正常工作的排除一些故障可能，尽可能缩小范围，一般故障在于：J519 自身、J519 与油箱盖控制电机之间的线路、油箱盖控制电机自身及其电源。

（3）车门闭锁测试

把钥匙放在距离门把手 0.5m 半径范围内，用手触碰门把手凸块，四个车门分别试一次，每个车门应可以闭锁所有车门，同时钥匙指示灯会闪烁，所有的转向灯会闪烁，后视镜可以折叠（取决于设置），行李舱用手无法打开（注意钥匙在行李舱 1.5m 以外），油箱盖无法打开。否则说明故障存在，针对不同的故障现象进行必要的诊断。

（4）遥控器测试

如果无钥匙进入失效，则可以按压遥控器上的开锁、闭锁和行李舱锁按键，观察钥匙上的指示灯闪烁是否正常。

1）如果指示灯在按压三个键时都不闪烁，则存在以下故障：
①遥控钥匙电池没电。
②遥控钥匙（电路板）损坏。

2）如果只是在按压某个按键时，车辆指示灯不能闪烁，则可能是该按键故障。

（5）观察车辆外部的转向灯闪烁是否正常

如果无钥匙进入失效，接着按压遥控器上的开锁、闭锁和行李舱锁按键时（钥匙上的指示灯闪烁正常），观察车辆外部的转向灯闪烁是否正常。

1）如果车辆外部所有转向灯在开锁和闭锁时都闪烁异常，则存在以下故障：
①遥控钥匙和车辆不匹配。
②电磁干扰。
③J519 电源、通信、本身故障。

> **注意：** 基于故障概率，未考虑所有转向灯及其驱动线路。

2）如果车辆外部四角的转向灯闪烁正常，而后视镜、仪表上的转向指示灯不能闪烁，说明 J519 可能与其他模块通信异常。

3）如果车辆外部所有的转向灯闪烁正常，而仪表上的转向指示灯不能闪烁，说明 J285 可能与其他模块通信异常。

4）只在开锁或闭锁时闪烁异常，则可能是遥控钥匙或 J519 软件故障。

（6）听车门锁电机动作的声音

在按压遥控器上的开锁或闭锁按键时，如果所有的转向灯闪烁正常，接着看是否能听到车门锁电机动作的声音。同时检查在开锁时，所有车门是否能拉开；在闭锁时，所有车门是否不能拉开。

1）如果开锁、闭锁时均无车门锁电机动作的声音，且车门无法拉开或锁止，可能原因包括：

① J519 通信（软件）故障。
② 舒适 CAN 总线故障。
③ 以下故障同时出现：J386、电源或其通信，电机自身、驱动线路故障；J387、电源或其通信，电机自身、驱动线路故障；J388、电源或其通信，电机自身、驱动线路故障；J389、电源或其通信；电机自身、驱动线路故障。

注意： 如果出现以上现象，J388 项同时损坏的概率太小。

2）如果在开锁或闭锁时只是个别车门无法开锁或解锁，则存在以下故障：
① 个别车门控制单元的电源、通信、本身故障。
② 个别车门电机的控制、开关信号故障。

（7）使用机械钥匙

使用机械钥匙，如图 1-40 所示，通过驾驶员侧车门把手上锁芯打开中央门锁时，驾驶员侧车门应能正常打开，其余的无法打开（根据车辆设置确定，有的车型只能开启左前车门，有的车型可以开启全部车门）；闭锁时，所有车门应能锁止，无法打开。

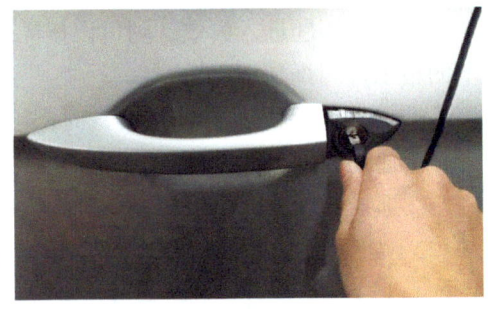

图 1-40 迈腾机械钥匙解锁

如果无钥匙进入解锁、遥控钥匙解锁均失效，同时使用机械钥匙也无法打开驾驶员侧车门，则存在以下故障：

① 机械钥匙不匹配。
② 锁芯故障。
③ 驾驶员侧车门锁机械机构故障。

（8）按压遥控器行李舱锁打开行李舱

按压遥控器上的行李舱锁按键，行李舱应能正常打开。如果不考虑无钥匙进入的功能检查结果，单考虑遥控钥匙不能打开行李舱，则可能原因如下：

① 遥控器自身（按键）故障；

②J519 电源或本身故障；

③行李舱锁执行元件 F219 本身或其驱动线路故障。

（9）拉动驾驶员侧车门上的行李舱开锁按钮

打开车门，拉动驾驶员侧车门上的行李舱开锁按钮 E233，如图 1-41 所示，行李舱应能正常打开。如果行李舱不能打开，可能存在以下故障（注意：这一步是在上一步测试的基础上）：

①行李舱开锁按钮 E233 本身及线路故障。

②J386 本身故障。

图 1-41　迈腾行李舱打开

（10）按压按钮 E308 上的闭锁键

打开车门，一名操作人员坐在驾驶员座椅上，关闭所有车门，按压按钮 E308 上的闭锁键，从内部应能打开所有车门，另一名操作人员应在外部无法打开所有车门；按压驾驶员侧车门上的上锁按钮 E308 上的开锁键，从内部应能打开所有车门，另一名操作人员在外部能打开所有车门。

如果无法锁止或解锁所有车门，则存在以下故障（注意：是在上一步测试的基础上）：

①上锁按钮 E308 本身及线路故障。

②上锁按钮 E308 与单元 J386 之间线路故障。

③J386 自身故障。

（11）按压油箱盖

按压油箱盖，油箱盖应能正常打开。如果油箱盖无法打开，则油箱盖板中的中央门锁执行元件 F219 控制、本身故障。

2. DTC 分析

现代汽车一般都具有自诊断功能，即使通过故障现象可以明确故障范围，也最好首先读取故障记忆，因为这特别有利于快速发现故障。如果有故障代码，应清楚故障代码的定义和生成的条件，并基于此展开诊断和故障检修；如果没有故障代码，则基于系统的结构和工作原理进行系统诊断。

在利用故障代码进行故障诊断时，一定要仔细阅读故障代码的定义和生成的条件，从中可以明确故障代码的生成机理,并根据机理确定验证故障代码真实性的方法,进而有利于提高诊断效果。利用故障代码进行故障诊断时按以下步骤进行:

1)连接故障诊断仪器,扫描网关,见表1-7。读取故障代码,查阅资料了解故障代码的定义和生成条件。

表1-7 中央门锁系统检查时诊断仪器查询的控制单元

数据总线诊断接口 J533	车载电网控制单元 J519
驾驶员侧车门控制单元 J386	前排乘员侧车门控制单元 J387
左后侧车门控制单元 J388	右后侧车门控制单元 J389
进入及起动许可接口 J965	行李舱盖开启控制单元 J938

2)验证故障代码的真实性。验证的方法也分以下两步:
①通过清除故障代码、模仿故障工况运行车辆,再次读取故障代码。
②通过数据流或在线测量值来判定故障真实性,并由此展开系统测量。

注意: 按照当前的中央门锁异常故障,实测过程中可能会遇到三种情况:第一种情况是诊断仪器可以正常和以上各控制单元通信,但系统没有故障记忆;第二种情况是诊断仪器可以正常和以上各控制单元通信,并能读取到系统中所存储的故障代码,此时应结合故障代码信息进行维修;第三种情况是在打开点火开关后操作诊断仪器,诊断仪器不能正常和以上控制单元中的一个或多个进行通信,也无法读取系统中所存储的故障代码。

图1-42所示为诊断仪器和J519、各车门控制模块之间的通信原理图,从中可以看出,诊断仪器通过诊断仪器连接线、无线或蓝牙通信、OBD-Ⅱ诊断接口、CAN-BUS与J519或其他控制单元进行通信。

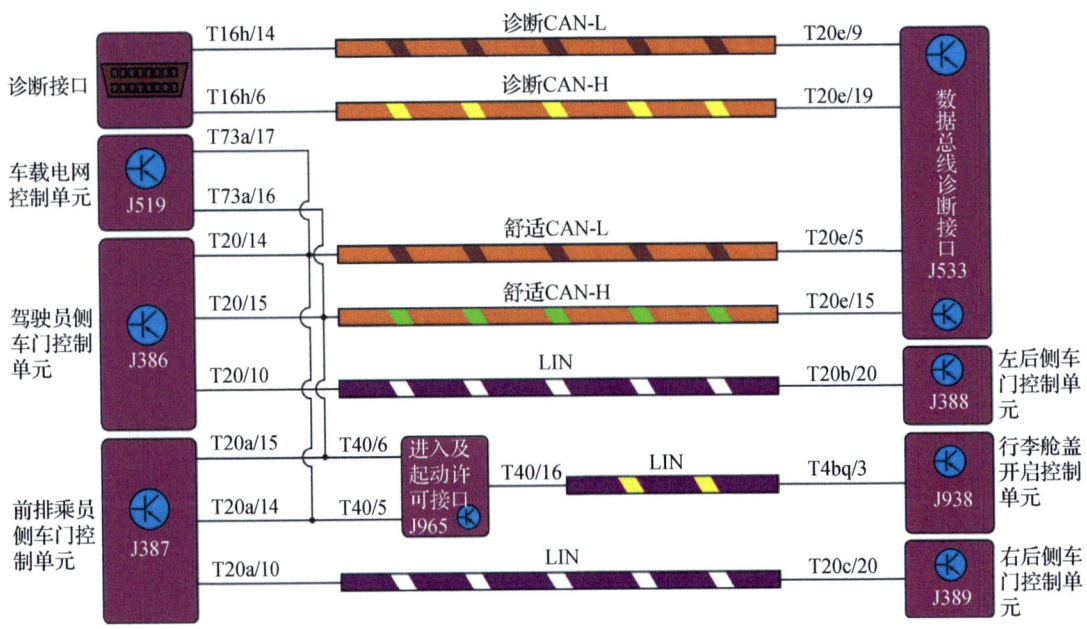

图1-42 迈腾数据诊断通信线路图解

如果诊断仪器无法进入车辆所有系统，则可能是解码器、诊断连接线、无线或蓝牙通信、OBD-Ⅱ诊断接口、CAN-BUS 中的一个或多个出现故障；如果只是某个控制单元无法到达，则可能是该控制单元或其电源线路、相邻的 CAN-BUS 区间出现故障。

3. 无码分析

如果没有故障代码显示，那就需要技术人员结合故障现象，分析系统线路图，列举故障可能，并按照正确的流程，利用合适的测试设备进行正确的测量，从而发现故障所在。

4. 诊断流程

面对中央门锁所发生的各种故障，诊断及处理失误将给企业和个人造成相当大的损失。正确的诊断及处理，不可能来自于盲目的主观臆断，而应该建立在获取与故障有关信息的基础上，依据迈腾舒适系统、中央门锁系统、进入及起动系统、CAN 总线系统、LIN 总线系统的工作原理以及控制结构，运用科学的分析方法，按照合理的步骤进行综合分析，去伪存真、舍次取主，排除故障"受害者"，找出故障"肇事者"，这才是提高故障诊断准确性的关键所在。为了便于分析，不至于被众多杂乱无章的信息扰乱思路，需要结合线路原理图，遵从表 1-8 所列流程进行诊断维修。

表 1-8　迈腾中央门锁异常诊断流程

步骤	操作	结果		备注
1	确认 +B 大于 11.5V	正常：转步骤 2	不正常：给蓄电池充电或更换	确保蓄电池正负极接头连接牢靠，不脏污
2	按压遥控器上的开锁、闭锁和行李舱锁按键，观察车辆外部报警灯闪烁是否正常	正常：转步骤 3	不正常：检查遥控钥匙电池电量、钥匙是否匹配正确	在强磁场下遥控钥匙可能出现失效，更换场地
3	在按压遥控器上的开锁或闭锁按键时，是否听到车门锁电机动作的声音。同时在开锁时，所有车门应能拉开；在闭锁时，所有车门应不能拉开	正常：转步骤 4	异常：转步骤 9	
4	使用机械钥匙，通过驾驶员侧车门把手上锁芯打开中央门锁时，驾驶员侧车门应能正常打开，其余的无法打开；闭锁时，所有车门应能锁止，无法打开	正常：转步骤 5	异常：检查驾驶员侧车门锁机械结构	机械钥匙通过机械连接机构打开车门，如果机械机构出现故障，将导致锁内部开关工作异常
5	按压遥控器上的行李舱锁按键，行李舱应能正常打开	正常：转步骤 6	异常：转步骤 9	通过两个开关操作后的现象判断基本故障部位
6	打开车门，拉动驾驶员侧车门上的行李舱开锁按钮 E233，行李舱应能正常打开	正常：转步骤 7	异常：转步骤 9	通过两个开关操作后的现象判断基本故障部位

（续）

步骤	操作	结果		备注
7	打开车门，一名操作人员坐在驾驶员座椅上，关闭所有车门，按压驾驶员侧车门上的上锁按钮E308上的闭锁键，从内部应无法打开所有车门，另一名操作人员应在外部无法打开所有车门；按压驾驶员侧车门上的上锁按钮E308上的开锁键，从内部应能打开所有车门，另一名操作人员在外部能打开所有车门	正常：转步骤8	异常：转步骤9	通过后部左、右开关操作后的现象判断基本故障部位
8	按压油箱盖，油箱盖应能正常打开	正常：转步骤14		
9	连接故障诊断仪器，读取故障代码	正常读取：转步骤10	无法读取故障代码：转步骤11 无故障代码：转步骤12	
10	根据实际维修中的故障代码进行诊断、维修	正常：转步骤13		
11	检测OBD-Ⅱ诊断接口及相关线路	正常：转步骤9	执行"OBD-Ⅱ诊断接口"诊断	使用连线时，如果解码器不亮或者使用无线传输方式怀疑无线模块不能通信时进行该诊断
	检测舒适CAN通信		执行"舒适CAN通信"诊断	
12	插接件检查	正常：转步骤13	不正常：维修故障部位	包括外观、退针、锈蚀等项目
	结合维修手册、线路图对故障系统供电、接地线路进行电压、通断测量			测量项目包括对地电压、电阻和端对端电阻
13	故障检验	正常：转步骤14	不正常：转步骤9	
14	维修完成			

5. 实施维修

（1）根据故障代码提示进行维修

利用解码器读取故障代码，按照本资源库中提供的针对每个故障代码制定的诊断流程进行故障诊断。

（2）线路检测

根据系统的结构原理，对门锁电机、门锁功能开关（F2、F241、F243）、锁开关等线路进行检测，检测方法参照本资源库的相关内容。

（3）部件检测

根据系统的结构原理，对门锁电机、门锁功能开关（F2、F241、F243）、联锁开关等元器件进行检测，检测方法参照本资源库的相关内容。

计划与实施

1. 领取任务

服务顾问将车辆开至待修区，将车辆钥匙、汽车维修服务接车单（见附件任务单1）交给车间主管。向车间主管交待作业内容，说明交车时间、要求及其他注意事项。车间主管根据各班组的技术能力及工作状况，向班组派工，班组领取任务。

2. 确认任务

1）班组接到任务后，根据汽车维修服务接车单对车辆进行检查。
2）确认故障现象，必要时试车。
3）根据汽车维修服务接车单上的工作内容，进行维修或诊断。
4）维修技师凭汽车维修服务接车单领料，并在出库单上签字。

> **注意：**
> ◆非工作需要不得进入车内且不能开动顾客车上的电器设备。
> ◆对于顾客留在车内的物品，维修技师应小心地加以保护，非工作需要严禁触动，因工作需要触动时应通知服务顾问以征得顾客的同意。

3. 借助原厂维修手册、参考教材完成以下知识准备

1）汽车舒适系统的功能：
_____
_____
_____
_____

2）迈腾轿车中央锁止系统的功能：
_____
_____
_____
_____

3）图示为门锁开关内部结构图，在图中写出各部分名称。

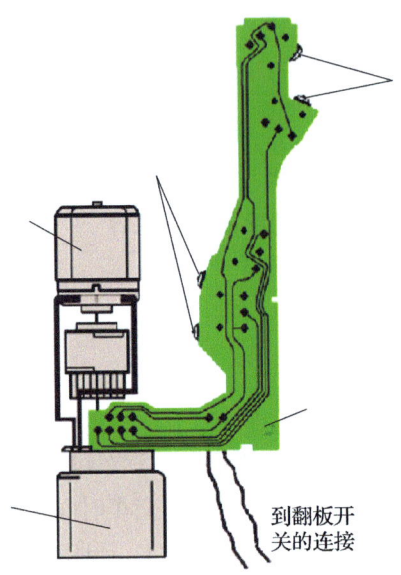

到翻板开关的连接

4）简要说明迈腾轿车中控门锁控制系统的工作过程。

_____
_____
_____
_____

5）画出迈腾左前车门中控门锁开关与左前车门控制单元之间的连接电路，并在下表中写出各管脚的管脚定义和电压特性。

管脚	管脚定义	电压特性

4. 制订计划

分组讨论并制订具体操作步骤。

> **提示：**
> ◆通过对上面相关理论知识的了解，维修人员根据维修的规范要求和维修的经验制定相关的维修方案。

（1）制定人员分工

组长＿＿＿＿＿＿＿＿＿＿＿＿＿＿＿＿＿＿＿＿＿＿＿＿＿＿＿＿＿＿＿＿＿＿＿＿

组号＿＿＿＿＿＿＿＿＿＿＿＿＿＿＿＿＿＿＿＿＿＿＿＿＿＿＿＿＿＿＿＿＿＿＿＿

组员＿＿＿＿＿＿＿＿＿＿＿＿＿＿＿＿＿＿＿＿＿＿＿＿＿＿＿＿＿＿＿＿＿＿＿＿

（2）检测、维修需要的设备、工具

＿＿＿＿＿＿＿＿＿＿＿＿＿＿＿＿＿＿＿＿＿＿＿＿＿＿＿＿＿＿＿＿＿＿＿＿＿＿

（3）中控门锁控制系统异常的故障排除分析

1）请按照故障树的方式整理出此故障的诊断流程（见附件任务单2）。

2）实施诊断并填写诊断报告（见附件任务单3）。

3）填写完工单（见附件任务单4）。

> **提示：**
> ◆结合迈腾中控门锁控制系统需检查、诊断、拆卸、测量、维修、安装、检验的项目多少和顺序填写。
> ◆结合车辆诊断仪数据填写。
> ◆在有关流程步骤中注意蓄电池、点火开关状态。
> ◆注意专用仪器、量具、工具的使用。
> ◆注意安全防范、安全操作。

评价与反馈

1. 学习效果测评

（1）填空题

1）中央锁止系统（CL）以电动方式＿＿＿＿＿＿＿＿和＿＿＿＿＿＿＿＿车门、行李舱盖或掀开式尾门和油箱盖。

2）按下遥控钥匙上的解锁按钮一次时，只有＿＿＿＿＿＿车门解锁，且＿＿＿＿＿＿开启，再次按下遥控钥匙上的解锁按钮时，所有车门及行李舱盖或掀开式尾门都会解锁。

3）中控门锁控制系统主要由＿＿＿＿＿＿＿＿、＿＿＿＿＿＿＿＿、＿＿＿＿＿＿＿＿、＿＿＿＿＿＿＿＿、＿＿＿＿＿＿＿＿、＿＿＿＿＿＿＿＿等组成。

4）成功锁止或解锁中央锁止系统（CL）时，会向用户发送_____和_____的反馈信号。

5）门锁开关是用来控制车门门锁的_____或_____。

6）门锁开关安装在_____上。

7）门锁执行机构在门锁控制电路的控制及驱动下，执行_____及_____。

8）门锁总成按照动力来源的不同，可以分为以下两种：
① _____。
② _____。

9）视觉锁止反馈通过_____输出。

10）中央锁止系统（CL）根据车速执行以下操作：
①车速 $v>$_____km/h，不能再从车外开启行李舱盖或掀开式尾门。
②车速 $v>$_____km/h，所有车门和行李舱盖或掀开式尾门都被锁止。

（2）选择题

1）当遥控器因程序错误而不能使用时，全部可以人工匹配，请问是否正确？（　　）
A. 错　　　　　　　　　　　　B. 对

2）在讨论轿车左前门上的中控门锁的控制开关的构造时，技师甲说该开关是用来向门锁执行器提供开锁和闭锁的脉冲电流。技师乙说该开关是用来向门锁控制模块提供开锁或闭锁的电压信号。请问谁的说法是正确的？（　　）
A. 只有甲正确　　　　　　　　B. 只有乙正确
C. 甲乙都正确　　　　　　　　D. 甲乙都不正确

3）关于轿车门锁执行器，技师甲说常见的门锁执行器有电磁线圈式和直流电动机式两种结构类型。技师乙说电磁线圈式和直流电动机式两种门锁执行器都是通过改变电流的极性来改变执行机构的运动方向。请问谁的说法是正确的？（　　）
A. 只有甲正确　　　　　　　　B. 只有乙正确
C. 甲乙都正确　　　　　　　　D. 甲乙都不正确

4）在讨论中控门锁系统的检修时，技师甲说若操作门锁控制开关时，所有门锁均不动作，则应检修每个门锁执行器及其相关电路。技师乙说若操作门锁控制开关时，只有个别门锁不能动作，则应检修相应的门锁执行器及其电路。请问谁的说法是正确的？（　　）
A. 只有甲正确　　　　　　　　B. 只有乙正确
C. 甲乙都正确　　　　　　　　D. 甲乙都不正确

5）下列哪个原因可能会导致驾驶员不能通过中控门锁开关开启汽车所有车门？（　　）
A. 中控门锁系统熔断器故障　　B. 驾驶员侧中控门锁开关故障
C. 乘客侧门锁控制开关故障　　D. 中控门锁系统搭铁不良

6）下列哪个原因可能会导致驾驶员不能控制左后侧电动门锁的运行？（　　）

    A. 中控门锁系统熔断器故障

    B. 驾驶员侧中控门锁开关故障

    C. 中控门锁系统搭铁不良

    D. 左后门门锁总成存在故障

7）如果中控门锁开关不能控制所有车门门锁总成的运行，说明故障在于（　　）。

    A. 中控门锁开关本身存在故障

    B. 中控门锁开关与驾驶员侧车门控制模块之间的连接电路存在故障

    C. 驾驶员侧车门控制模块电源电路存在故障

    D. 以上三项都对

2. 学习过程评价

项目	评价内容	评价等级		
		A	B	C
关键能力考核项目	遵守纪律，遵守学习场所管理规定，服从安排			
	安全意识、责任意识、5S 管理意识，注重节约、节能与环保			
	学习态度积极主动，能参加实习安排的活动			
	团队合作意识，注重沟通，能自主学习及相互合作			
	仪容仪表符合活动要求			
专业能力考核项目	按时按要求独立完成工作页、任务			
	工具、设备选择得当，使用符合技术要求			
	操作规范，符合要求			
	学习准备充分、齐全			
	注重工作效率与工作质量			
	技能点 1：使用诊断仪读取和分析数据流，并判断部件工作状态			
	技能点 2：使用示波器连接、测量和分析部件的波形，并判断部件工作状态			
小组评语及建议		组长签名： 年　月　日		
老师评语及建议		老师签名： 年　月　日		

能力与拓展

| 案例 1 | J965 的唤醒信号线路故障检修

故障点 1　J965 的唤醒信号线路断路
故障点 2　J965 的唤醒信号线路虚接 1000Ω 电阻

微课视频 1.1.1　J965 的唤醒信号线路断路故障

故障现象

1）无钥匙进入功能失效,但触摸车门把手时,钥匙指示灯闪烁。
2）遥控钥匙可以正常使车门解锁。
3）打开车门进入车内,钥匙指示灯闪烁,仪表可正常显示车门开启状态,E378 背景灯点亮;按下 E378,钥匙指示灯闪烁,仪表提示未找到钥匙,点火开关无法打开。
4）应急模式打开 E378 正常。

现象分析

无钥匙进入及起动流程如图 1-43 所示,所有车门无钥匙进入解锁功能异常,说明"门把手触摸传感器→J965→所有车门天线→钥匙→J519、J965(通过 CAN 及唤醒信号)→J519(通过 CAN)→J386/J387"工作异常;但无钥匙进入时钥匙指示灯闪烁,说明"触摸传感器→J965→室外天线→钥匙"正常;同时遥控钥匙可正常解锁,说明"钥匙→J519(通过 CAN)→J386/J387"工作正常;拉开车门进入车内,E378 背景灯正常点亮,说明"车门微动开关→J386(通过 CAN)→J965→E378"工作正常。综合分析,故障可能在于 J965 与 J519 之间的唤醒信号。

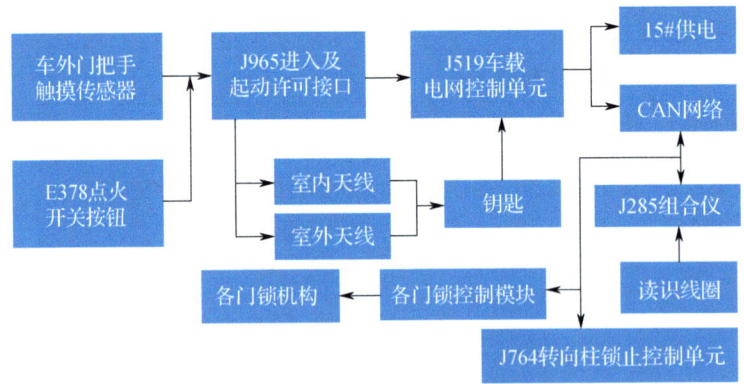

图 1-43　迈腾汽车进入及起动流程图

或者按下 E378,仪表提示未找到钥匙,说明"E378→J965(通过 CAN)←→J285、J965(通过唤醒信号)→J519、J965→室内天线→钥匙→J519(通过 CAN)→J285"工作异常;但按下 E378 时,钥匙指示灯闪烁,说明"E378→J965(通过 CAN)←→J285、J965→室内天线→钥匙"工作正常;仪表可正常显示车门开启状态,说明"车门微动开关→J386(通过 CAN)→J285"工作正常;遥控钥匙可正常解锁,说明"钥匙

→ J519（通过 CAN）→ J386/J387"工作正常。综合分析，故障可能在于 J965 与 J519 之间的唤醒信号。

可能的故障原因包括：① J965 的唤醒信号线路故障；② J965 局部故障；③ J519 故障。

故障点 1 J965 的唤醒信号线路断路诊断过程

无钥匙进入与起动系统电路如图 1-44 所示。

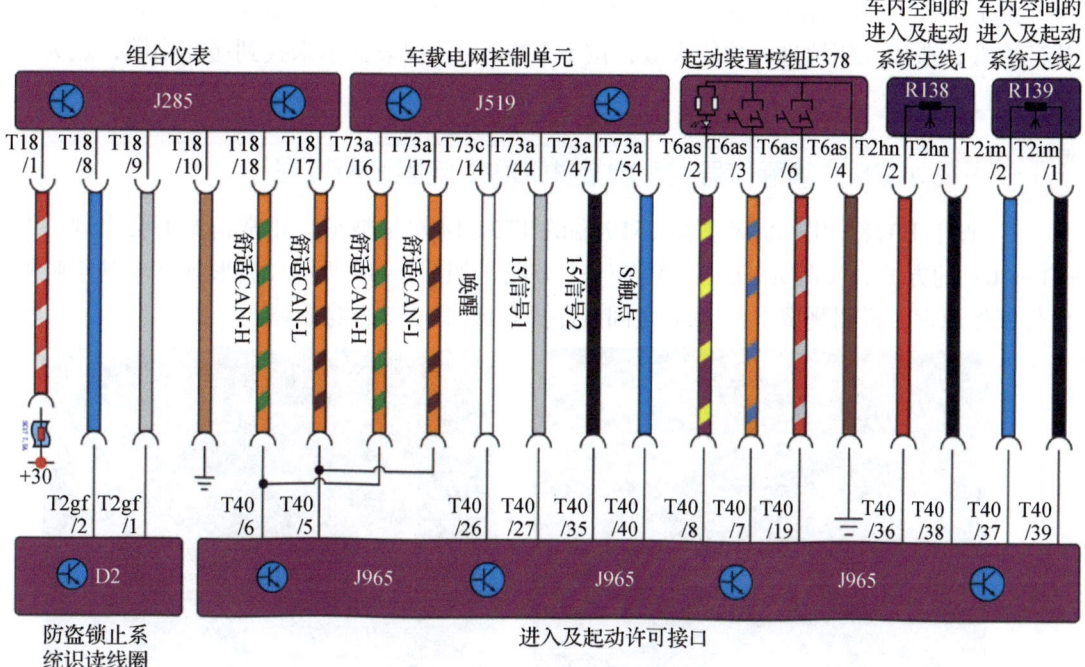

图 1-44 进入与起动系统电路

1）按下 E378，用示波器测量 J519 端的 T73c/14 对地波形，正常情况下会出现一个 +B → 0V 的方波，实测为 +B 直线，如图 1-45 所示，波形异常。基于唤醒信号工作原理，说明测试点到 J956 之间线路断路或者与 +B 短路。

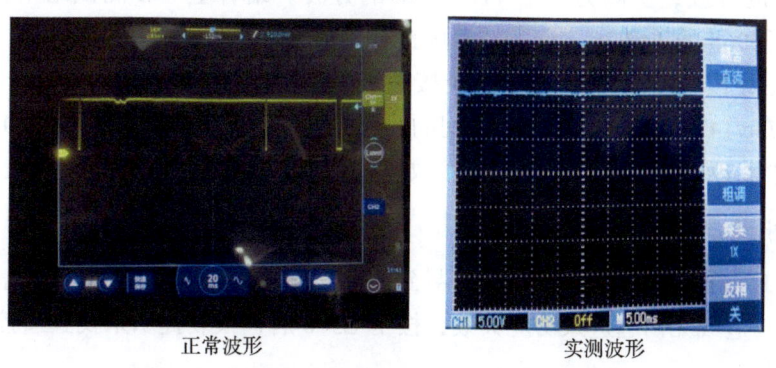

正常波形　　　　　实测波形

图 1-45 J519 端的 T73c/14 对地正常波形与实测波形

2）按下 E378，用示波器测量 J965 端的 T40/26 对地波形，正常情况下会出现一个 +B → 0V 的方波，实测为 0V。结合上一步测试结果，说明 J519 的 T73c/14 至 J965 的 T40/26 之间的线路断路。

3）关闭 E378，拆下蓄电池负极接线，断开 J519、J965 的插接器，用万用表测量 J519 的 T73c/14 至 J965 的 T40/26 之间的线路阻值，正常为 0Ω，实测无穷大。

4）排除 J965 的唤醒信号线路断路故障，系统恢复正常。

（故障机理）

由于 J965 的唤醒信号线路断路，导致 J965 无法告知 J519 去接收钥匙信息，所以钥匙认证失败，造成无钥匙进入功能失效，按下 E378 后，仪表提示未找到遥控钥匙，点火开关无法打开。

故障点 2 J965 的唤醒信号线路虚接 1000Ω 电阻诊断过程

1）按下 E378，用示波器测量 J519 端的 T73c/14 对地波形，正常情况下会出现一个 +B → 0V 的方波，实测为 +B → 5V 的一个方波，如图 1-46 所示，波形异常。基于唤醒信号工作原理，说明测试点到 J956 之间线路虚接或者 J965 自身故障。

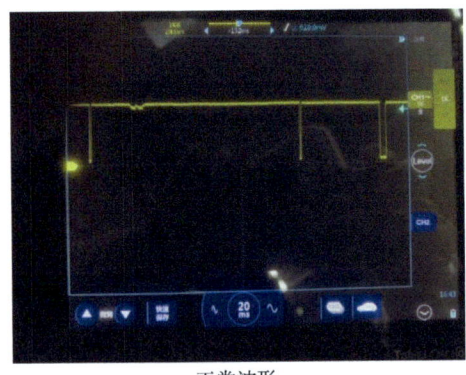

正常波形　　　　　　　　　　　实测波形

图 1-46　J519 端的 T73c/14 对地正常波形与实测波形

2）按下 E378，用示波器测量 J965 端的 T40/26 对地波形，正常情况下会出现一个 +B → 0V 的方波，实测为一个 +B → 0V 的方波。结合上一步测试结果，说明 J519 的 T73c/14 至 J965 的 T40/26 之间的线路虚接。

3）关闭 E378，拆下蓄电池负极接线，断开 J519、J965 的插接器，用万用表测量 J519 的 T73c/14 至 J965 的 T40/26 之间的线路阻值，正常为 0Ω，实测 1000Ω。

4）排除 J965 的唤醒信号线路虚接故障，系统恢复正常。

（故障机理）

由于 J965 的唤醒信号线路虚接，导致 J965 无法告知 J519 去接收钥匙信息，所以钥匙认证失败，造成无钥匙进入功能失效，按下 E378 后，仪表提示未找到遥控钥匙，点火开关无法打开。

案例 2 舒适 CAN 总线故障检修

故障点 1　舒适 CAN-H 线路对地短路
故障点 2　舒适 CAN-L 线路对正极短路
故障点 3　舒适 CAN-L 线路对正极虚接 20Ω 电阻
故障点 4　舒适 CAN-H 线路对接地虚接 20Ω 电阻
故障点 5　舒适 CAN-H 与 CAN-L 线路之间虚接 20Ω 电阻
故障点 6　舒适 CAN-H 与 CAN-L 线路之间短路

故障现象

1）无钥匙进入功能失效，但触摸车门把手传感器时，钥匙指示灯正常闪烁。
2）按下遥控钥匙，四个车门没有动作，但油箱盖可以解锁，前后转向灯正常闪烁，但后视镜上的转向灯不闪烁，仪表上的转向指示灯不闪烁。
3）用机械钥匙打开车门，进入车内，仪表不显示车门信息，E378 背景灯不亮。
4）按下 E378，钥匙指示灯不闪烁，仪表不亮，方向盘不能解锁。
5）应急模式打开 E378 失效。

现象分析

无钥匙进入流程如图 1-47 所示，按下遥控钥匙，车门不解锁，后视镜上的转向灯不闪烁，仪表的转向指示灯不闪烁，说明"遥控钥匙→J519（通过舒适 CAN）→J285、J386、J387"工作异常；但按下遥控钥匙，油箱盖可以解锁，前后转向灯正常闪烁，说明"遥控钥匙→J519→前后转向灯、油箱盖电机"工作正常。两项比对，说明 J519 与 J285、J386、J387 通信异常。

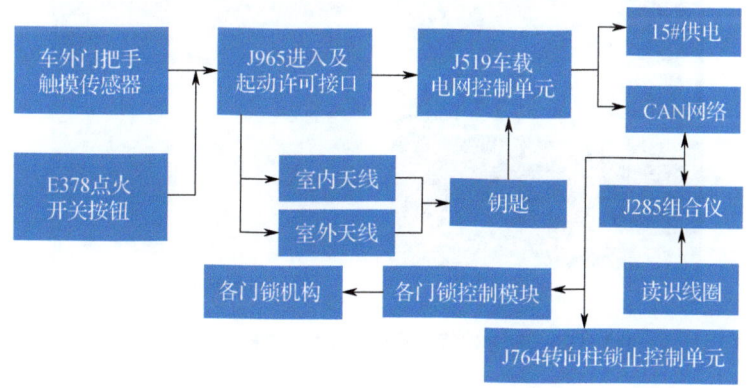

图 1-47　迈腾汽车进入及起动流程图

仪表不能显示车门开启状态，说明"车门微动开关→J386 或 J387→J285"工作异常，由于车门微动开关、J386、J387 同时损坏的概率不高，所以较大可能是 J285 或总线存在故障。

综合以上分析，说明可能原因是舒适 CAN 总线故障。

故障点 1 舒适 CAN-H 线路对地短路诊断过程

无钥匙进入与起动系统电路如图 1-48 所示。

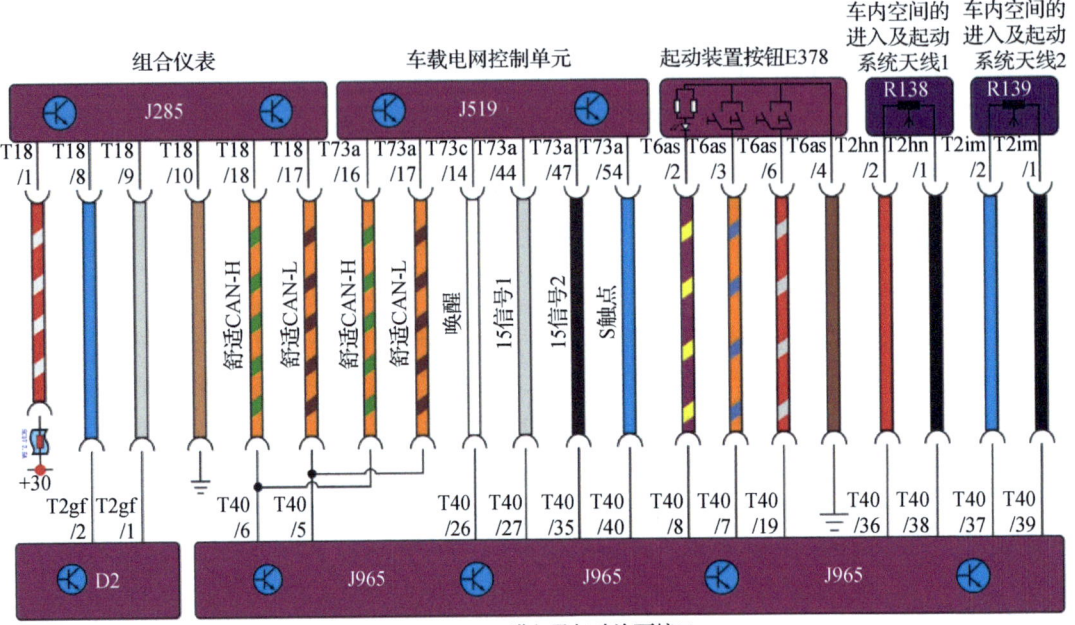

图 1-48　进入与起动系统电路

1）打开双闪（即危险警告灯）开关，同时操作钥匙开、闭锁，用示波器测量 J519 端（或其他模块）的舒适 CAN 总线波形，实测发现 CAN-H 隐性电压为 0V 直线，如图 1-49 所示，CAN-L 隐性电压比 CAN-H 略高，可能是由于 CAN-H 对接地短路。

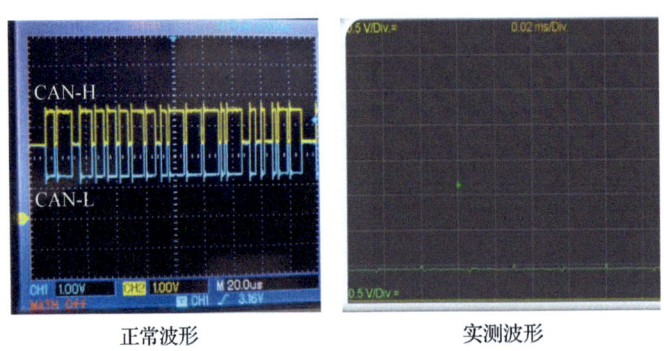

正常波形　　　　　　　　　实测波形

图 1-49　J519 端舒适 CAN 总线正常波形与实测波形

2）关闭 E378，拆下蓄电池负极接线，用万用表测量 J519 端（或其他模块）的舒适 CAN-H 线路对地电阻，正常为存在较大电阻，实测为 0Ω。

3）排除舒适 CAN-H 线路对地短路故障，系统恢复正常。

> **故障机理**

由于舒适 CAN-H 线路对地短路，导致舒适系统各模块之间无法通信，所以无钥匙进入功能失效,遥控钥匙无法解锁,点火开关无法打开。

故障点 2 舒适 CAN-L 线路对正极短路诊断过程

1)打开双闪开关,同时操作钥匙开、闭锁,用示波器测量 J519 端(或其他模块)的舒适 CAN 总线波形,实测发现 CAN-L 隐性电压为 +B 直线,CAN-H 隐性电压比 CAN-L 略低,如图 1-50 所示,可能是由于 CAN-L 对正极短路。

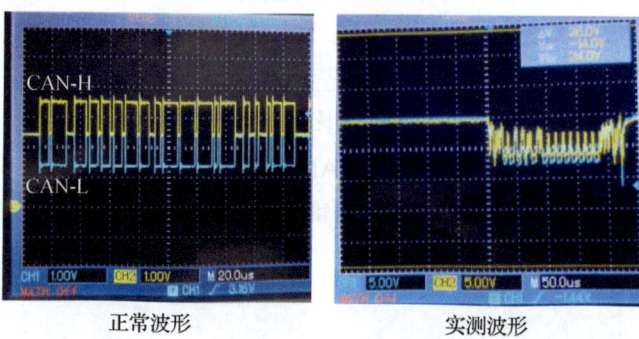

正常波形　　　　　　　实测波形

图 1-50　J519 端舒适 CAN 总线正常波形与实测波形

2)关闭 E378,拆下蓄电池负极接线,用万用表测量 J519 端(或其他模块)的舒适 CAN-L 线路与正极线路之间的阻值,正常应无穷大,实测为 0Ω。

3)排除舒适 CAN-H 线路对正极短路故障,系统恢复正常。

故障机理

由于舒适 CAN-H 线路对正极短路,导致舒适系统各模块之间无法通信,所以无钥匙进入功能失效,遥控钥匙无法解锁,点火开关无法打开。

故障点 3 舒适 CAN-L 线路对正极虚接 20Ω 电阻诊断过程

1)打开双闪开关,同时操作钥匙开、闭锁,用示波器测量 J519 端(或其他模块)的舒适 CAN 总线波形,实测发现 CAN-H、CAN-L 隐性电压明显大于 2.5V,且 CAN-L 隐性电压比 CAN-H 略高,如图 1-51 所示,可能是由于 CAN-L 对正极虚接。

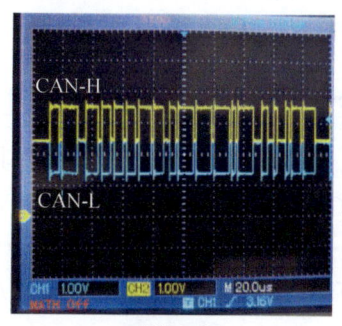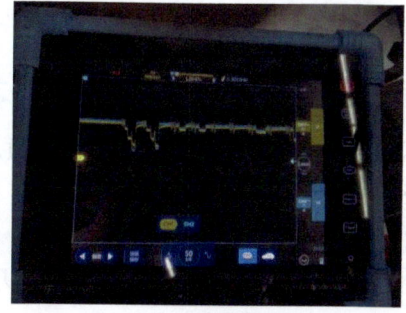

正常波形　　　　　　　实测波形

图 1-51　J519 端舒适 CAN 总线正常波形与实测波形

2）关闭 E378，拆下蓄电池负极接线，用万用表测量 J519 端（或其他模块）的舒适 CAN-L 线路与正极线路之间的阻值，正常情况下应存在较大电阻，实测为 20Ω。

3）排除舒适 CAN-H 线路对正极虚接故障，系统恢复正常。

故障机理

由于舒适 CAN-H 线路对正极虚接，导致舒适系统各模块之间无法通信，所以无钥匙进入功能失效，遥控钥匙无法解锁，点火开关无法打开。

故障点 4 舒适 CAN-H 线路对接地虚接 20Ω 电阻诊断过程

1）打开双闪开关，同时操作钥匙开、闭锁，用示波器测量 J519 端（或其他模块）的舒适 CAN 总线波形，实测发现 CAN-H、CAN-L 隐性电压明显小于 2.5V，且 CAN-L 隐性电压比 CAN-H 略高，如图 1-52 所示，可能是由于 CAN-H 对接地虚接。

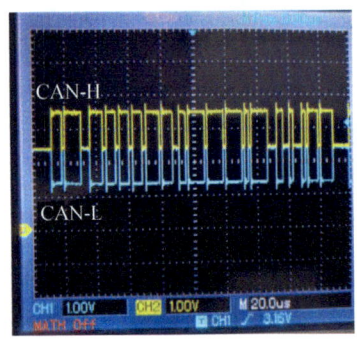
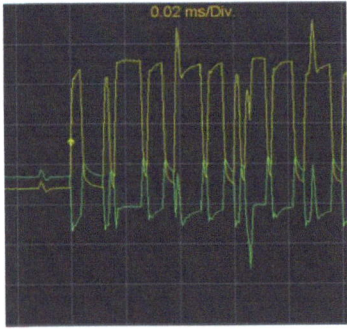

正常波形　　　　　　　　　　实测波形

图 1-52　J519 端舒适 CAN 总线正常波形与实测波形

2）关闭 E378，拆下蓄电池负极接线，用万用表测量 J519 端（或其他模块）的舒适 CAN-H 线路与接地之间的阻值，正常应存在较大电阻，实测为 20Ω。

3）排除舒适 CAN-H 线路对地虚接故障，系统恢复正常。

故障机理

由于舒适 CAN-H 线路对地虚接，导致舒适系统各模块之间无法通信，所以无钥匙进入功能失效，遥控钥匙无法解锁，点火开关无法打开。

故障点 5 舒适 CAN-H 与 CAN-L 线路之间虚接 20Ω 电阻诊断过程

1）打开双闪开关，同时操作钥匙开、闭锁，用示波器测量 J519 端（或其他模块）的舒适 CAN 总线波形，实测发现舒适 CAN-H 与 CAN-L 的显性电压差小于 2V，如图 1-53 所示，说明 CAN-H 与 CAN-L 之间存在虚接。

2）关闭 E378，拆下蓄电池负极接线，用万用表测量舒适 CAN-H 与 CAN-L 线路之间的阻值，正常为 60Ω，实测约为 15Ω。

3）两种方法：一种是断掉所有的模块连接器，检查虚接电阻所在；另一种是计算出虚接电阻，虚接电阻约 20Ω。

4）排除舒适 CAN-H 与 CAN-L 线路之间虚接故障，系统恢复正常。

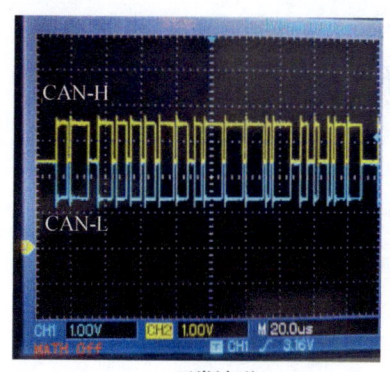 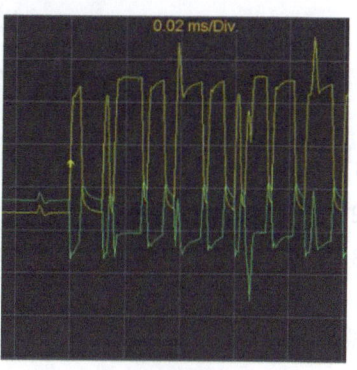

正常波形　　　　　　　　　　　　　实测波形

图 1-53　J519 端舒适 CAN 总线正常波形与实测波形

故障机理

由于舒适 CAN-H 与 CAN-L 线路之间虚接，导致舒适系统各模块之间无法通信，所以无钥匙进入功能失效，遥控钥匙无法解锁，点火开关无法打开。

故障点 6　舒适 CAN-H 与 CAN-L 线路之间短路诊断过程

1）打开双闪开关，同时操作钥匙开、闭锁，用示波器测量 J519 端（或其他模块）的舒适 CAN 总线波形，实测发现舒适 CAN-H 与 CAN-L 的显性电压差为 0，如图 1-54 所示，说明 CAN-H 与 CAN-L 之间存在短路。

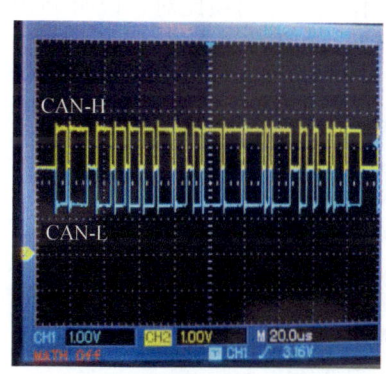 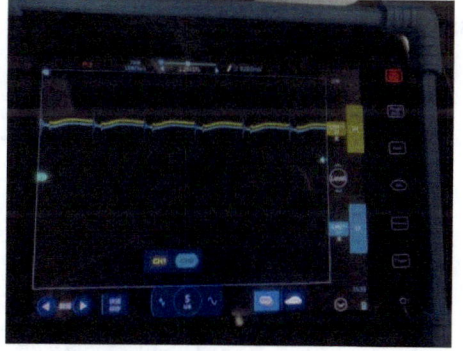

正常波形　　　　　　　　　　　　　实测波形

图 1-54　J519 端舒适 CAN 总线正常波形与实测波形

2）关闭 E378，拆下蓄电池负极接线，用万用表测量舒适 CAN-H 与 CAN-L 线路之间的阻值，正常为 60Ω，实测约为 0Ω。

3）排除舒适 CAN-H 与 CAN-L 线路之间短路故障，系统恢复正常。

故障机理

由于舒适 CAN-H 与 CAN-L 线路之间短路，导致舒适系统各模块之间

微课视频 1.2.6
舒适 CAN-H 与 CAN-L 线路之间短路故障

无法通信，所以无钥匙进入功能失效，遥控钥匙无法解锁，点火开关无法打开。

案例 3 | J519 端舒适 CAN 总线故障检修

故障点 1　　J519 端舒适 CAN-L 线路断路
故障点 2　　J519 端舒适 CAN-H 线路断路
故障点 3　　J519 端舒适 CAN-H 与 CAN-L 线路反接

故障现象

1）无钥匙进入异常，但钥匙指示灯闪烁正常。
2）遥控解锁失败，但前后转向灯闪烁，油箱盖有动作声，遥控可开启行李舱。
3）机械钥匙解锁正常，仪表（偶尔）显示车门开启状态。
4）打开 E378，钥匙指示灯闪烁正常，仪表提示"未识别到遥控钥匙"，方向盘不解锁，仪表不点亮。
5）应急 ON 失效，但方向盘可以解锁，前照灯点亮。

现象分析

无钥匙进入流程如图 1-55 所示，按下遥控钥匙，车门不解锁，后视镜上的转向灯不闪烁，仪表的转向指示灯不闪烁，说明"遥控钥匙→J519（通过舒适 CAN）→J285、J386、J387"工作异常；但按下遥控钥匙，油箱盖可以解锁，前后转向灯正常闪烁，说明"遥控钥匙→J519→前后转向灯、油箱盖电机"工作正常。两项比对，说明 J519 与 J285、J386、J387 通信异常。

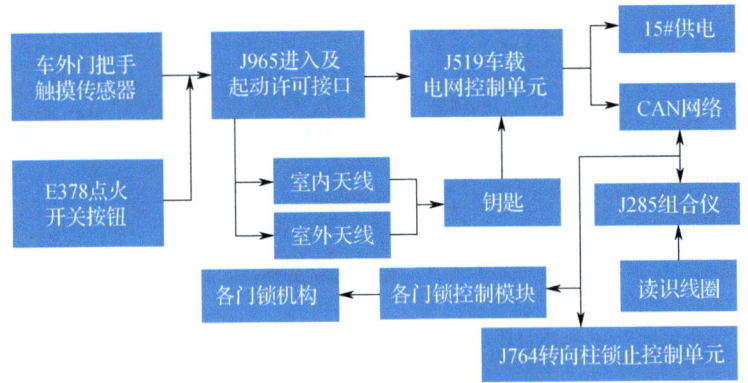

图 1-55　迈腾汽车进入及起动流程图

按下 E378，钥匙指示灯正常闪烁，说明"E378→J965（通过 CAN）⟷J285、J965→室内天线→钥匙"工作正常，J285 通信正常。

综合以上两种分析，可能的故障原因包括：① J519 通信线路故障；② J519 本身故障。

故障点 1　J519 端舒适 CAN-L 线路断路诊断过程

无钥匙进入与起动系统电路如图 1-56 所示。

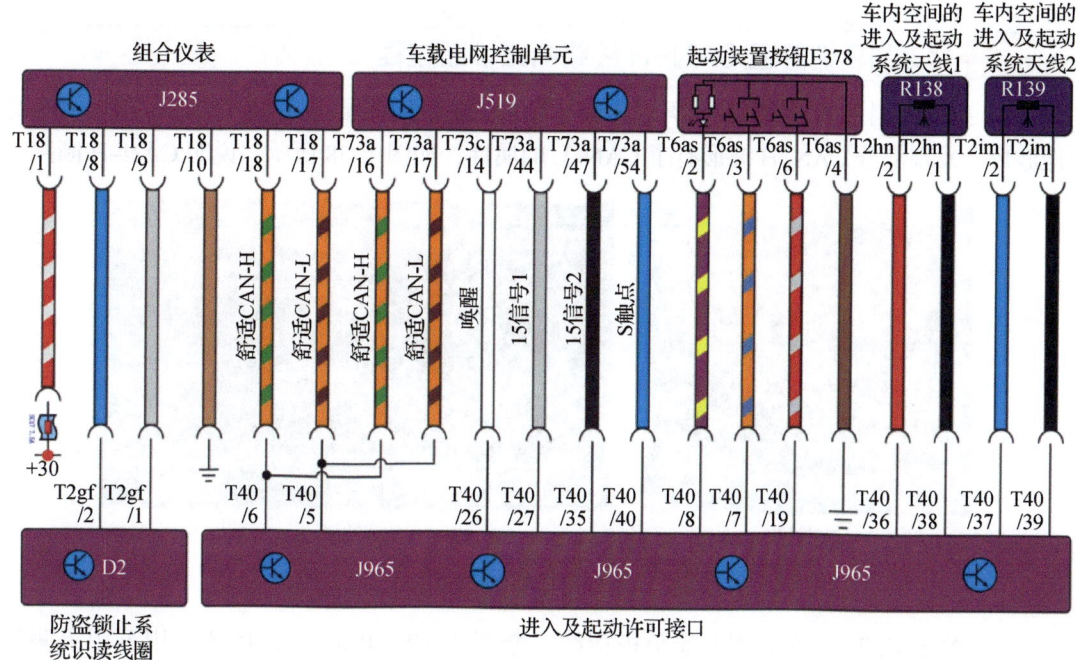

图 1-56　进入与起动系统电路

1）打开双闪开关，操作钥匙开、闭锁，用示波器测量 J519 的 T73a/16、T73a/17 对地波形，实测发现部分 CAN-L 波形有了 CAN-H 的特性，如图 1-57 所示，说明 CAN-L 存在断路或虚接。

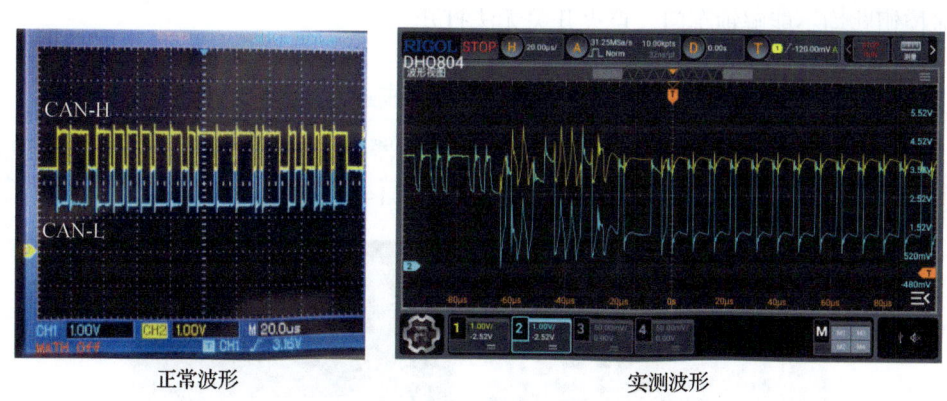

正常波形　　　　　　　　　　　　　实测波形

图 1-57　J519 舒适 CAN 正常波形与实测波形

2）关闭 E378，拆下蓄电池负极接线，断开 J519、J533 的插接器，用万用表测量 J519 的 T73a/17 到 J533 的 T20e/5 之间线路的电阻，应近乎为零，实测为无穷大。

3）排除 J519 端的 CAN-L 断路故障，系统恢复正常。

故障机理

由于 J519 端的 CAN-L 断路，导致 J519 与其他模块之间通信异常，所以无钥匙进入功能和遥控钥匙均不能解锁车门，点火开关无法打开。

故障点 2 J519 端舒适 CAN-H 线路断路诊断过程

1）打开双闪开关，操作钥匙开、闭锁，用示波器同时测量 J519 的 T73a/16、T73a/17 对地波形，发现部分 CAN-H 波形有了 CAN-L 的属性，如图 1-58 所示，说明 CAN-H 断路。

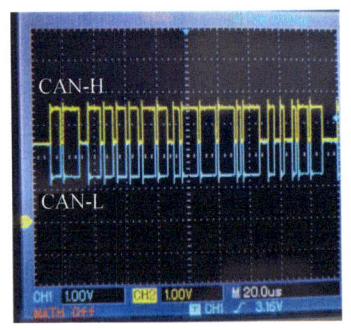 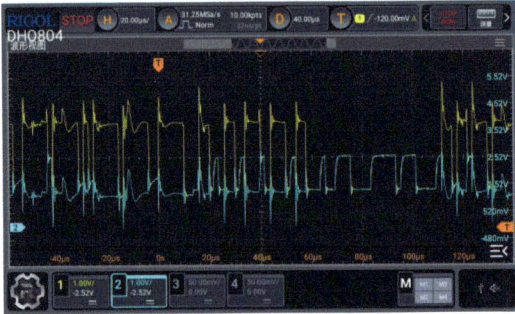

正常波形　　　　　　　　　　　实测波形

图 1-58　J519 舒适 CAN 正常波形与实测波形

2）关闭 E378，拆下蓄电池负极接线，断开 J519、J965 的插接器，用万用表测量 J519 的 T73a/16 到 J965 的 T40/6 之间线路的电阻，正常应近乎为零，实测无穷大。

3）排除 J519 端 CAN-H 断路故障，系统恢复正常。

故障机理

由于 J519 端 CAN-H 断路，导致 J519 与其他模块之间通信异常，所以无钥匙进入功能和遥控钥匙均不能解锁车门，点火开关无法打开。

故障点 3 J519 端舒适 CAN-H 与 CAN-L 线路反接诊断过程

1）打开双闪开关，操作钥匙开、闭锁，用示波器同时测量 J519 的 T73a/16、T73a/17 对地波形，发现 CAN-H 与 CAN-L 线路反接，如图 1-59 所示。

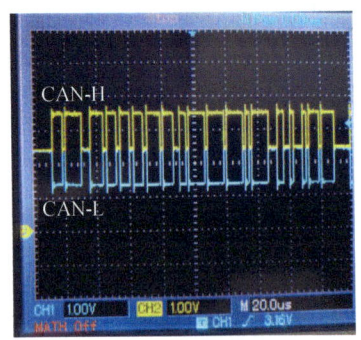 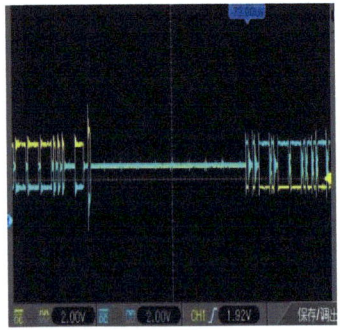

正常波形　　　　　　　　　　　实测波形

图 1-59　J519 舒适 CAN 正常波形与实测波形

2）关闭 E378，拆下蓄电池负极接线，断开 J519、J965 的插接器，用万用表测量 J519 与 J965 之间的 CAN 线路电阻，发现 J519 端 CAN-H 与 CAN-L 线路反接。

3）排除 J519 端 CAN-H 与 CAN-L 线路反接故障，系统恢复正常。

故障机理

由于 J519 端 CAN-H 与 CAN-L 线路反接，导致 J519 与其他模块之间通信异常，所以无钥匙进入功能和遥控钥匙均不能解锁车门，点火开关无法打开。

案例 4 ｜ J519 接地线路断路故障检修

故障现象

1）无钥匙进入功能失效，但触摸门把手时，钥匙指示灯闪烁正常。

2）操作遥控钥匙，车门及油箱盖不解锁，转向灯不闪烁。

3）用机械钥匙解锁，拉开车门，进入车内，钥匙指示灯不闪烁，仪表不显示车门开启状态，E378 背景灯不亮。

4）按下 E378，钥匙指示灯正常闪烁，但方向盘不解锁，仪表不亮，仪表提示"未找到钥匙"。

5）应急起动失效。

现象分析

操作钥匙，油箱盖不解锁，转向灯不亮，说明"钥匙→J519→油箱盖电机、前后转向灯"工作异常；根据故障概率，油箱盖电机、前后转向灯同时损坏的概率不高，说明故障在于钥匙或 J519；但按下 E378 时，钥匙指示灯正常闪烁，说明钥匙是本车钥匙。

综合以上分析，可能的故障原因包括：①J519 电源线路故障；②J519 自身故障；③钥匙自身故障。

诊断过程

J519 电源电路如图 1-60 所示。

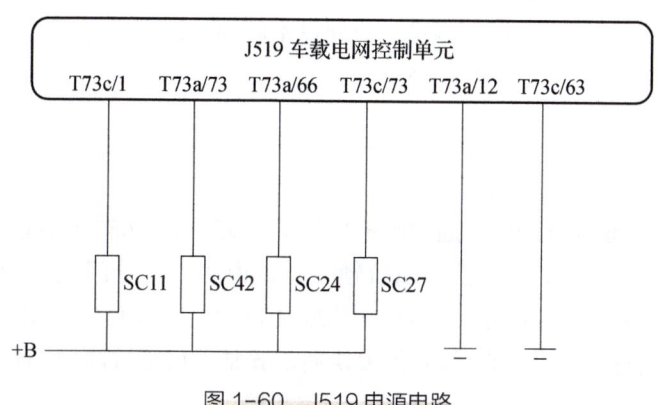

图 1-60　J519 电源电路

1）用万用表测量 J519 的供电端子 T73c/1、T73a/73、T73c/73、T73a/66、T73a/12、T73c/63 对地电压，正常值分别为 +B、+B、+B、+B、0V、0V，实测值分别为 +B、+B、+B、+B、+B、+B，说明 J519 的接地线路断路。

2）关闭 E378，拆下蓄电池负极接线，断开 J519 的插接器，用万用表测量 J519 线束端的 T73a/12、T73c/63 对地阻值，正常应近乎为 0Ω，实测均为无穷大。

3）排除 J519 接地线路断路故障，系统恢复正常。

(故障机理)

由于 J519 接地线路断路，导致 J519 供电异常，所以遥控钥匙无法解锁车门，点火无法打开。

案例 5 ｜ J285 端舒适 CAN 总线或供电线路故障检修

故障点 1　J285 端舒适 CAN-H 虚接 50Ω 电阻
故障点 2　J285 端舒适 CAN-L 虚接 300Ω 电阻
故障点 3　J285 供电熔丝 SC17 断路
故障点 4　J285 供电熔丝 SC17 虚接 1000Ω 电阻
故障点 5　J285 正极供电线路虚接 1000Ω 电阻
故障点 6　J285 正极供电线路断路
故障点 7　J285 负极供电线路断路
故障点 8　J285 负极供电线路虚接 1000Ω 电阻

注意：虚接 50Ω 现象不稳定，部分车型会出现仪表持续闪烁或没有异常现象。

故障现象

1）无钥匙进入功能正常，解锁车门时，转向灯正常闪烁，但仪表上的转向灯指示灯不亮。

2）打开车门，仪表没有显示车门开启状态。

3）操作 E378，钥匙指示灯不闪烁，方向盘不解锁，仪表未点亮。

4）应急起动方式也无法打开 E378。

现象分析

无钥匙进入流程如图 1-61 所示，无钥匙进入时，仪表上的转向指示灯不亮，说明"车外门把手触摸传感器→J965（通过唤醒信号）→J519，J965→天线→钥匙→J519（通过舒适 CAN）→J285"工作异常；而解锁正常，说明"车外门把手触摸传感器→J965（通过唤醒信号）→J519，J965→天线→钥匙→J519（通过舒适 CAN）→J386、J387"工作正常；两者比较，说明 J285 与其他模块通信异常。可能故障原因包括：① J285 自身故障；② J285 电源线路故障；③ J285 通信线路故障。

任务 1 无钥匙进入系统的认知与诊断

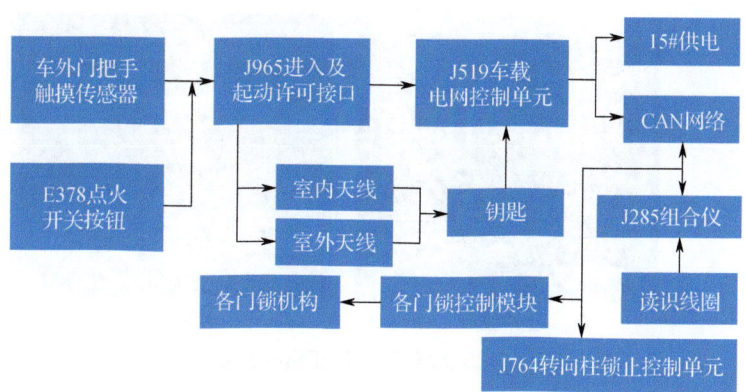

图 1-61 迈腾汽车进入及起动流程图

> **故障点 1** J285 端舒适 CAN-H 虚接 50Ω 电阻诊断过程

无钥匙进入与起动系统电路如图 1-62 所示。

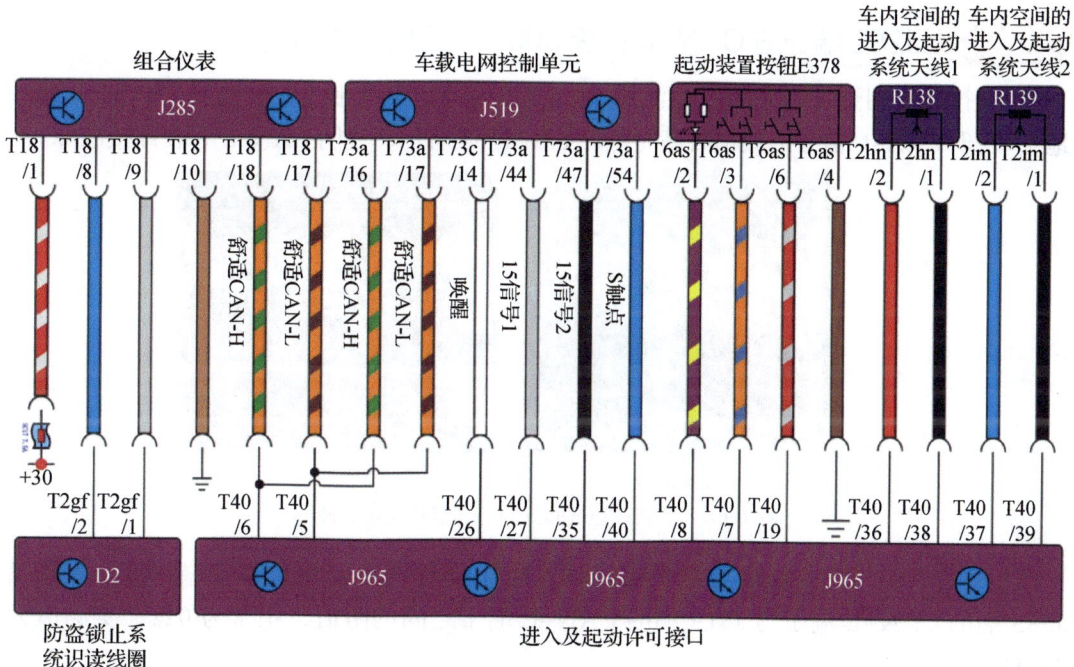

图 1-62 进入与起动系统电路

1)打开双闪开关,用示波器测量 J285 端的舒适 CAN 波形(T18/17、T18/18 分别对地),发现 CAN-H 信号的振幅时高时低,如图 1-63 所示,说明 CAN-H 线路存在虚接故障。

2)关闭 E378,拆下蓄电池负极接线,断开 J519、J965 的插接器,用万用表测量 J285 端的 CAN-H 端子与 J519 端的 CAN-H 端子之间的阻值,正常为 0Ω,实测值为 50Ω。

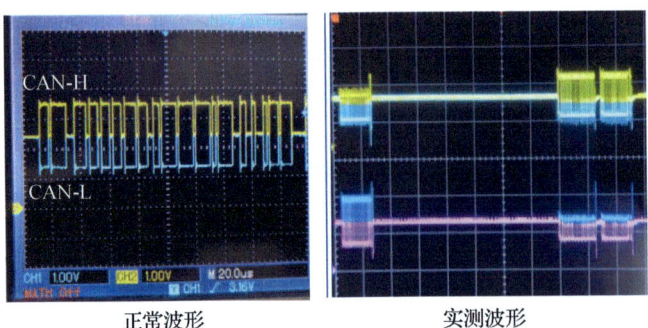

正常波形　　　　　　　　实测波形

图 1-63　J285 端舒适 CAN 正常波形与实测波形

3）排除 J285 端的舒适 CAN-H 线路虚接故障，系统恢复正常。

故障机理

由于 J285 端的舒适 CAN-H 线路虚接，导致 J285 与其他模块之间通信异常，所以按下 E378 后，无法完成车内钥匙认证，导致点火开关打开失败。

故障点 2　**J285 端舒适 CAN-L 虚接 300Ω 电阻诊断过程**

1）打开双闪开关，用示波器测量 J285 端舒适 CAN 波形（T18/17、T18/18 分别对地），发现 CAN-L 信号的振幅时高时低，如图 1-64 所示，说明 CAN-L 存在虚接故障。

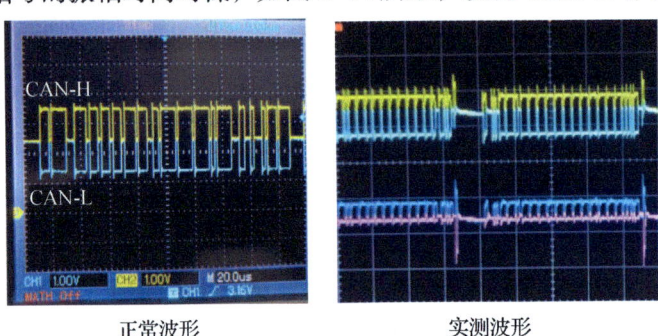

正常波形　　　　　　　　实测波形

图 1-64　J285 端舒适 CAN 正常波形与实测波形

2）关闭 E378，拆下蓄电池负极接线，断开 J519、J965 的插接器，用万用表测量 J285 端的 CAN-L 端子与 J519 端的 CAN-L 端子之间的阻值，正常为 0Ω，实测值为 300Ω。

3）排除 J285 端的舒适 CAN-L 线路虚接故障，系统恢复正常。

故障机理

由于 J285 的舒适 CAN-L 线路虚接，导致 J285 与其他模块之间通信异常，所以按下 E378 后，无法完成车内钥匙认证，导致点火开关打开失败。

故障点 3　**J285 供电熔丝 SC17 断路诊断过程**

1）打开双闪开关，用示波器测量 J285 端舒适 CAN 波形（T18/17、T18/18 分别对地），未发现异常。

2）用万用表分别测量 J285 的供电端子 T18/1 和 T18/10 对地电压，正常值分别为 +B、0V，实测均为 0V，说明 J285 供电异常。

3）用万用表测量 SC17 两端对地电压，正常均为 +B，实测一端为 +B，另一端为 0V，说明 SC17 断路。

4）关闭 E378，拔下 SC17，目视或用万用表测量 SC17 的阻值，实测无穷大。

5）测量 SC17 下游电路对地阻值，正常应大于 +B/7.5A，实测正常。

6）更换熔丝，系统恢复正常。

> 故障机理

由于 J285 的供电熔丝 SC17 断路，导致 J285 供电异常，与其他模块无法正常通信，所以仪表不显示车门及警报信息，点火开关无法打开。

故障点 4　J285 供电熔丝 SC17 虚接 1000Ω 电阻诊断过程

1）打开双闪开关，用示波器测量 J285 端舒适 CAN 波形（T18/17、T18/18 分别对地），未发现异常。

2）用万用表分别测量 J285 的供电端子 T18/1 和 T18/10 对地电压，正常值分别为 +B、0V，实测为 3.5V、0V，说明供电异常。

3）用万用表测量 SC17 两端对地电压，正常值为 +B，实测一端为 +B，另一端为 3.5V，说明 SC17 内阻过大。

4）关闭 E378，拔下 SC17，用万用表测量其阻值，正常应近乎为零，实测 1000Ω。

5）更换 SC17 熔丝，系统恢复正常。

> 故障机理

由于 J285 的供电熔丝 SC17 虚接，导致 J285 供电异常，与其他模块无法正常通信，所以仪表不显示车门及警报信息，点火开关无法打开。

故障点 5　J285 正极供电线路虚接 1000Ω 电阻诊断过程

1）打开双闪开关，用示波器测量 J285 端舒适 CAN 波形（T18/17、T18/18 分别对地），未发现异常。

2）用万用表分别测量 J285 的供电端子 T18/1 和 T18/10 对地电压，正常值分别为 +B、0V，实测分别为 3.5V、0V。

3）用万用表测量 SC17 对地电压，正常为 +B，实测正常，说明 SC17 至 T18/1 线路虚接。

4）关闭 E378，拆下蓄电池负极，拔下 SC17 熔丝，断开 J285 插接器，用万用表测量阻值，实测为 1000Ω。

5）排除 J285 的正极供电线路虚接故障，系统恢复正常。

故障机理

由于 J285 的正极供电线路虚接，导致 J285 供电异常，与其他模块无法正常通信，所以仪表不显示车门信息，点火开关无法打开。

故障点6　J285 正极供电线路断路诊断过程

1) 打开双闪开关，用示波器测量 J285 端舒适 CAN 波形（T18/17、T18/18 分别对地），未发现异常。

2) 用万用表分别测量 J285 的供电端子 T18/1 和 T18/10 对地电压，正常值分别为 +B、0V，实测均为 0V，说明 J285 供电异常。

3) 用万用表测量 SC17 两端对地电压，正常均为 +B，实测正常，说明 SC17 至 T18/1 线路断路。

4) 关闭 E378，拆卸蓄电池负极接线，拔下 SC17 熔丝，断开 J285 插接器，用万用表测量 SC17 与 J285 之间线路阻值，实测为无穷大。

5) 排除 J285 的正极供电线路断路故障，系统恢复正常。

故障机理

由于 J285 的正极供电线路断路，导致 J285 供电异常，与其他模块无法正常通信，所以仪表不显示车门信息，点火开关无法打开。

故障点7　J285 负极供电线路断路诊断过程

1) 打开双闪开关，用示波器测量 J285 端舒适 CAN 波形（T18/17、T18/18 分别对地），未发现异常。

2) 用万用表分别测量 J285 的供电端子 T18/1 和 T18/10 对地电压，正常值分别为 +B、0V，实测均为 +B，说明接地线路存在断路。

3) 关闭 E378，拆下蓄电池负极接线，断开 J285 插接器，用万用表测量 J285 接地线路阻值，正常应近乎为零，实测为无穷大。

4) 排除 J285 的负极供电线路断路故障，系统恢复正常。

故障机理

由于 J285 的负极供电线路断路，导致 J285 供电异常，与其他模块无法正常通信，所以仪表不显示车门信息及报警信息，点火开关无法打开。

故障点8　J285 负极供电线路虚接 1000Ω 电阻诊断过程

1) 打开双闪开关，用示波器测量 J285 端舒适 CAN 波形（T18/17、T18/18 分别对地），未发现异常。

2) 用万用表分别测量 J285 的供电端子 T18/1 和 T18/10 对地电压，正常值分别为 +B、0V，实测分别为 +B、8V，说明接地线路存在虚接。

3) 关闭 E378，拆下蓄电池负极接线，断开 J285 插接器，用万用表测量 J285 接地线路阻值，正常应近乎为零，实测为 1000Ω。

4）排除 J285 的负极供电线路虚接故障，系统恢复正常。

故障机理

由于 J285 的负极供电线路虚接，导致 J285 供电异常，与其他模块无法正常通信，所以仪表不显示车门及报警信息，点火开关无法打开。

案例 6 ｜ J965 端 CAN 总线故障检修

故障点 1　J965 端 CAN-H 线路断路
故障点 2　J965 端 CAN-L 线路断路
故障点 3　J965 端 CAN-H 线路虚接 300Ω
故障点 4　J965 端 CAN-L 线路虚接 100Ω

故障现象

1）所有车门无钥匙进入功能失效，但操作时钥匙指示灯闪烁，使用遥控器可以解锁车门。

2）打开车门，仪表显示车门开启状态正常，但钥匙指示灯不亮，E378 背景灯不亮。

3）操作 E378，钥匙指示灯不闪烁，仪表未点亮，应急起动无法打开 E378。

现象分析

无钥匙进入流程如图 1-65 所示，打开车门，钥匙指示灯不闪烁，说明"F2→J386（通过舒适 CAN）→J965→室内天线→钥匙"工作异常；但仪表显示车门开启状态正常，说明"F2→J386（通过舒适 CAN）→J285"工作正常；无钥匙进入时钥匙闪烁正常，说明"车外门把手触摸传感器→J965→室内（外）天线→钥匙"工作正常（注意：室内天线有问题时，室外天线也不会发射信号）。

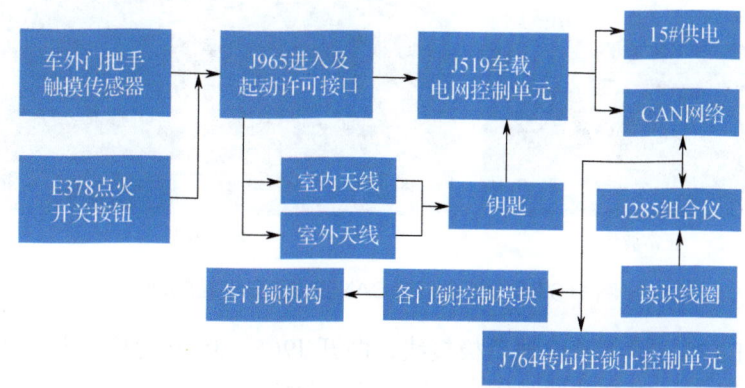

图 1-65　迈腾汽车进入及起动流程图

综合以上考虑，可能的故障原因包括：① J965 自身故障；② J965 通信线路故障。

故障点 1 J965 端 CAN-H 线路断路诊断过程

无钥匙进入与起动系统电路如图 1-66 所示。

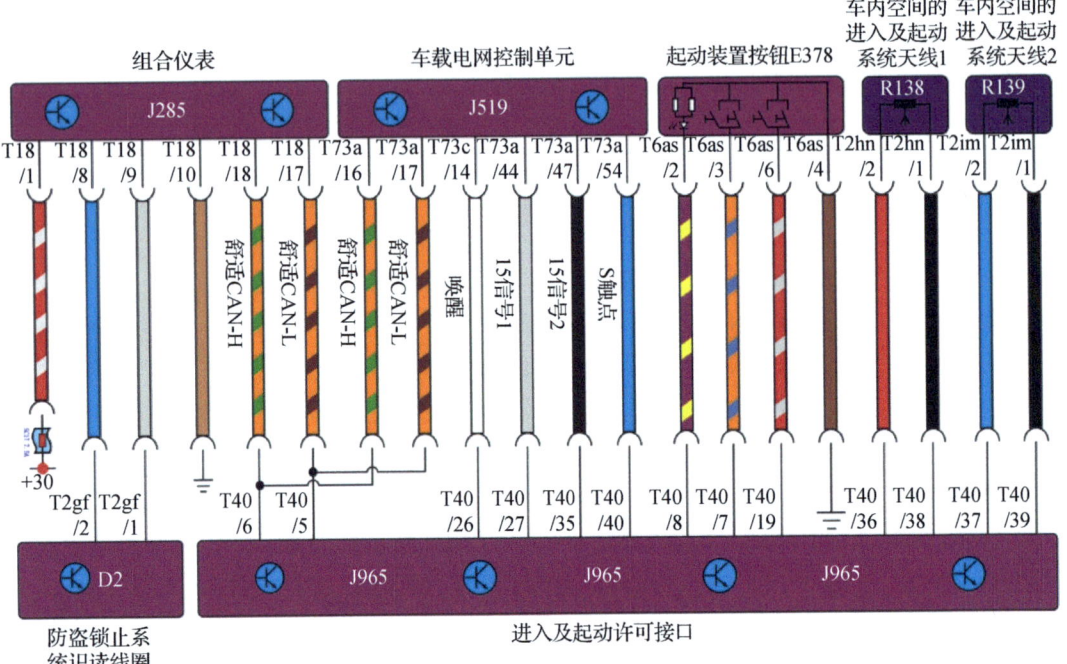

图 1-66 进入与起动系统电路

1）打开双闪开关，反复操作 E378，用示波器测量 J965 端的 CAN 波形（T40/5、T40/6 分别对地），发现 J965 端的部分 CAN-H 波形有了 CAN-L 的属性，如图 1-67 所示，说明 CAN-H 存在断路或虚接故障。

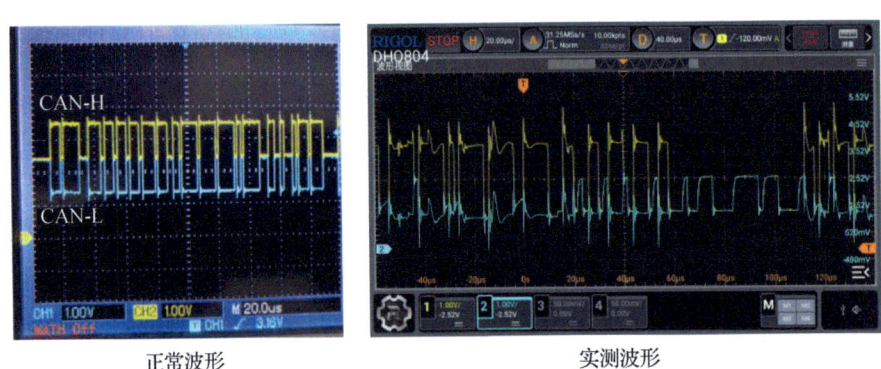

正常波形　　　　　　　　　　　实测波形

图 1-67 J965 端舒适 CAN 正常波形与实测波形

2）关闭 E378，拆下蓄电池负极接线，断开 J965、J519 的插接器，用万用表测量 J965 至 J519 端的 CAN-H 线路阻值，正常应近乎为零，实测为无穷大。

3）排除 J965 端的 CAN-H 线路断路故障，系统恢复正常。

故障机理

由于 J965 端的 CAN-H 线路断路，导致 J965 无法与其他模块通信，所以无钥匙进入功能失效，点火开关无法打开。

故障点 2 J965 端 CAN-L 线路断路诊断过程

1）打开双闪开关，反复操作 E378，用示波器测量 J965 端的 CAN 波形（T40/5、T40/6 分别对地），发现 J965 端的部分 CAN-L 波形有了 CAN-H 的属性，如图 1-68 所示，说明 CAN-L 线路存在断路故障。

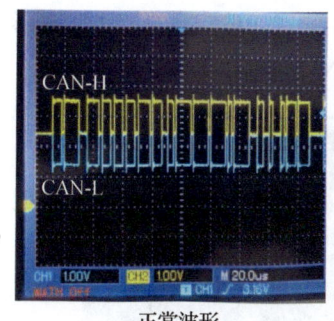
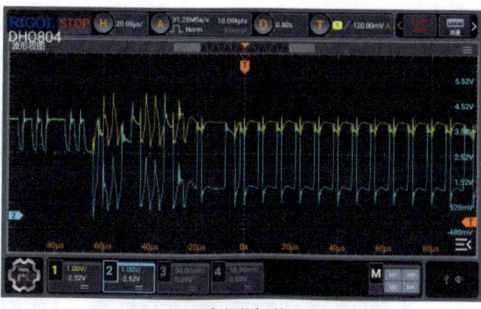

正常波形　　　　　　　　　　实测波形

图 1-68　J965 端舒适 CAN 正常波形与实测波形

2）关闭 E378，拆下蓄电池负极接线，断开 J965、J519 的插接器，用万用表测量 J965 至 J519 端的 CAN-L 线路阻值，正常应近乎为零，实测为无穷大。

3）排除 J965 端的 CAN-L 线路断路故障，系统恢复正常。

故障机理

由于 J965 端的 CAN-L 线路断路，导致 J965 无法与其他模块通信，所以无钥匙进入功能失效，点火开关无法打开。

故障点 3 J965 端 CAN-H 线路虚接 300Ω 诊断过程

1）打开双闪开关，反复操作 E378，用示波器测量 J965 端的 CAN 波形（T40/5、T40/6 分别对地），如图 1-69 所示，发现 J965 端 CAN-H 存在虚接故障。

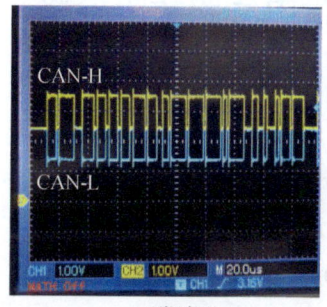

正常波形　　　　　　　　　　实测波形

图 1-69　J965 端舒适 CAN 正常波形与实测波形

2）关闭 E378，拆下蓄电池负极接线，断开 J965、J519 的插接器，用万用表测量 J965 至 J519 端的 CAN-H 线路阻值，正常应近乎为零，实测为 300Ω。

3）排除 J965 端的 CAN-H 线路虚接故障，系统恢复正常。

故障机理

由于 J965 端的 CAN-H 线路虚接，导致 J965 无法与其他模块通信，所以无钥匙进入功能失效，点火开关无法打开。

故障点 4　J965 端 CAN-L 线路虚接 100Ω 诊断过程

1）打开双闪开关，反复操作 E378，用示波器测量 J965 端的 CAN 波形（T40/5、T40/6 分别对地），如图 1-70 所示，发现 J965 端 CAN-L 存在虚接故障。

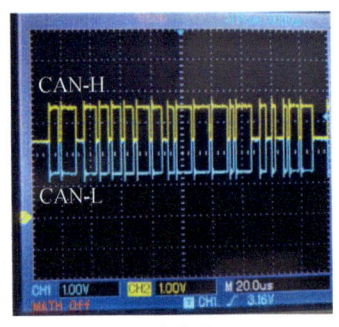 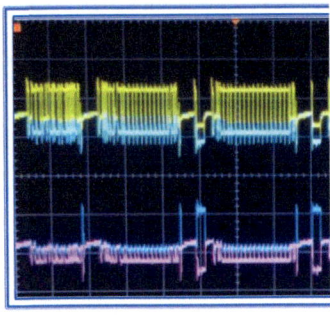

正常波形　　　　　　　　　　　实测波形

图 1-70　J965 端舒适 CAN 正常波形与实测波形

2）关闭 E378，拆下蓄电池负极接线，断开 J965、J519 的插接器，用万用表测量 J965 至 J519 端的 CAN-L 线路阻值，正常近乎为零，实测为 100Ω。

3）排除 J965 端的 CAN-L 线路虚接故障，系统恢复正常。

故障机理

由于 J965 端的 CAN-L 线路虚接，导致 J965 无法与其他模块通信，所以无钥匙进入功能失效，点火开关无法打开。

案例 7　J965 供电线路故障检修

故障点 1　J965 的正极供电线路虚接 1000Ω
故障点 2　J965 的正极供电线路断路
故障点 3　J965 的供电熔丝 SC19 断路
故障点 4　J965 的供电熔丝 SC19 虚接 1000Ω
故障点 5　J965 的负极供电线路虚接 1000Ω
故障点 6　J965 的负极供电线路断路

故障现象

1）无钥匙进入功能失效，钥匙指示灯不闪烁，但遥控钥匙解锁正常。

2）打开车门，仪表显示车门开启状态正常，但钥匙指示灯不闪烁，E378 背景灯不能点亮。

3）操作 E378，钥匙指示灯不闪烁，方向盘不能正常解锁，仪表未点亮。

4）应急起动失效。

现象分析

无钥匙进入时钥匙指示灯不能闪烁，说明"各车门触摸传感器→ J965 →室外天线→钥匙"工作异常；拉开车门时钥匙指示灯不能闪烁，说明"F2 → J386（通过 CAN）→ J965 →室内天线→钥匙"工作异常；但仪表显示车门开启状态正常，说明"F2 → J386（通过 CAN）→ J285"工作正常；打开 E378 时钥匙指示灯不能闪烁，说明"E378 → J965 →室内天线→钥匙、J965（通过 CAN）→ J285"工作异常。

根据故障概率，各车门触摸传感器、F2、E378、各天线同时损坏概率几乎为零，那造成以上三种故障的原因应该为其共有部分，即 J965 工作异常。可能的故障原因包括：① J965 自身故障；② J965 电源故障。

J965 电源电路如图 1-71 所示。

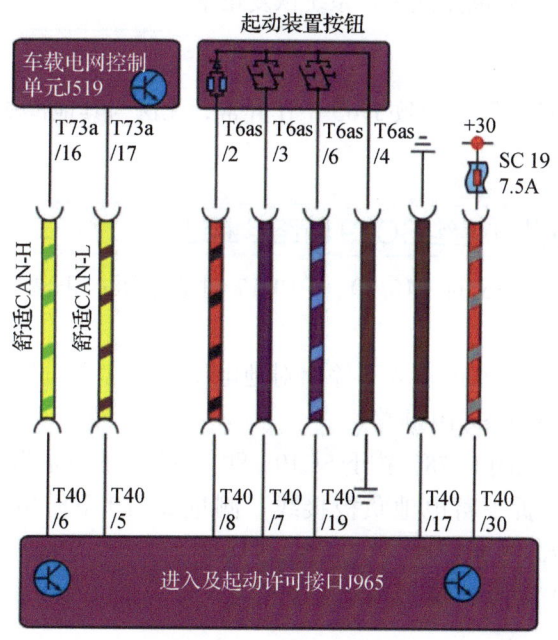

图 1-71　J965 电源电路

故障点 1 ▎J965 的正极供电线路虚接 1000Ω 诊断过程

1）用万用表测量 J965 的 T40/30、T40/17 对地电压：正常分别为 +B、0V，实测 T40/30 为 5V，异常。

2）用万用表测量 SC19 输入、输出：正常均为 +B，实测均为 +B，正常，说明 T40/30 至 SC19 之间线路虚接。

3）关闭 E378，拆下蓄电池负极接线，拔下 SC19，断开 J965 的插接器，测量 J965 的 T40/30 与 SC19 之间的电阻，正常应近乎为零，实测为 1000Ω，异常。

4）排除 J965 供电线路虚接故障，系统恢复正常。

> **故障机理**

由于 J965 供电线路虚接，导致 J965 供电不足，无法与其他模块通信，所以无钥匙功能失效，点火开关无法打开。

故障点 2　J965 的正极供电线路断路诊断过程

1）用万用表测量 J965 T40/30、T40/17 对地电压：正常分别为 +B、0V，实测 T40/30 为 0V，异常。

2）用万用表测量 SC19 的输入、输出电压：正常应均为 +B，实测均为 +B，正常，说明 T40/30 至 SC19 之间线路断路。

3）关闭 E378，拆下蓄电池负极接线，拔下 SC19，断开 J965 的插接器，测量 J965 的 T40/30 与 SC19 之间的电阻，正常近乎为零，实测为无穷大，异常。

4）排除 J965 供电线路断路故障，系统恢复正常。

> **故障机理**

由于 J965 供电线路断路，导致 J965 工作异常，无法与其他模块通信，所以无钥匙功能失效，点火开关无法打开。

故障点 3　J965 的供电熔丝 SC19 断路诊断过程

1）用万用表测量 J965 的 T40/30、T40/17 对地电压：正常分别为 +B、0V，实测 T40/30 为 0V，异常。

2）用万用表测量 SC19 的输入、输出对地电压，正常应均为 +B，实测一端为 +B，另一端为 0V，异常，说明 SC19 断路。

3）关闭 E378，拔下 SC19，测量 SC19 的电阻为无穷大，异常。

4）拆下蓄电池负极接线，测量 SC19 下游电路对地阻值，应大于 +B/7.5A，实测正常。

5）更换 SC19，系统恢复正常。

微课视频 1.7.3
J965 的供电熔丝 SC19 断路故障

> **故障机理**

由于 J965 供电熔丝 SC19 断路，导致 J965 工作异常，无法与其他模块通信，所以无钥匙功能失效，点火开关无法打开。

故障点 4　J965 的供电熔丝 SC19 虚接 1000Ω 诊断过程

1）用万用表测量 J965 的 T40/30、T40/17 对地电压，正常分别为 +B、0V，实测

T40/30 为 3.5V，异常。

2）用万用表测量 SC19 的输入、输出对地电压，正常均应为 +B，实测一端为 +B，另一端为 3.5V，异常，说明 SC19 内阻过大。

3）关闭 E378，拔下 SC19，测量 SC19 的电阻为 1000Ω，异常。

4）更换 SC19，系统恢复正常。

> 故障机理

由于 J965 供电熔丝 SC19 内阻过大，导致 J965 供电不足，无法与其他模块通信，所以无钥匙功能失效，点火开关无法打开。

故障点 5　J965 的负极供电线路虚接 1000Ω 诊断过程

1）用万用表测量 J965 的 T40/30、T40/17 对地电压，正常分别为 +B、0V，实测 T40/17 为 5V，说明接地线路存在虚接。

2）关闭 E378，拆下蓄电池负极接线，断开 J965 的插接器，测量 J965 的 T40/17 接地线路的阻值，应近乎为零，实测为 1000Ω，异常。

3）排除 J965 负极供电线路虚接故障，系统恢复正常。

> 故障机理

由于 J965 接地线路虚接，导致 J965 供电不足，无法与其他模块通信，所以无钥匙功能失效，点火开关无法打开。

故障点 6　J965 的负极供电线路断路诊断过程

1）用万用表测量 J965 的 T40/30、T40/17 对地电压：正常分别为 +B、0V，实测 T40/17 为 +B，说明接地线路存在断路。

2）关闭 E378，拆下蓄电池负极接线，断开 J965 的插接器，测量 J965 的 T40/17 接地线路的阻值，正常近乎为零，实测为无穷大，异常。

3）排除 J965 负极供电线路断路故障，系统恢复正常。

> 故障机理

由于 J965 接地线路断路，导致 J965 工作异常，无法与其他模块通信，所以无钥匙功能失效，点火开关无法打开。

案例 8　遥控钥匙未匹配故障检修

故障现象

1）无钥匙进入功能失效，钥匙指示灯不闪烁。

2）遥控钥匙解锁车门失效，整车无反应，但钥匙指示灯闪烁。

3）使用机械钥匙可以打开车门，同时转向灯闪烁。

现象分析

无钥匙进入流程如图 1-72 所示。

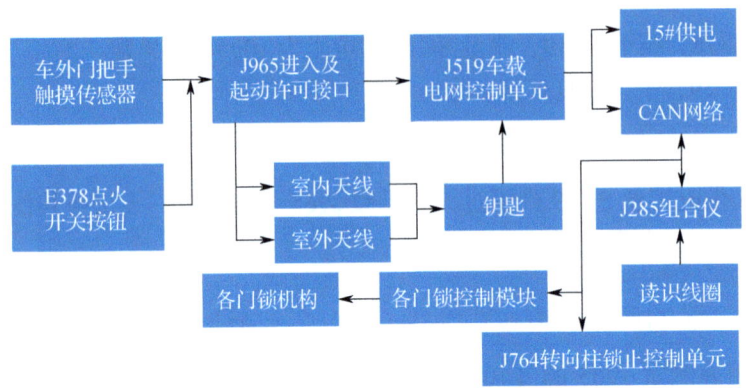

图 1-72　迈腾汽车进入及起动流程图

1）所有车门无钥匙进入时，钥匙指示灯均不闪烁，说明"触摸传感器→ J965 →天线→钥匙"工作异常，基于故障概率，所有车门触摸传感器、天线及其信号线路异常的概率不高，故障可能在于钥匙和 J965。

2）遥控钥匙解锁车门失效，整车无反应，说明"钥匙→ J519 →转向灯、J519 → J386 等→门锁电机"工作异常；而机械解锁正常，同时转向灯闪烁，说明"车门微动开关→ J386 →门锁电机、J386（通过 CAN）→ J519 →转向灯"工作正常。以上比对说明"钥匙→ J519"之间存在故障。

综合以上两项分析的共同部分，可能的故障原因包括：①遥控钥匙损坏（写钥匙亏电判错）；②遥控钥匙未匹配。

诊断过程

更换钥匙后恢复正常，说明钥匙损坏。

> **故障机理**

由于遥控钥匙损坏，导致 J519 无法识别钥匙发出的信号，所以遥控钥匙和无钥匙进入功能均失效。

案例 9　左前车门触摸传感器线路故障检修

故障点 1　左前车门触摸传感器信号线路断路
故障点 2　左前车门触摸传感器信号线路虚接 1000Ω
故障点 3　左前车门触摸传感器接地线路虚接 1000Ω
故障点 4　左前车门触摸传感器接地线路断路
故障点 5　左前车门触摸传感器信号线路对地短路
故障点 6　左前车门触摸传感器信号线路对地虚接 200Ω

故障现象

左前车门无钥匙进入失效,触摸车外门把手开关时钥匙指示灯不闪烁,其他车门正常。

现象分析

触摸左前车外门把手开关时钥匙指示灯不闪烁,说明"左前车外门把手开关→J965→左前车门外部天线→钥匙"工作异常;而其他车门无钥匙进入正常,说明J965、J519、左前车门外部天线(作为主天线,如果其有故障,别的车门无钥匙进入也会异常)等均工作正常。

因此,可能的故障原因包括:①左前车门触摸传感器 G415 故障;②左前车门触摸传感器线路故障;③ J965 局部故障。

左前侧车门触摸传感器电路如图 1-73 所示。

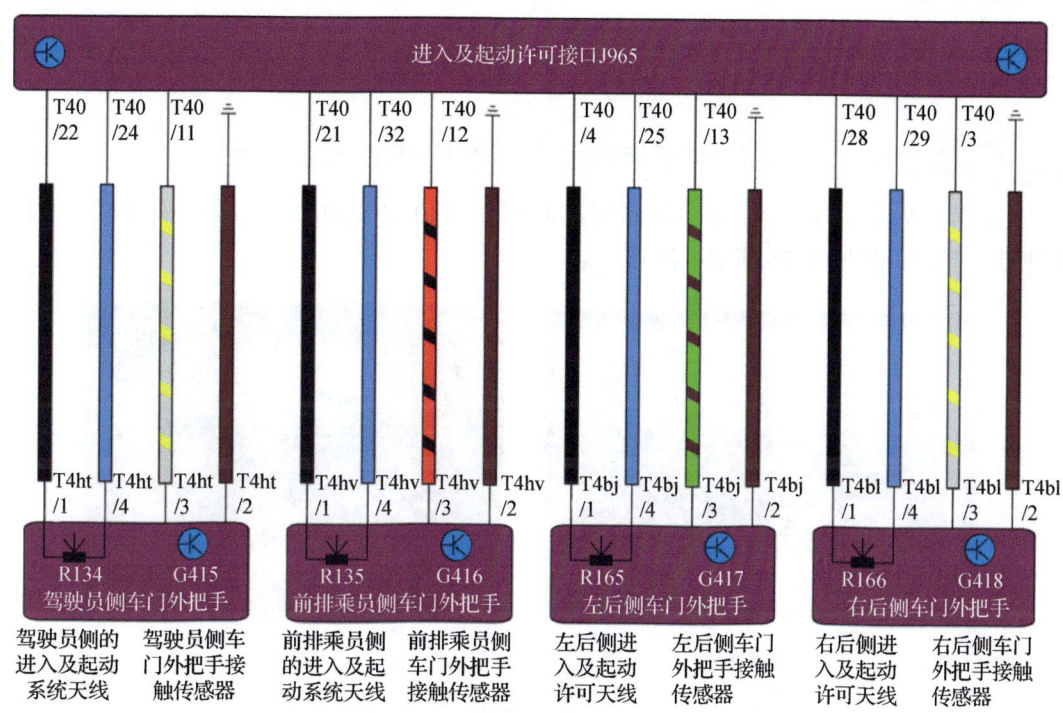

图 1-73　车门触摸传感器电路

> **故障点 1**　左前车门触摸传感器信号线路断路诊断过程

1)操作左前车门把手,用示波器测量 J965 的 T40/11 对地波形,实测波形频率无变化,如图 1-74 所示,说明测试点没有接收到传感器的信号。

2)操作左前车门把手,用示波器测量 G415 的 T4ht/3 对地波形,实测为 0V 直线,说明测试点到 J965 之间信号线路断路。

3)关闭 E378,拆下蓄电池负极接线,断开 G415、J965 的插头,用万用表测量 G415、J965 之间线路的阻值,正常近乎为零,实测为无穷大。

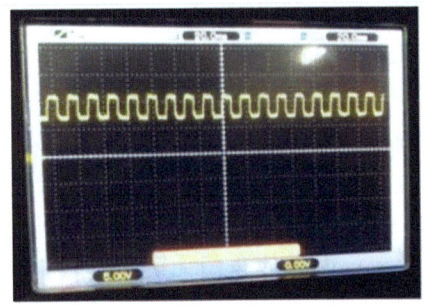 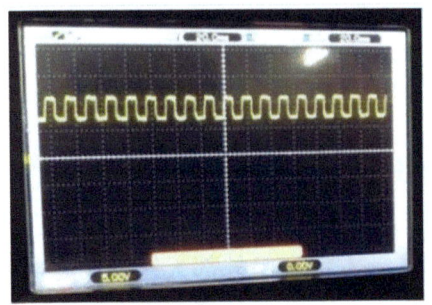

正常波形　　　　　　　　　　　　　实测波形

图 1-74　J965 的 T40/11 对地正常波形与实测波形

4）排除左前车门触摸传感器信号线路断路故障，系统恢复正常。

故障机理

由于左前车门触摸传感器信号线路断路，导致 J965 无法收到传感器的信号，所以触摸左前门把手时，车门无法解锁。

故障点 2　左前车门触摸传感器信号线路虚接 1000Ω 诊断过程

1）操作左前车门把手，用示波器测量 J965 的 T40/11 对地波形，实测发现波形的低电平明显抬高，如图 1-75 所示，波形异常。

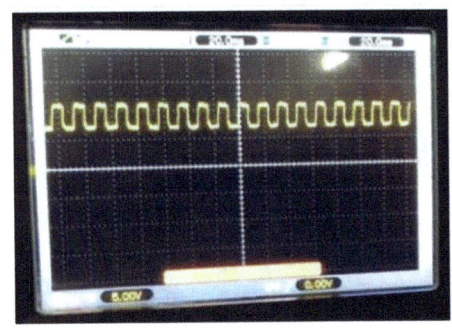 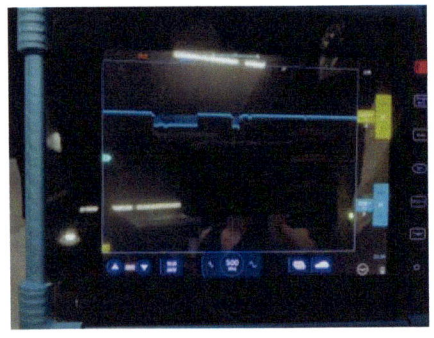

正常波形　　　　　　　　　　　　　实测波形

图 1-75　J965 的 T40/11 对地正常波形与实测波形

2）操作左前车门把手，用示波器测量 G415 的 T4ht/3 对地波形，实测发现波形的高电平降低，异常，说明触摸传感器信号线路虚接。

3）关闭 E378，拆下蓄电池负极接线，断开 G415、J965 的插头，用万用表测量 G415、J965 之间线路的阻值，正常应近乎为零，实测为 1000Ω。

4）排除左前车门触摸传感器信号线路虚接故障，系统恢复正常。

故障机理

由于左前车门触摸传感器信号线路虚接，导致 J965 无法收到传感器的信号，所以触摸左前门把手时，车门无法解锁。

> **故障点3** 左前车门触摸传感器接地线路虚接1000Ω 诊断过程

1）操作左前车门把手，用示波器测量J965的T40/11对地波形，实测发现波形的低电平明显抬高，如图1-76所示，波形异常。

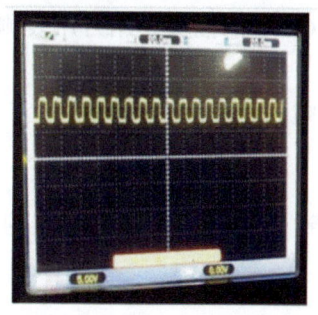
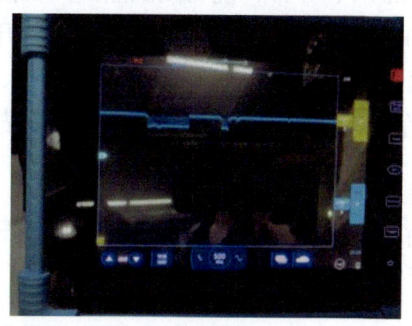

正常波形　　　　　　　　　　　实测波形

图1-76　J965的T40/11对地正常波形与实测波形

2）操作左前车门把手，用示波器测量G415的T4ht/3对地波形，实测发现波形的低电平明显抬高，波形异常，说明测试点到开关接地之间电阻过大。

3）操作左前车门把手，用示波器测量G415的T4ht/2对地电压，正常应小于0.1V，实测不工作时为0.3V，工作时为6.5V，异常，说明测试点到开关接地之间电阻过大。

4）关闭E378，拆下蓄电池负极接线，断开G415的插头，用万用表测量G415的线束端T4ht/2与接地之间线路的阻值，正常应近乎为零，实测为1000Ω。

5）排除左前车门触摸传感器接地线路虚接故障，系统恢复正常。

> **故障机理**

由于左前车门触摸传感器接地线路虚接，导致J965无法收到传感器的信号，所以触摸左前门把手时，车门无法解锁。

> **故障点4** 左前车门触摸传感器接地线路断路诊断过程

1）操作左前车门把手，用示波器测量J965的T40/11对地波形，实测发现波形振幅未发生任何变化，如图1-77所示，波形异常，说明测试点与接地之间线路断路。

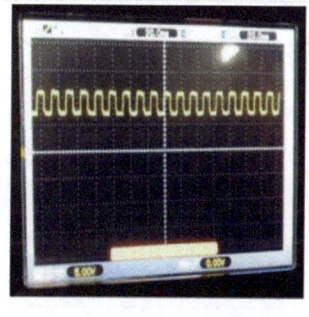
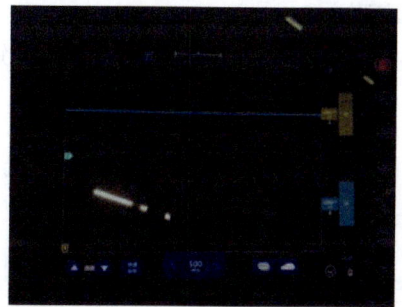

正常波形　　　　　　　　　　　实测波形

图1-77　J965的T40/11对地正常波形与实测波形

2）操作左前车门把手，用示波器测量 G415 的 T4ht/3 对地波形，实测发现波形振幅未发生任何变化，异常，说明测试点与接地之间线路断路。

3）操作左前车门把手，用示波器测量 G415 的 T4ht/2 对地电压，正常应小于 0.1V，实测始终为 10.57V，异常，说明测试点到开关接地之间断路。

4）关闭 E378，拆下蓄电池负极接线，断开 G415 的插头，用万用表测量 G415 的接地线路的阻值，正常应近乎为零，实测为无穷大。

5）排除左前车门触摸传感器接地线路断路故障，系统恢复正常。

(故障机理)

由于左前车门触摸传感器接地线路断路，导致 J965 无法收到传感器的信号，所以触摸左前门把手时，车门无法解锁。

故障点 5 左前车门触摸传感器信号线路对地短路诊断过程

1）操作左前车门把手，用示波器测量 J965 的 T40/11 对地波形，实测波形为 0V，如图 1-78 所示，说明信号线路可能存在对地短路或 J965 局部故障。

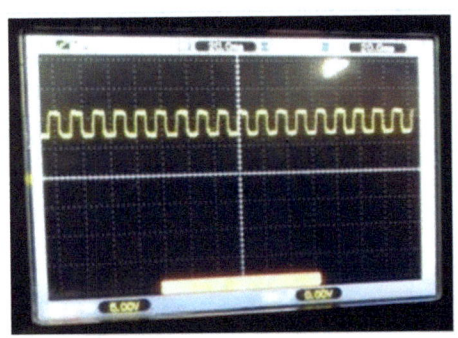 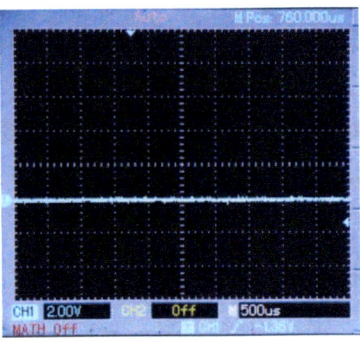

正常波形　　　　　　　　　　　　实测波形

图 1-78　J965 的 T40/11 对地正常波形与实测波形

2）关闭 E378，拆下蓄电池负极接线，用万用表测量 G415、J965 之间线路的对地阻值，正常应为无穷大，实测为 0。

3）断开 G415、J965 的插头，用万用表测量 G415、J965 之间线路的对地阻值，正常应为无穷大，实测为 0。

4）排除左前车门触摸传感器信号线路对地短路故障，系统恢复正常。

(故障机理)

由于左前车门触摸传感器信号线路对地短路，导致 J965 无法收到传感器的信号，所以触摸左前门把手时，车门无法解锁。

故障点 6 左前车门触摸传感器信号线路对地虚接 200Ω 诊断过程

1）操作左前车门把手，用示波器测量 J965 的 T40/11 对地波形，实测发现波形被整体拉低到零，如图 1-79 所示，说明触摸传感器信号线路可能存在对地虚接。

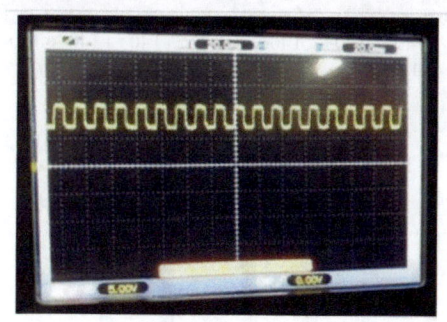 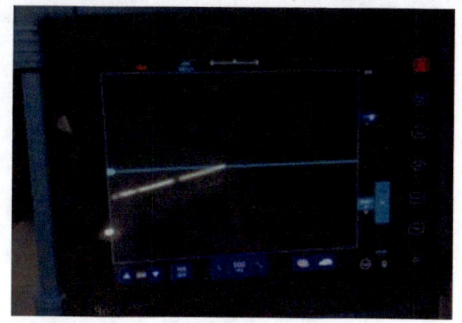

正常波形　　　　　　　　　　　　　　实测波形

图 1-79　J965 的 T40/11 对地正常波形与实测波形

2）关闭 E378，拆下蓄电池负极接线，用万用表测量 G415、J965 之间线路的对地阻值，正常应为无穷大，实测为 200Ω。

3）断开 G415、J965 的插头，用万用表测量 G415、J965 之间线路的对地阻值，正常应为无穷大，实测为 200Ω。

4）排除左前车门触摸传感器信号线路对地虚接故障，系统恢复正常。

故障机理

由于左前车门触摸传感器信号线路对地虚接，导致 J965 无法收到传感器的信号，所以触摸左前门把手时，车门无法解锁。

案例 10　左前车门外部天线线路断路故障检修

故障现象

无钥匙进入功能均失效。触摸左侧门把手时，钥匙指示灯不闪烁；触摸右侧门把手时，钥匙指示灯正常闪烁。遥控钥匙解锁正常。

现象分析

触摸左侧车门把手时，钥匙指示灯不亮，说明"左侧车门触摸传感器→J965→左前门外部天线→钥匙"工作异常；而触摸右侧门把手时，钥匙指示灯正常闪烁，说明"右侧车门触摸传感器→J965→右前门外部天线→钥匙"工作正常。两者比对，说明 J965、钥匙正常，故障可能在于左侧车门触摸传感器、左前门外部天线，但左侧车门触摸传感器故障不会造成右前门无钥匙进入功能异常，所以故障可能在于左前门车外天线。故障具体原因可能包括：①左前门室外天线自身故障；②左前门室外天线线路故障；③J965 局部故障。

左前车门天线电路如图 1-80 所示。

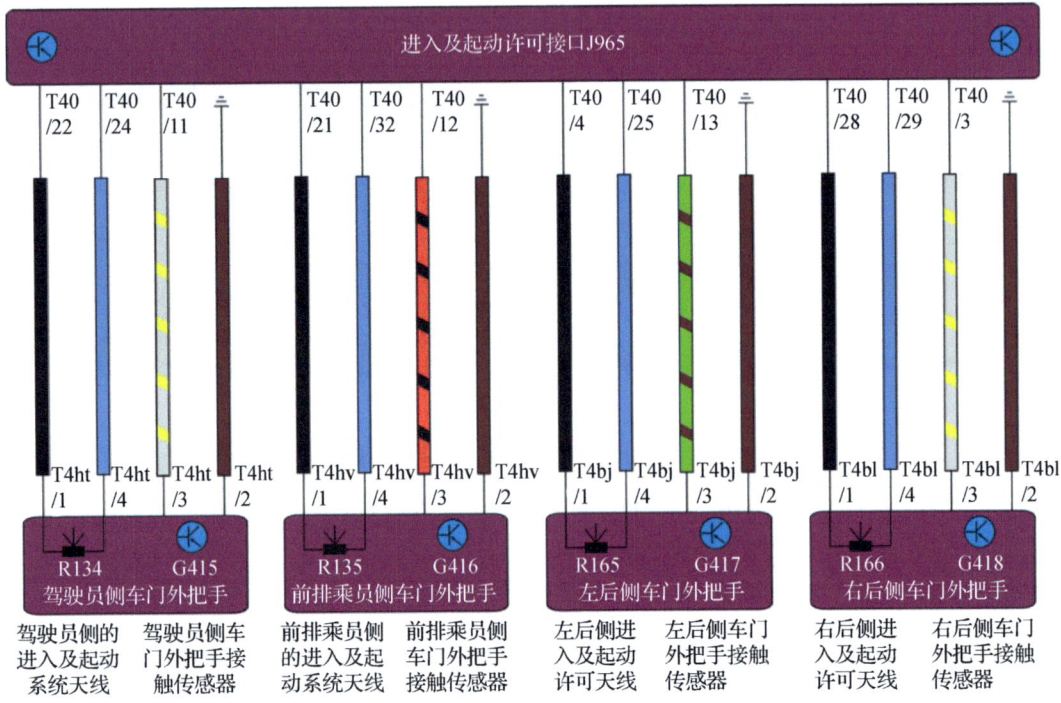

图 1-80 车门天线电路

诊断过程

1）触摸左前门传感器，用示波器测量左前门室外天线 T4ht/1 与 T4ht/4 之间的工作波形，实测波形异常，如图 1-81 所示。

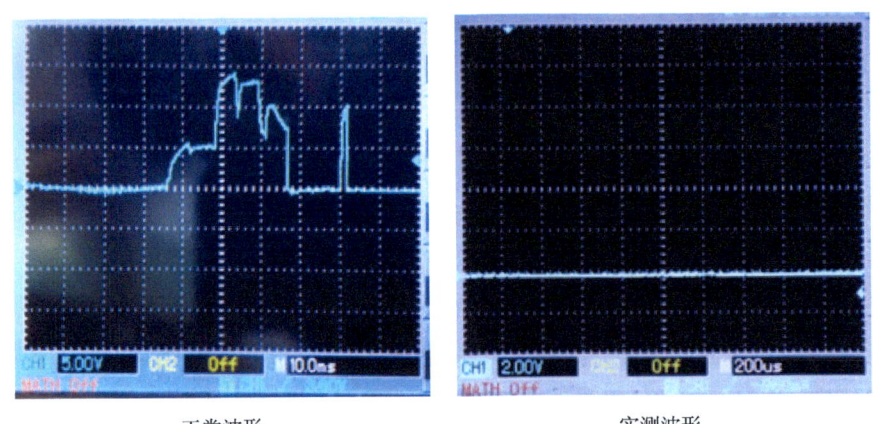

正常波形　　　　　　　　　　　实测波形

图 1-81 左前门室外天线正常波形与实测波形

2）触摸左前门传感器，用示波器测量 J965 端输出波形，实测波形正常，说明信号线路断路。

3）关闭 E378，拆下蓄电池负极接线，断开 R134、J965 的插头，用万用表测量 R134、J965 之间的线路阻值，正常为 0Ω，实测无穷大，说明室外天线线路断路。

4）排除左前门室外天线线路断路故障，系统恢复正常。

> **故障机理**

由于左前门室外天线线路断路，导致无法向遥控钥匙发送查询码，所以触摸左侧车门触摸传感器时无钥匙功能失效。

案例 11 驾驶员侧车门门锁电机线路故障检修

故障点 1　驾驶员侧车门门锁电机线路虚接 100Ω
故障点 2　驾驶员侧车门门锁电机线路断路

故障现象

无钥匙进入、操作遥控钥匙或 E308 时，左前车门不能解锁和闭锁，但其他车门可以正常解锁和闭锁，用机械钥匙可以解锁或闭锁左前车门。

现象分析

用机械钥匙可以解锁或闭锁左前车门，说明左前车门机械锁机构正常；无钥匙进入、操作遥控钥匙或 E308 时左前车门不能解锁和闭锁，但其他车门可以正常解锁和闭锁，说明 J386 输入信号正常。左前门不能解锁及闭锁的故障原因是左前门锁电机工作异常，可能故障点包括：① J386 至 V56 相关线路；② V56 自身故障；③ J386 局部故障。驾驶员侧车门门锁控制电路如图 1-82 所示。

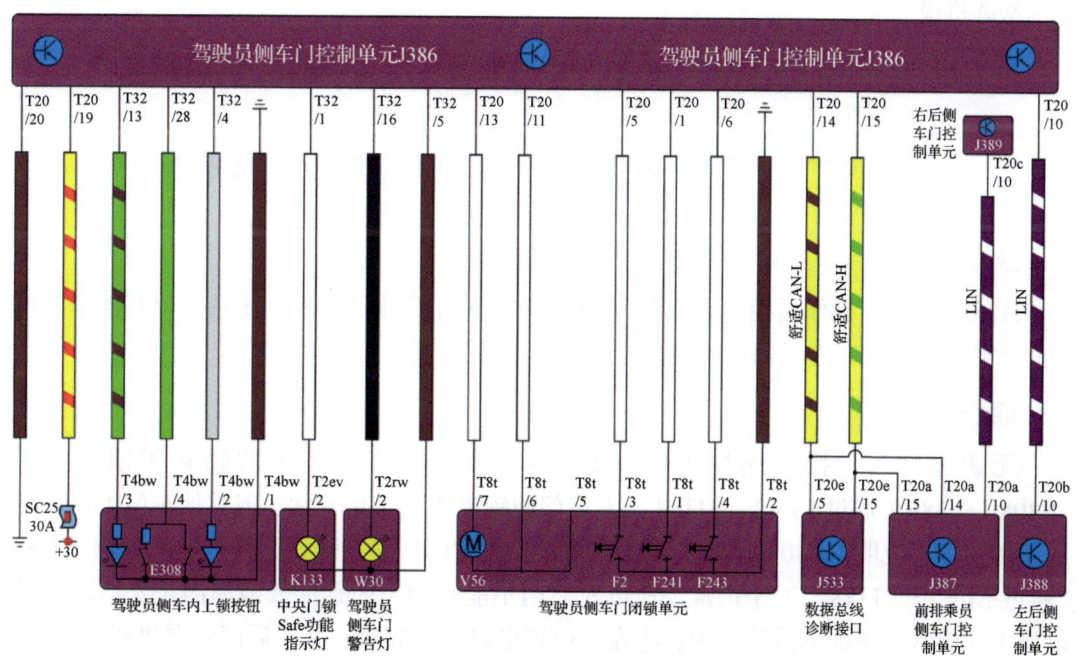

图 1-82　驾驶员侧车门门锁控制电路

故障点 1　驾驶员侧车门门锁电机线路虚接 100Ω 诊断过程

1）操作 E308，用示波器测量 V56 的 T8t/6 和 T8t/7 之间的信号波形，应为 12V 的正反向方波，实测为振幅约 1.8V 的方波，异常，说明作用在电机两端的电压过低。

2）操作 E308，用示波器测量 J386 端的 T20/11 与 T20/13 之间的信号波形，发现为 12V 的正反向方波，正常，结合上一步测试结果，说明电机驱动线路存在虚接。

3）关闭 E378，拆下蓄电池负极接线，断开 V56、J386 的插头，用万用表测量 V56、J386 之间线路的阻值，发现 J386 的 T20/13 到 V56 的 T8t/7 之间线路电阻为 100Ω。

4）排除 V56 线路虚接故障，系统恢复正常。

故障机理

由于 V56 线路虚接，导致电机工作电压不足，所以 J386 无法控制门锁电机正常工作。

故障点 2　驾驶员侧车门门锁电机线路断路诊断过程

1）操作 E308，用示波器测量 V56 的 T8t/6 和 T8t/7 之间的信号波形，应为 12V 的正反向方波，实测振幅为 0V，异常，说明驱动电机没有接收到驱动信号。

2）操作 E308，用示波器测量 J386 端的 T20/11 与 T20/13 之间的信号波形，发现为 12V 的正反向方波，正常，结合上一步测试结果，说明 J386 与 V56 之间线路存在断路。

3）关闭 E378，拆下蓄电池负极接线，断开 V56、J386 的插头，用万用表测量 V56、J386 之间线路的阻值，发现 J386 的 T20/13 到 V56 的 T8t/7 之间线路电阻为无穷大。

4）排除 V56 线路断路故障，系统恢复正常。

故障机理

由于 V56 线路断路，导致电机工作电压不足，所以 J386 无法控制门锁电机正常工作。

案例 12　左后侧车门门锁电机线路断路故障检修

故障现象

无钥匙进入、操作遥控钥匙或 E308 时，左后侧车门不能解锁和闭锁，但其他车门可以正常解锁和闭锁。左后门玻璃升降器工作正常。

现象分析

无钥匙进入、操作遥控钥匙或 E308 时左后侧车门不能解锁和闭锁，说明"E308→J386（通过 LIN）→J388→左后门门锁电机"工作异常；但其他车门可以正常解锁和闭锁，说明"E308→J386"工作正常；左后门玻璃升降器工作正常，说明"J386（通过 LIN）→J388"工作正常。所以左后门不能解锁及闭锁的故障原因是左后门门锁电机工作异常，可能的故障点为：①左后门锁电机自身故障；②左后门锁电机线路故障；③J388 局部故障。左后侧车门门锁控制电路如图 1-83 所示。

任务 1　无钥匙进入系统的认知与诊断

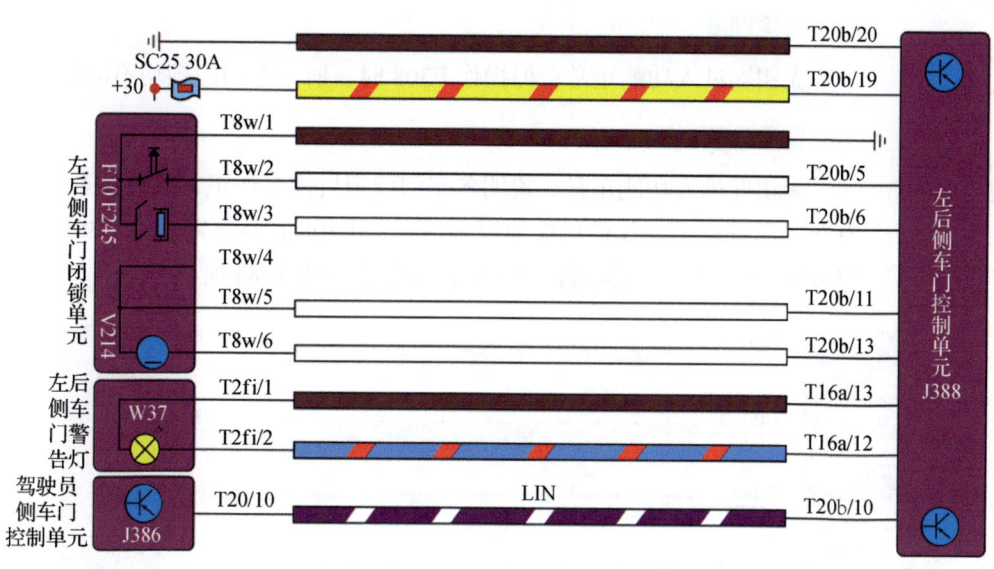

图 1-83　左后侧车门门锁控制电路

诊断过程

1）操作 E308，用示波器测量 V214 的 T8w/5 和 T8w/6 之间的信号波形，应为 12V 的正反向方波，实测振幅为 0V，异常，说明驱动电机没有接收到驱动信号。

2）操作 E308，用示波器测量 J388 端的 T20b/11 与 T20/b13 之间的信号波形，发现为 12V 的正反向方波，正常，结合上一步测试结果，说明 J388 与 V214 之间线路存在断路。

3）关闭 E378，拆下蓄电池负极接线，断开 V214、J388 的插头，用万用表测量 V214、J388 之间线路的阻值，发现 J388 的 T20b/13 到 V214 的 T8w/6 之间线路电阻无穷大。

4）排除 V214 线路断路故障，系统恢复正常。

故障机理

由于 V214 线路断路，导致电机工作电压不足，所以 J388 无法控制门锁电机正常工作。

案例 13 ｜ E308 开关信号线路及触点故障检修

故障点 1　E308 开关信号线路断路
故障点 2　E308 开关信号线路虚接 1000Ω
故障点 3　E308 开关信号线路对地短路
故障点 4　E308 开关信号线路对地虚接 150Ω
故障点 5　E308 开关内部触点均断路

微课视频 1.13.1
E308 开关信号线路断路故障

故障现象

无钥匙进入功能正常；但操作 E308 时，所有车门门锁均不动作。

现象分析

无钥匙进入功能正常，说明各车门门锁机构工作正常。操作 E308 时所有车门门锁均不动作的可能原因包括：① E308 自身故障；② E308 相关线路故障；③ J386 局部故障。E308 开关电路如图 1-84 所示。

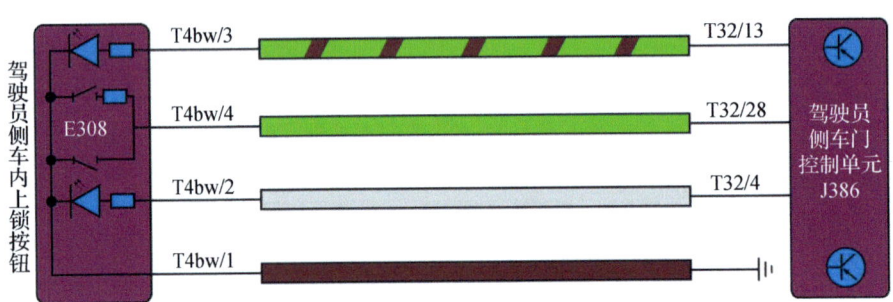

图 1-84　E308 开关电路

故障点 1　E308 开关信号线路断路诊断过程

1）反复操作 E308，用示波器测量 J386 端开关信号（T32/28 对地波形），正常为振幅在 0 → +B 之间变化的方波，实测振幅始终保持为 +B 不变，异常，说明测试点到开关接地点之间线路断路。

2）反复操作 E308，用示波器测量 E308 端开关信号（T4bw/4 对地波形），正常为振幅在 0 → +B 之间变化的方波，实测为 0V 不变，结合上一步测试结果，说明 E308 开关信号线路断路。

3）关闭 E378，拆下蓄电池负极接线，断开 E308、J386 的插头，用万用表测量 E308 端的 T4bw/4、J386 的 T32/28 之间线路的阻值，正常应近乎为零，实测为无穷大。

4）排除 E308 开关信号线路断路故障，系统恢复正常。

故障机理

由于 E308 开关信号线路断路，导致 J386 无法接收到车内上锁信号，所以按下 E308 后，所有车门门锁均不工作。

故障点 2　E308 开关信号线路虚接 1000Ω 诊断过程

1）操作 E308，用示波器测量 J386 端的开关信号（T32/28 对地波形），正常为振幅在 0 → +B 之间变化的方波，实测发现解锁、闭锁时信号高电平有了明显的提高，异常，说明测试点与接地之间存在虚接可能。

2）操作 E308，用示波器测量 E308 端开关信号（T4bw/4 对地波形），正常为振幅在 0 → +B 之间变化的方波，实测发现闭锁时信号高电平有了明显的降低。结合上一步测试结果，说明 E308 开关信号线路存在虚接。

3）关闭 E378，拆下蓄电池负极接线，断开 E308、J386 的插头，用万用表测量 E308 端的 T4bw/4、J386 的 T32/28 之间线路的阻值，正常应近乎为零，实测为 1000Ω。

4）排除 E308 开关信号线路虚接故障，系统恢复正常。

> **故障机理**

由于 E308 开关信号线路虚接，导致 J386 无法接收到车内上锁信号，所以按下 E308 后，所有车门门锁均不工作。

> **故障点 3** E308 开关信号线路对地短路诊断过程

1）操作 E308，用示波器测量 J386 端开关信号（T32/28 对地波形），正常为振幅在 0→+B 之间变化的方波，实测为 0V 不变，说明信号线路可能存在对地短路或者 J386 自身故障。

2）关闭 E378，拆下蓄电池负极接线，用万用表测量 E308 端的 T4bw/4、J386 的 T32/28 之间线路对地阻值，正常应存在明显阻值，实测为 0Ω。

3）断开 E308、J386 的插头，用万用表测量 E308 端的 T4bw/4、J386 的 T32/28 之间线路对地阻值，正常应存在明显阻值，实测为 0Ω。

4）排除 E308 开关信号线路对地短路故障，系统恢复正常。

> **故障机理**

由于 E308 开关信号线路对地短路，导致 J386 无法接收到车内上锁信号，所以按下 E308 后，所有车门门锁均不工作。

> **故障点 4** E308 开关信号线路对地虚接 150Ω 诊断过程

1）操作 E308，用示波器测量 J386 端开关信号（T32/28 对地波形），正常为振幅在 0→+B 之间变化的方波，实测发现未操作 E308 时，波形的高电平被明显拉低，说明信号线路可能存在对地虚接或者 J386 自身故障。

2）关闭 E378，拆下蓄电池负极接线，用万用表测量 E308 端的 T4bw/4、J386 的 T32/28 之间线路对地阻值，正常应存在很大阻值，实测为 150Ω。

3）断开 E308、J386 的插头，用万用表测量 E308 端的 T4bw/4、J386 的 T32/28 之间线路对地阻值，正常应无穷大，实测为 150Ω。

4）排除 E308 开关信号线路对地虚接故障，系统恢复正常。

> **故障机理**

由于 E308 开关信号线路对地虚接，导致 J386 无法接收到车内上锁信号，所以按下 E308 后，所有车门门锁均不工作。

> **故障点 5** E308 开关内部触点均断路诊断过程

1）操作 E308，用示波器测量 J386 端开关信号（T32/28 对地波形），正常为振幅在

$0 \rightarrow +B$ 之间变化的方波，实测为 $0 \rightarrow +B$ 不变，异常，说明测试点与接地之间线路断路。

2）操作 E308，用示波器测量 E308 端开关信号（T4bw/4 对地波形），正常为振幅在 $0 \rightarrow +B$ 之间变化的方波，实测为 $0 \rightarrow +B$ 不变，异常，说明测试点与接地之间线路断路。

3）操作 E308，用万用表测量 E308 端接地线路（T4bw/1 对地电压），正常振幅为 0V，实测为 0V，正常，说明 E308 内部触点损坏。

4）关闭 E378，拆下蓄电池负极接线，断开 E308 的插头，用万用表测量 E308 端的 T4bw/4、T4bw/1 之间线路的阻值，正常应在无穷大、某个特定电阻值和 0 之间切换，实测始终为无穷大，说明开关损坏。

5）更换 E308，系统恢复正常。

(故障机理)

由于 E308 开关内部损坏，导致 J386 无法接收到车内上锁信号，所以按下 E308 后，所有车门门锁均不动作。

案例 14 E308 开关接地线路虚接 1000Ω 电阻故障检修

故障现象

无钥匙进入功能正常，但操作 E308 时，所有车门门锁均不动作；同时 E308 背景灯明显变暗。

现象分析

无钥匙进入功能正常，说明各车门门锁机构工作正常。那么操作 E308 时，所有车门门锁均不动作的可能原因包括：① E308 自身故障；② E308 相关线路故障；③ J386 局部故障。同时 E308 背景灯变暗，说明其工作电源存在故障，两者综合考虑，故障原因可能为：① E308 自身故障；② E308 接地线路故障。E308 开关电路如图 1-85 所示。

图 1-85　E308 开关电路

诊断过程

1）操作 E308，用万用表测量 E308 端接地线路（T4bw/1 对地电压），正常应小于 0.1V，实测为 3V，异常。

2）关闭 E378，拆下蓄电池负极接线，断开 E308 的插头，用万用表测量其接地线路阻值，正常应近乎为零，实测为 1000Ω，说明接地线路虚接。

3）排除 E308 开关接地线路虚接故障，系统恢复正常。

故障机理

由于 E308 开关接地线路虚接，导致 J386 无法接收到车内上锁信号，所以按下 E308 后，所有车门门锁均不动作。

案例 15 E308 开关接地线路断路故障检修

故障现象

无钥匙进入功能正常，但操作 E308 时，所有车门门锁均不动作；同时 E308 背景灯不能正常亮。

现象分析

无钥匙进入功能正常，说明各车门门锁机构工作正常。那么操作 E308 时，所有车门门锁均不动作的可能原因包括：① E308 自身故障；② E308 相关线路故障；③ J386 局部故障。同时 E308 背景灯不亮，说明其工作电源存在故障，两者综合考虑，故障原因可能为：① E308 自身故障；② E308 接地线路故障。E308 开关电路如图 1-86 所示。

图 1-86 E308 开关电路

诊断过程

1）操作 E308，用万用表测量 E308 端接地线路（T4bw/1 对地电压），正常应小于 0.1V，实测为 5V，异常，说明测试点到开关接地之间线路断路。

2）关闭 E378，拆下蓄电池负极接线，断开 E308 插接器，用万用表测量其接地线路阻值，正常应近乎为零，实测为无穷大，说明接地线路断路。

3）排除 E308 开关接地线路断路故障，系统恢复正常。

故障机理

由于 E308 开关接地线路断路，导致 J386 无法接收到车内上锁信号，所以按下 E308 后，所有车门门锁均不动作。

案例 16 | J386 端舒适 CAN 总线反接故障检修

故障现象

1)无钥匙进入解锁车门时,主驾驶员侧及左后侧车门中控锁不动作,驾驶侧后视镜转向灯不闪,右侧车门无异常。

2)用机械钥匙可以开启主驾驶员侧车门,但仪表不显示左侧车门开启状态。

3)打开 E378,仪表提示"驾驶员车门接触开关"故障。

4)操作左前车门上的行李舱开关、中控锁开关、后视镜调整开关、玻璃升降器开关,均失效;开启示廓灯,左侧车门上的所有开关的背景灯均不能点亮。

现象分析

J386 相关电路如图 1-87 所示。

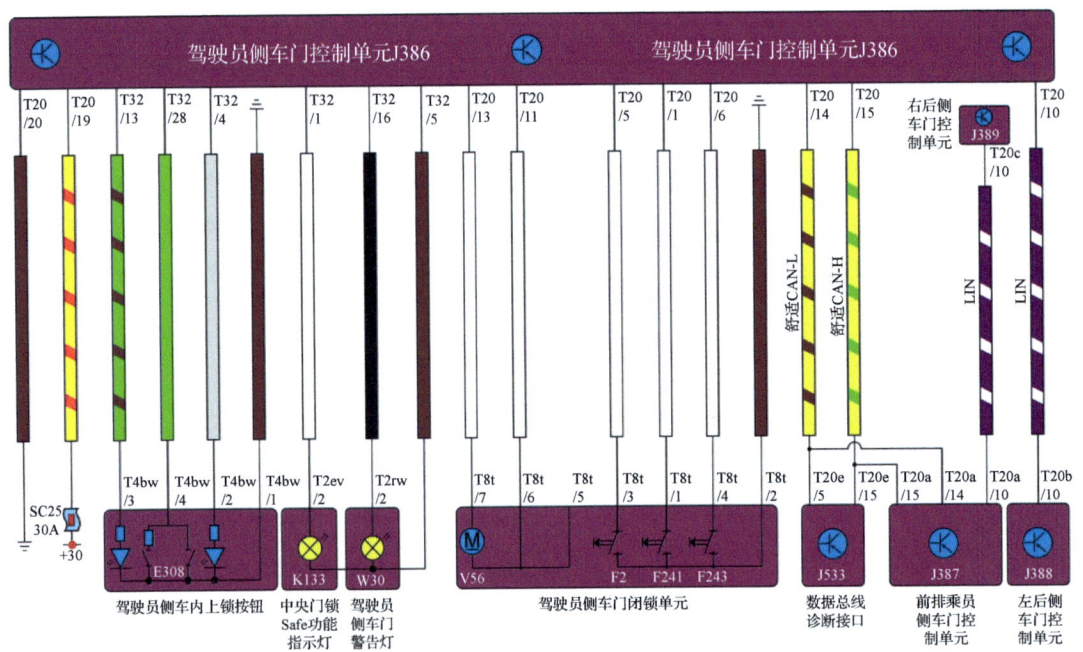

图 1-87 J386 控制电路

1)无钥匙进入解锁时,右侧车门正常,而左侧车门中控锁不动作,说明"J519→J386→门锁机构"工作异常。

2)拉开左侧车门,仪表无车门开启状态显示,说明"F2→J386→J285"工作异常。

3)操作驾驶员侧车门上的所有开关都不能正常工作,说明"开关→J386→执行器"工作异常。

4)开启示廓灯,左侧车门上开关背景指示灯不能点亮,但右侧正常,说明"J519→J386→指示灯"工作异常。

综合以上故障现象，均与 J386 有关，说明可能的故障原因包括：① J386 自身故障；② J386 电源及通信线路故障。

诊断过程

1）打开双闪开关，反复操作左前车门上的任何开关，用示波器测量 J386 端 CAN 总线波形，如图 1-88 所示，发现 CAN 总线反接。

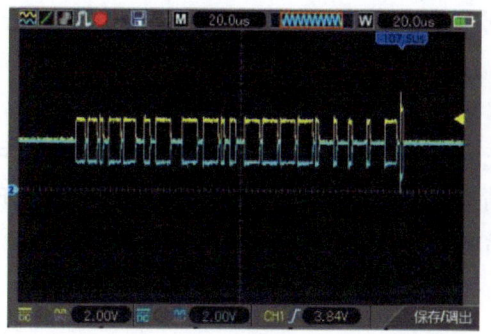
正常波形

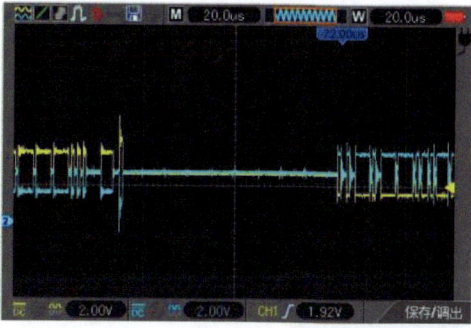
实测波形

图 1-88　J386 端 CAN 总线正常波形与实测波形

2）关闭 E378，拆下蓄电池负极接线，拔下 J386 插接器，用万用表测量 J386 端至 J533 端 CAN 总线的阻值，发现 J386 端 CAN 总线反接。

3）排除故障，系统恢复正常。

故障机理

由于 J386 端舒适 CAN 总线反接，导致 J386 无法与其他模块通信，也无法被舒适 CAN 总线唤醒，所以左侧车门不能解锁，且操作左前门开关时，所有车门均不动作。

任务 2　玻璃升降器控制系统的认知与诊断

任务描述

一辆迈腾汽车来到修理厂进行修理，车主向业务员主诉玻璃升降器故障。服务顾问试车后怀疑左前门玻璃升降器电机出现问题。请你在约定的时间内对车辆进行检修，完成诊断报告单，将修好的车辆返还业务部门，并给客户提供用车建议。

学习目标

1. 知识目标
1）能叙述玻璃升降器控制系统的组成及功能。
2）能分析玻璃升降器控制系统的控制电路及工作原理。
3）能说明玻璃升降器控制系统 CAN 总线及 LIN 总线的信号传输过程。
4）能分析玻璃升降器控制系统工作异常的原因。

2. 能力目标
1）借助原厂资料（维修手册）能够进行车辆玻璃升降器控制系统的拆装作业。
2）能进行玻璃升降器控制系统有关的系统或部件的性能检测。
3）能编制玻璃升降器控制系统异常的故障树（诊断流程）。
4）能借助原厂资料和诊断设备，按照编制的故障树（诊断流程）进行系统诊断，以确定故障所在。
5）能正确排除诊断出的故障部位，并对车辆进行试验，以确保车辆运行正常。
6）能正确完成诊断报告，并给客户提供用车建议。

3. 素质目标
1）能够按照企业 5S 要求和安全生产规范进行操作。
2）具有一定的沟通能力和团队合作能力。
3）培养学生分析问题、解决问题的能力。

4. 拓展目标
1）能对同一车型的玻璃升降器控制系统其他故障进行诊断与排除。
2）能对其他车型的同类故障进行诊断和排除。

任务 2　玻璃升降器控制系统的认知与诊断

建议学时

8 学时

学习准备

1. 知识准备

（1）玻璃升降器控制系统的组成及功能

（2）玻璃升降器控制系统的电路图分析

（3）玻璃升降器控制系统工作原理

（4）玻璃升降器控制系统异常的原因

1）控制开关接触故障。

2）玻璃升降器控制线路故障。

3）熔断器故障。

4）玻璃升降器电机接触不良或损坏。

5）机械机构卡死或变形。

具体内容详见 2.1 节玻璃升降器控制系统的认知。

2. 技能准备

具体内容详见 2.2 节玻璃升降器控制系统的测试与诊断。

3. 教学准备

1）修车保护五件套。

2）常用工具、万用表、内饰拆装工具、绝缘胶带、剥线钳等。

3）车辆诊断设备。

4）原厂维修手册。

5）用于数据记录和计算的笔、纸、本或表格。

6）参考教材和工作页。

2.1　玻璃升降器控制系统的认知

1. 玻璃升降器控制系统的组成

如图 2-1 所示，整个控制系统包含以下元器件和控制单元：遥控钥匙、J519、J533、J965、车门控制单元（四个车门各一个）、玻璃升降器电机（四个车门各一个）、玻璃升降器开关。

（1）驾驶员侧玻璃升降器操作开关 E512

图 2-2 为驾驶员侧玻璃升降器操作开关 E512 实物照片，它是一种组合开关，主要包含以下开关元件：左前玻璃升降器控制开关、右前玻璃升降器控制开关、左后玻璃升降器控制开关、右后玻璃升降器控制开关和儿童安全锁按钮 E318。

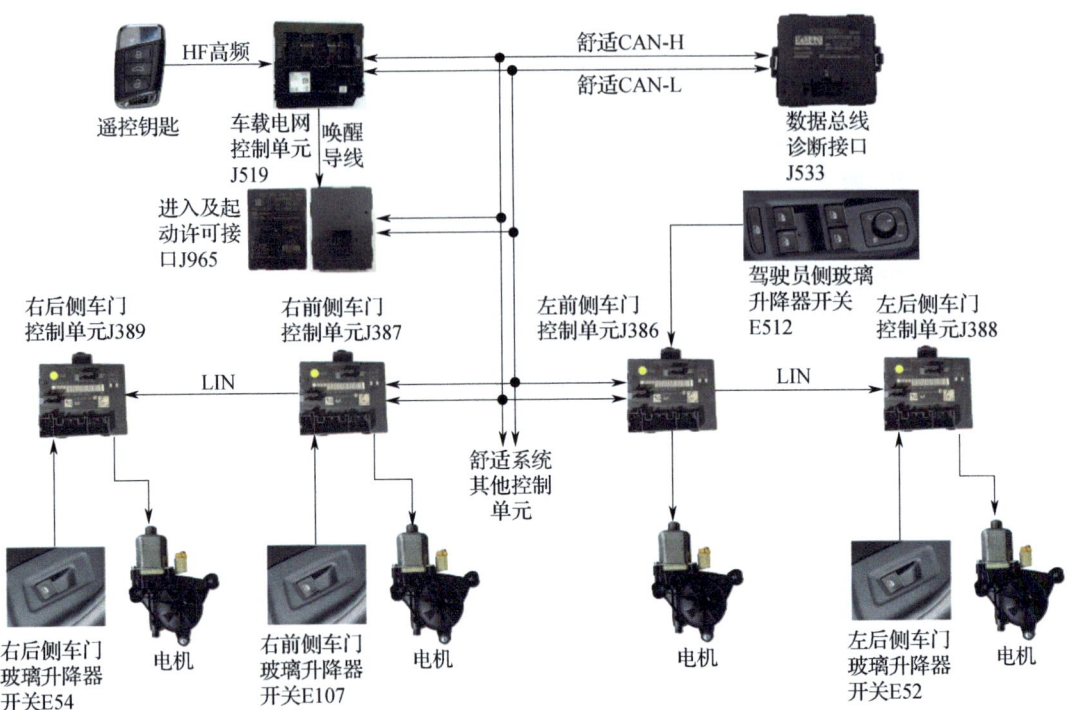

图 2-1 迈腾玻璃升降器结构组成

图 2-3 所示为 E512 线路原理图，从中可以看出，为了减少线路连接数量，E512 采用分压方式，将通常的四根信号线（上升、自动上升、下降、自动下降）合并采用一根信号线输出。

在每个开关线路上串有不同的电阻，操作开关在不同的档位（上升、自动上升、下降、自动下降）时，通过不同的分压电阻将车门控制单元发出的、作为基准的方波信号电压改变，

图 2-2 迈腾驾驶员侧玻璃升降器操作开关 E512

控制单元将这些输入的方波信号幅值电压与其内部预先存储的玻璃升降器图谱动作数据（上升、自动上升、下降、自动下降）电压进行比对，如果和哪一个图谱动作数据电压比对成功，将控制玻璃升降器相应的（上升、自动上升、下降、自动下降）动作。

按下 E512 上的玻璃升降器锁止开关 E318，J386 检测到开关开启信号，并将这个模拟信号转换为数字信号，通过 LIN 局域网发送给左后侧车门控制单元 J388，此时当 J388 接收到来自于自身车门上的升降器控制开关 E52 的信号时，将不会执行左后侧车门玻璃升降电机动作控制，左后侧车门玻璃将无法上升或下降。同时，J386 将数字信号通过舒适 CAN 总线发送给右前侧车门控制单元 J387，J387 再通过 LIN 线发送给右后侧车门控制单元 J389，此时当 J389 接收到来自于自身车门上的升降器控制开关 E54 的信号时，将不会执行右后侧车门玻璃升降电机动作控制，右后侧车门玻璃将无法上升或下降。

任务 2 玻璃升降器控制系统的认知与诊断

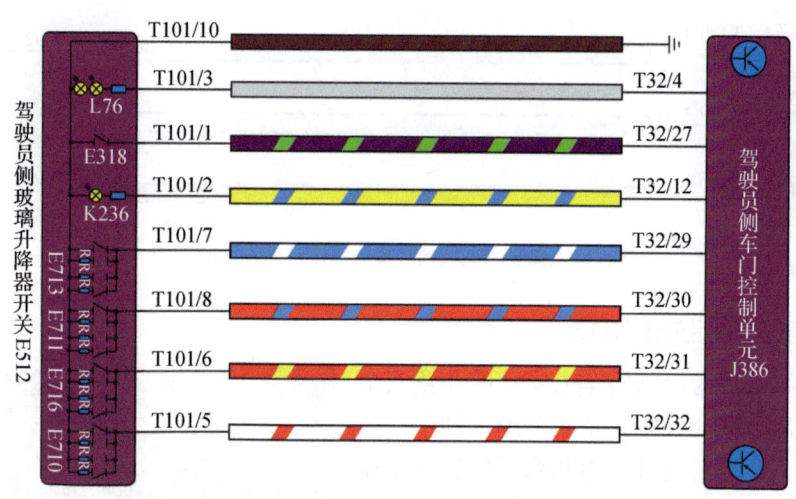

图 2-3 迈腾驾驶员侧玻璃升降器操作开关 E512 线路原理图

> **注意**：玻璃升降器锁止开关 E318 开启后，E512 中的 E711、E713 还可以继续控制两个后门玻璃动作。

（2）右前、左后、右后侧车门上的玻璃升降器操作开关

迈腾的右前、左后、右后侧车门上分别安装有只能控制自身车门玻璃升降器的单体操作开关，如图 2-4 所示，其工作电路图如图 2-5～图 2-7 所示。其结构原理和驾驶员侧玻璃升降器操作开关 E512 基本一样，也是采用分压信号的方式实现不同的控制功能。

图 2-4 迈腾右前、左后、右后侧车门上的玻璃升降器操作开关

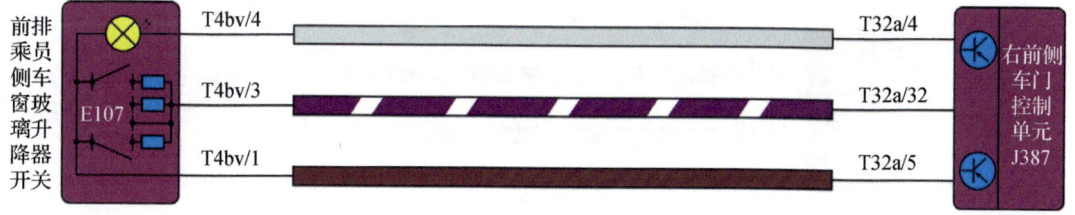

图 2-5 迈腾右前侧玻璃升降器操作开关线路原理图

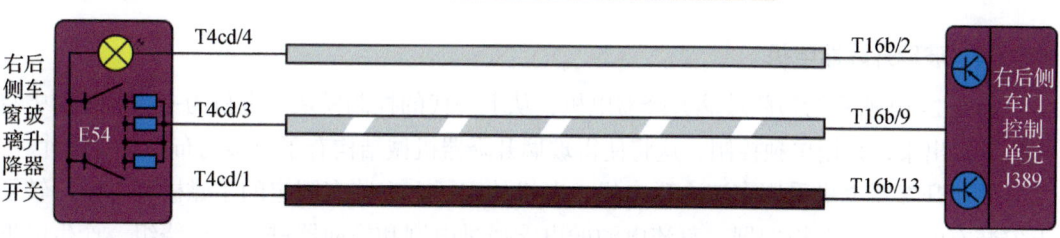

图 2-6 迈腾右后侧玻璃升降器操作开关线路原理图

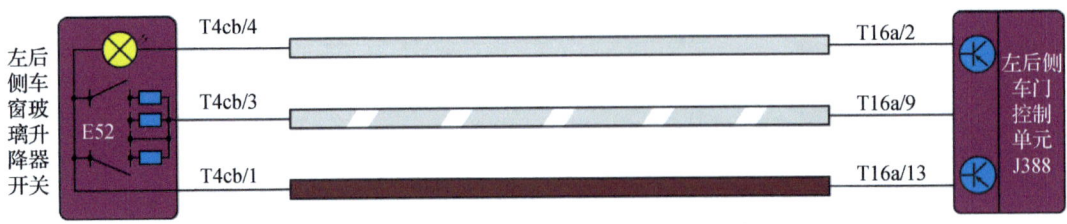

图2-7　迈腾左后侧玻璃升降器操作开关线路原理图

（3）儿童安全锁按钮 E318

如图2-8所示为迈腾轿车上安装的儿童安全锁按钮，它是为保证乘车儿童安全的一种主动安全装置，防止车辆行驶过程中儿童开启后部车窗产生的危险。在儿童安全锁按钮锁止情况下，只有驾驶员侧控制开关才能控制所有后门玻璃车窗，所有后门上的车窗玻璃升降器开关无法控制对应的玻璃车窗。

其结构原理和驾驶员侧玻璃升降器操作开关E512基本一样，也是采用分压信号的方式实现不同的控制功能，如图2-9所示。

图2-8　迈腾儿童安全锁按钮

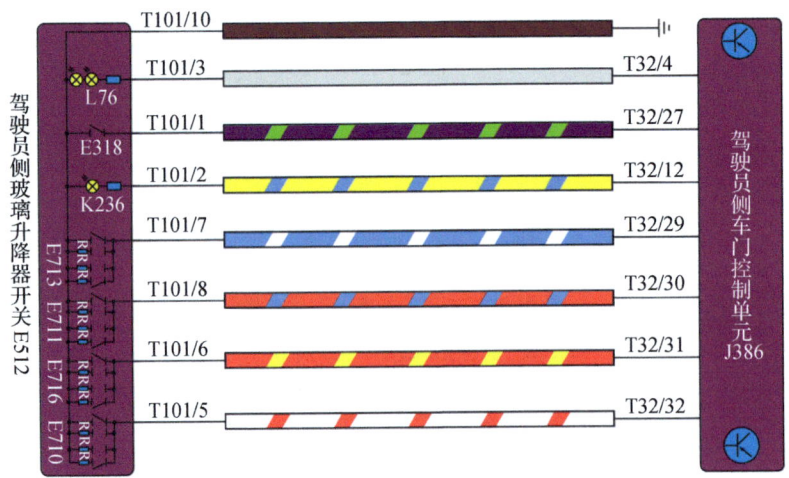

图2-9　E318的线路原理图

（4）玻璃升降器电机

如图2-10所示为迈腾玻璃升降器电机，从上一代的控制模块、电机为一体的结构中将电机分离出来，采用单独控制，这将使得玻璃升降器机械结构有了更多的布局结构设计。

玻璃升降器电机采用直流永磁电机，电机的定子上安装有固定的主磁极和电刷，转子上安装有电枢绕组和换向器。直流电源的电能通过电刷和换向器进入电枢绕组，产生电枢电流，电枢电流产生的磁场与主磁场相互作用产生电磁转矩，使电机旋转带动负载。运行时转动的部分称为转子，其主要作用是产生电磁转矩和感应电动势，是直流电机进行能量转换的枢纽，所以通常又称为电枢，由转轴、电枢铁心、电枢绕组、换向器等组成，如图 2-11 所示。

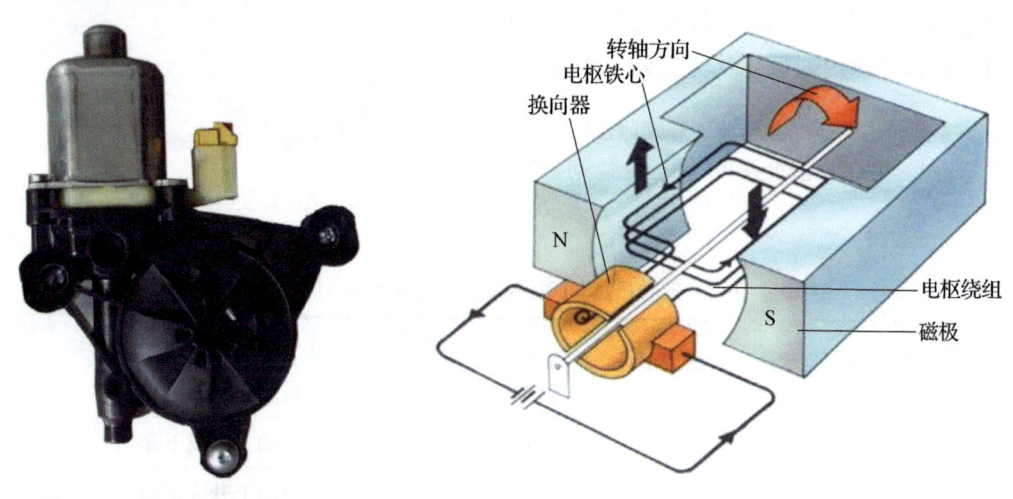

图 2-10 迈腾玻璃升降器电机　　　　图 2-11 直流碳刷电机结构原理图

迈腾玻璃升降器电机采用双源控制，系统在控制时，通过改变电机上的两个电源线极性方向（+、-），电机的转动方向将改变，随之，车窗玻璃将会在滑道内上升或者下降，如图 2-12~图 2-15 所示为每个车门玻璃升降器电机与控制模块之间的连接线路。

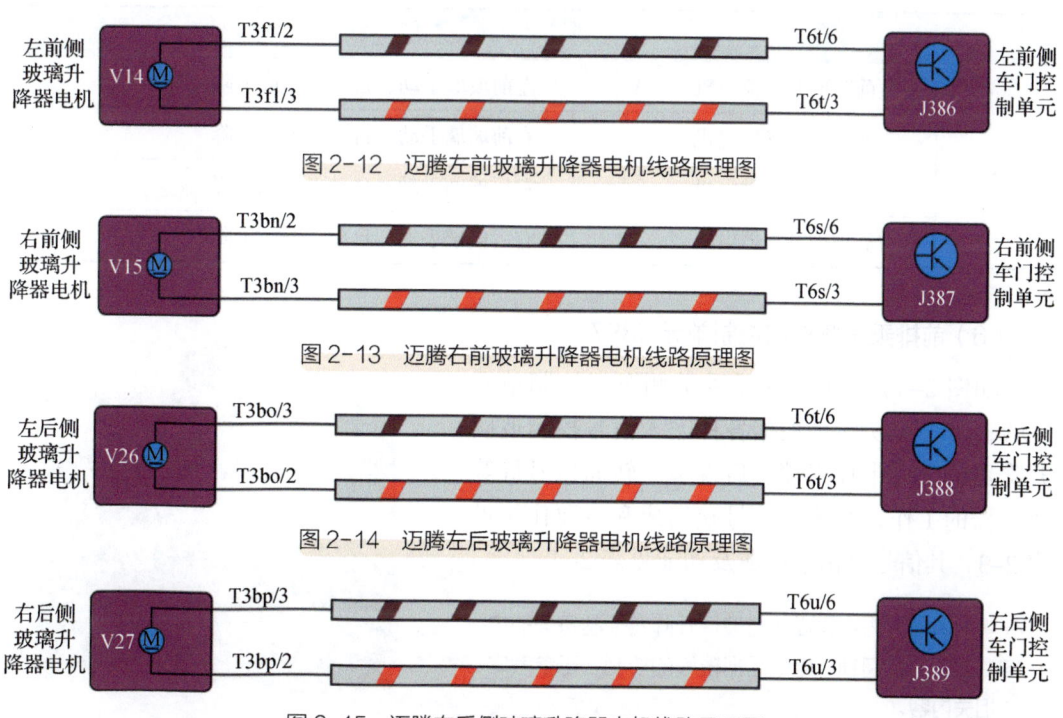

图 2-12 迈腾左前玻璃升降器电机线路原理图

图 2-13 迈腾右前玻璃升降器电机线路原理图

图 2-14 迈腾左后玻璃升降器电机线路原理图

图 2-15 迈腾右后侧玻璃升降器电机线路原理图

(5)驾驶员侧车门控制单元 J386

如图 2-16 所示为驾驶员侧车门控制单元 J386,其主要功能是根据各种输入信号控制玻璃升降器电机、中控门锁、后视镜、转向信号灯等执行器的工作,其输入信号端组成和主要作用见表 2-1,其信号输出端组成及功能见表 2-2。

图 2-16 迈腾驾驶员侧车门控制单元 J386

注意:本部分内容仅描述与玻璃升降器控制有关的内容,至于中控门锁、电动后视镜等的控制,可参考本书相关内容。

表 2-1 驾驶员侧车门控制单元 J386 的输入信号

序号	元件	信号
1	玻璃升降器开关	左前玻璃升降器手动、自动上升或下降
		右前玻璃升降器手动、自动上升或下降
		左后玻璃升降器手动、自动上升或下降
		右后玻璃升降器手动、自动上升或下降
		两个后门玻璃升降器动作锁止

表 2-2 驾驶员侧车门控制单元 J386 功能

序号	元件	动作
1	左前玻璃升降器电机	左前玻璃手动、自动上升或下降
	右前玻璃升降器电机	右前玻璃手动、自动上升或下降
	左后玻璃升降器电机	左后玻璃手动、自动上升或下降
	右后玻璃升降器电机	右后玻璃手动、自动上升或下降

(6)前排乘员侧车门控制单元 J387

如图 2-17 所示为前排乘员侧车门控制单元 J387,其主要功能是根据各种输入信号控制玻璃升降器电机、中控门锁、后视镜、转向信号灯等执行器的工作,其输入信号端组成和主要作用见表 2-3,其信号输出端组成及功能见表 2-4。

图 2-17 迈腾前排乘员侧车门控制单元 J387

注意:本部分内容仅描述与玻璃升降器控制有关的内容,至于中控门锁、电动后视镜等的控制,可参考本书相关内容。

表 2-3　前排乘员侧车门控制单元 J387 的输入信号

序号	元件	信号
1	玻璃升降器开关	右前玻璃升降器手动、自动上升或下降

表 2-4　前排乘员侧车门控制单元 J387 功能

序号	元件	动作
1	右前玻璃升降器电机	右前玻璃手动、自动上升或下降

（7）后侧车门控制单元 J388、J389

如图 2-18 所示为左后侧车门控制单元 J388、右后侧车门控制单元 J389，其主要功能是根据各种输入信号控制玻璃升降器电机、中控门锁、氛围灯等执行器的工作，其输入信号端组成和主要作用见表 2-5，其信号输出端组成及功能见表 2-6。

图 2-18　迈腾后侧车门控制单元 J388、J389

表 2-5　左后、右后侧车门控制单元输入信号

序号	元件	信号
1	玻璃升降器开关	左后、右后侧车门玻璃升降器上升或下降
2	LIN 总线信号	中控门锁、玻璃升降器、氛围灯等驱动指令输入

表 2-6　左后、右后侧车门控制单元功能

序号	元件	动作
1	玻璃升降器	左后、右后侧玻璃上升或下降

2. 玻璃升降器控制系统的工作原理

（1）控制功能

迈腾玻璃升降器控制系统的主要功能包括：车窗玻璃手动上升、车窗玻璃自动上升、车窗玻璃手动下降、车窗玻璃自动下降、儿童安全锁以及车窗玻璃防夹手。

（2）工作过程

以下对驾驶员侧、前排乘员侧、左后、右后四个车门玻璃升降器的工作过程分别进行讲解。

1）驾驶员侧车窗玻璃升降器。如图 2-19 所示为驾驶员侧车窗玻璃升降器控制过程。驾驶员侧玻璃升降器操作开关 E710 安装在 E512 上，分别向上拉动开关至一档（代表手动上升)、向上拉动开关至二档(代表自动上升)、向下按动开关至一档(代表手动下降)、向下按动开关至二档(代表自动下降),开关就会将 J386 提供的 0 到 +B 的方波信号(基准)幅值电压分压后作为信号输送给 J386。J386 将此信号转变成数字信号,并根据内部的程序控制驾驶员侧玻璃升降器电机的运行。

图 2-19 迈腾驾驶员侧车窗玻璃控制过程

2)前排乘员侧车窗玻璃升降器。如图 2-20 所示为迈腾前排乘员侧车窗玻璃升降器控制过程,从图中可以看出,前排乘员侧车窗玻璃升降器电机受控于两个开关:一个是位于驾驶员侧的玻璃升降器总开关 E512 的 E716 分开关,另一个是位于前排乘员侧车门上的单体开关 E107,两个开关的控制路径不同。

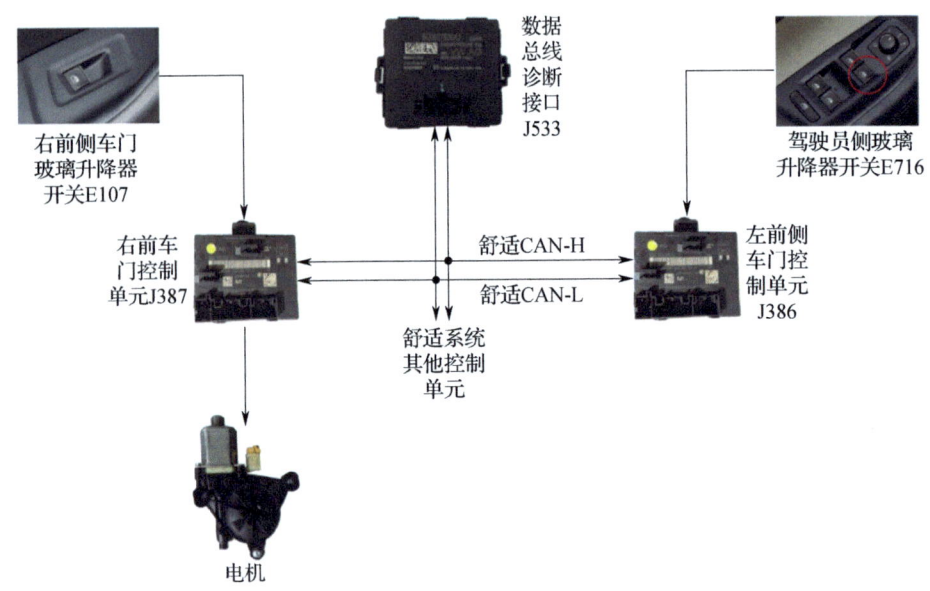

图 2-20 迈腾前排乘员侧车窗玻璃控制过程

①利用驾驶员侧玻璃升降器开关 E716 进行控制。当操作 E512 上的前排乘员侧车窗玻璃升降器控制开关 E716 时,不管向上拉动开关至一档(代表手动上升)、向上拉动开关至二档(代表自动上升)、向下按动开关至一档(代表手动下降),还是向下按动开关至二档(代表自动下降),开关都会将 J386 提供的 0 到 +B 的方波信号(基准)幅值电压分压后作为信号输送给 J386。J386 将此信号转变成数字信号,通过舒适 CAN 总线传送给前排乘员侧车门控制单元 J387;J387 根据内部的程序控制前排乘员侧玻璃升降器电机

的运行。

②利用前排乘员侧车门上的玻璃升降器开关 E107 进行控制。如图 2-21 所示为利用 E107 控制前排乘员侧车窗玻璃升降的控制原理。当操作前排乘员侧门面板上的车窗玻璃升降器控制开关 E107 时，不管向上拉动开关至一档（代表手动上升）、向上拉动开关至二档（代表自动上升）、向下按动开关至一档（代表手动下降），还是向下按动开关至二档（代表自动下降），开关都会将 J387 提供的 0 到 +B 的方波信号（基准）幅值电压分压后作为信号输送给前排乘员侧车门控制单元 J387。J387 将此信号转变成数字信号，并根据内部的程序控制前排乘员侧玻璃升降器电机的运行。

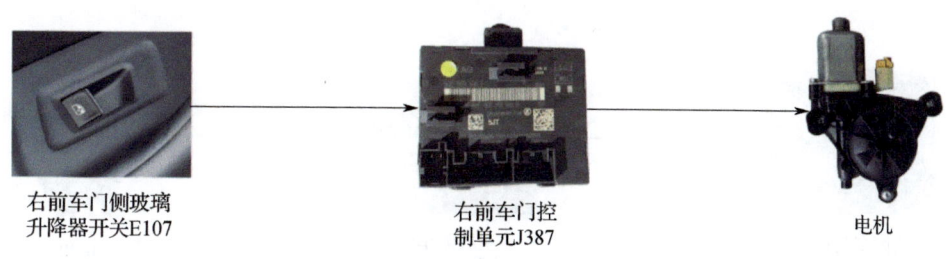

图 2-21　利用 E107 控制前排乘员侧车窗玻璃升降的控制原理

3）左后侧车窗玻璃升降器。左后侧车窗玻璃升降器电机受控于两个开关：一个是位于驾驶员侧的玻璃升降器总开关 E512 的 E711 分开关，另一个是位于左后侧车门上的单体开关 E52，两个开关的控制路径不同。

①利用驾驶员侧的 E711 分开关进行控制。如图 2-22 所示为驾驶员侧的 E711 分开关控制原理图，从中可以看出，当操作 E711 开关时，不管向上拉动开关至一档（代表手动上升）、向上拉动开关至二档（代表自动上升）、向下按动开关至一档（代表手动下降），还是向下按动开关至二档（代表自动下降），开关都会将 J386 提供的 0 到 +B 的方波信号（基准）幅值电压分压后作为信号输送给驾驶员侧车门控制单元 J386。J386 将此信号转变成数字信号，通过 LIN 总线传送给左后侧车门控制单元 J388，J388 根据内部的程序控制左后玻璃升降器电机的运行。

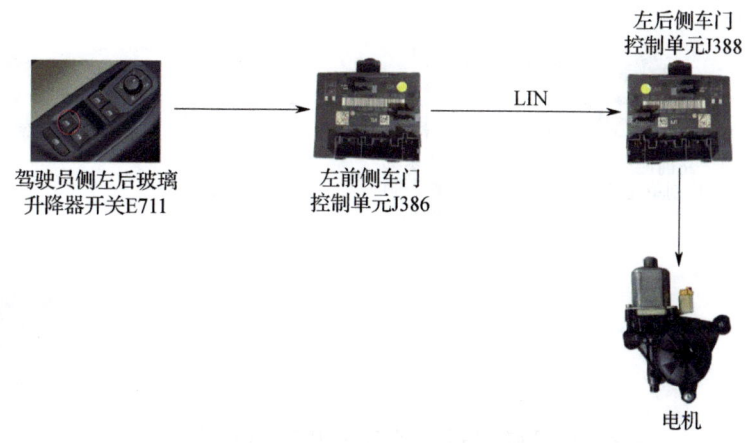

图 2-22　驾驶员侧的 E711 分开关控制原理图

②利用左后门上的 E52 玻璃升降器开关进行控制。如图 2-23 所示为左后门上的 E52 玻璃升降器开关控制原理图。当儿童安全锁开关不起作用、操作 E52 开关时，不管向上拉动开关至一档（代表手动上升）、向上拉动开关至二档（代表自动上升）、向下按动开关至一档（代表手动下降），还是向下按动开关至二档（代表自动下降），开关都会将 J388 提供的 0 到 +B 的方波信号（基准）幅值电压分压后作为信号输送给左后侧车门控制单元 J388。J388 将此信号转变成数字信号，并根据内部的程序控制左后玻璃升降器电机的运行。

注意：E52 能进行有效控制的前提是 J388 处于激活状态，因此要注意 J388 的激活条件。

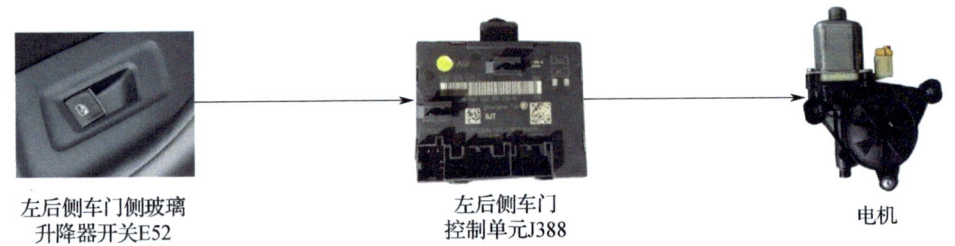

图 2-23　左后门上的 E52 玻璃升降器开关控制原理图

4）右后侧车窗玻璃升降器。右后侧车窗玻璃升降器电机受控于两个开关：一个是位于驾驶员侧的玻璃升降器总开关 E512 的 E713 分开关，另一个是位于右后侧车门上的单体开关 E54，两个开关的控制路径不同。

①利用驾驶员侧的 E713 分开关进行控制。如图 2-24 所示，当操作 E512 上的右后侧车窗玻璃升降器控制开关 E713 时，不管向上拉动开关至一档（代表手动上升）、向上拉动开关至二档（代表自动上升）、向下按动开关至一档（代表手动下降），还是向下按动开关

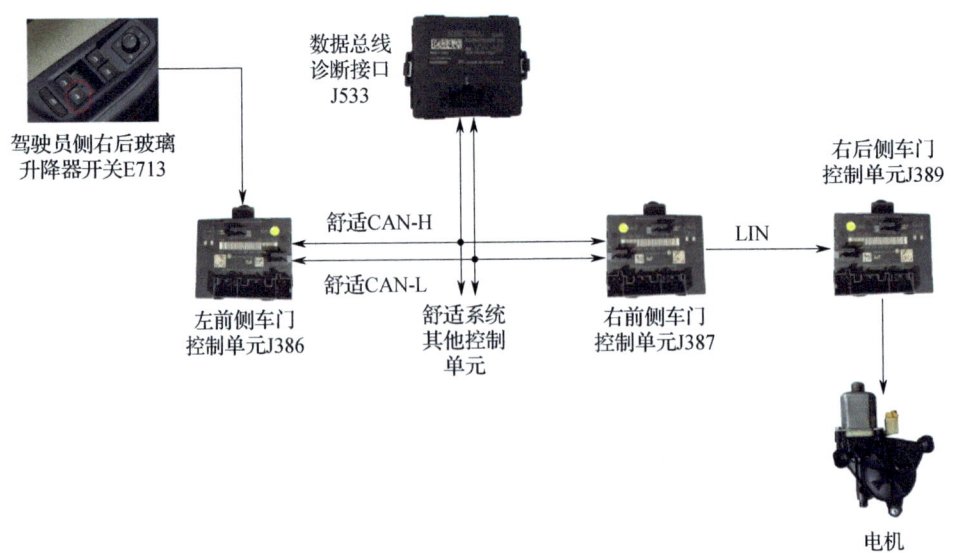

图 2-24　迈腾右后侧车窗玻璃控制过程（E512 上）

至二档（代表自动下降），开关都会将 J386 提供的 0 到 +B 的方波信号（基准）幅值电压分压后作为信号输送给驾驶员侧车门控制单元 J386。J386 将此信号转变成数字信号，通过舒适 CAN 总线传送给前排乘员侧车门控制单元 J387，再通过 LIN 总线传送给右后侧车门控制单元 J389；J389 根据内部的程序控制右后玻璃升降器电机的运行。

②利用右后门上的 E54 玻璃升降器开关进行控制。当儿童安全锁开关 E318 不起作用、操作右后侧车门面板的车窗玻璃升降器控制开关 E54 时，不管向上拉动开关至一档（代表手动上升）、向上拉动开关至二档（代表自动上升）、向下按动开关至一档（代表手动下降），还是向下按动开关至二档（代表自动下降），开关都会将 J389 提供的 0 到 +B 的方波信号（基准）幅值电压分压后作为信号输送给右后侧车门控制单元 J389。J389 将此信号转变成数字信号，并根据内部的程序控制右后玻璃升降器电机的运行，如图 2-25 所示。

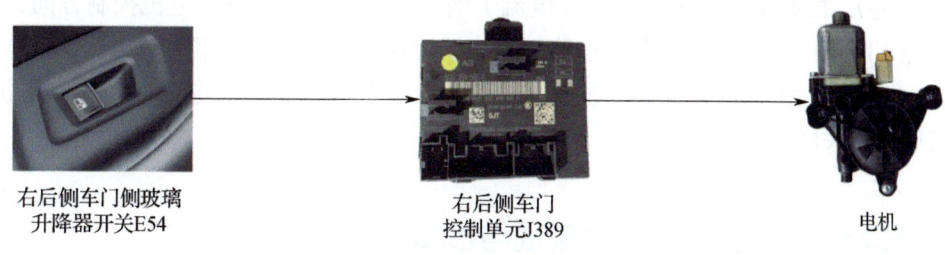

图 2-25　迈腾右后侧车窗玻璃控制过程（右后侧车门上）

5）儿童安全锁控制。如图 2-26 所示为迈腾儿童安全锁控制过程，从中可以看出，当

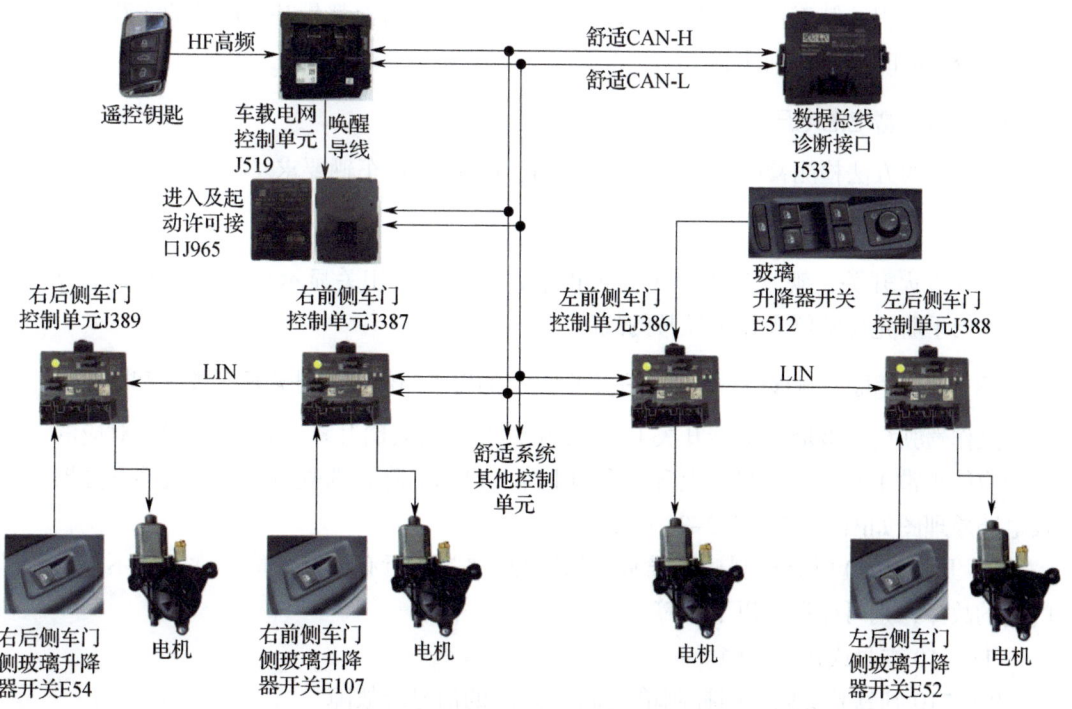

图 2-26　迈腾儿童安全锁控制过程

操作 E512 上的儿童安全锁按钮 E318 时，如果是初次按下 E318，代表驾驶员想让所有后车门玻璃动作锁止，如果再次按下 E318，代表驾驶员想让所有后车门玻璃动作解锁，此时开关就会将不同的电压信号输送给驾驶员侧车门控制单元 J386。

J386 在接收到 E318 的信号后，将此信号转变成数字信号，一方面通过 J386 与左后侧车门控制单元 J388 之间的 LIN 总线传送给 J388，J388 根据信号指令看是否锁止左后玻璃升降器电机的运行；另一方面通过 J386 与前排乘员侧车门控制单元 J387 之间的舒适 CAN 总线传送给 J387，再通过 J387 与右后车门控制单元 J389 之间的 LIN 总线传送给 J389，J389 根据信号指令看是否锁止右后侧玻璃升降器电机的运行。

6）车窗玻璃防夹手控制。迈腾车窗玻璃在手动上升和自动上升过程中都带有防夹手功能。电动车窗玻璃在上升过程中的阻力变化与车窗玻璃到达终端的阻力不一样，后者的阻力远远大于前者阻力。在玻璃上升过程中，夹住物体，由于阻力增大且变化（电机电流增大和变化），控制单元检测到阻力（电流）增大、变化，立即改变电机控制方向，车窗玻璃立即下降至中间位置；而车窗玻璃到达终端（顶部或底部）时阻力基本恒定（电机电流恒定），且到达终端时电机电流过载，控制单元检测到这个过载电流后停止电机供电，车窗玻璃完全关闭或打开。

2.2 玻璃升降器控制系统的测试与诊断

1. 初步分析

不同的技术人员操作过程有所不同，每步的结论也会有所不同，本书是作者习惯的一种故障诊断过程，基于检查的先后顺序，下一步的诊断结论都是基于以前的实验结果，这一点在分析的时候要特别注意。

（1）检查蓄电池电压

用正确的方法检测蓄电池电压，确保蓄电池电压满足车辆要求。

（2）观察仪表显示

打开点火开关，观察仪表显示是否正常，如果仪表相关显示异常，就需要结合线路图、维修手册先排除仪表显示异常的故障。

（3）操作驾驶员侧玻璃升降器开关 E512 上的驾驶员侧玻璃升降器开关 E710

操作驾驶员侧玻璃升降器开关 E512 上的驾驶员侧玻璃升降器开关 E710，对应的车窗玻璃应能正常手动上升、自动上升、手动下降、自动下降，驾驶员侧车门玻璃升降器控制及电路原理图如图 2-27、图 2-28 所示。

1）开关 E710 所有控制功能异常。如果开关 E710 所有控制功能异常，且不考虑该车门别的故障，则可能存在以下故障：

① E710 本身或接地故障。

② E710 到驾驶员侧车门控制单元 J386 之间的信号线故障。

③ J386 自身或电源、总线故障。

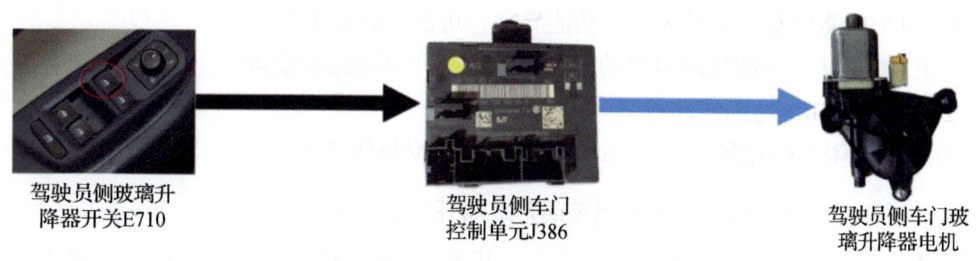

图 2-27　驾驶员侧车门玻璃升降器控制原理图

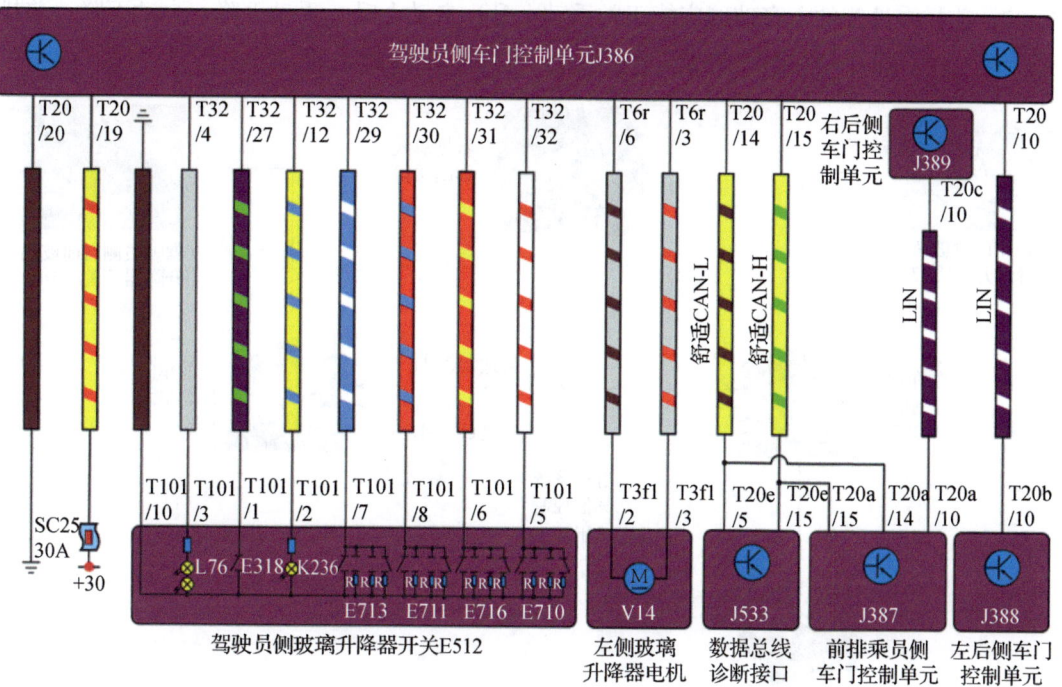

图 2-28　驾驶员侧车门玻璃升降器电路原理图

④ J386 与驾驶员侧玻璃升降器电机之间线路故障。

⑤ 驾驶员侧玻璃升降器电机自身故障。

注意：

◆ 可以通过操作 E318、E711、E713 或 E716 来判断 E710 接地的故障，如果这些开关功能正常，则说明 E512 总成的接地线路没有故障，接地要有故障也只能是开关内部电路的局部故障。

◆ J386 的电源或总线故障可以通过 J386 的其他功能进行判定，如后视镜上的信号照明灯、后视镜调节电机、中控门锁电机、中控门锁开关背景照明、中控门锁开关控制、玻璃升降器背景照明等动作予以判定，如果这些执行器一个是正常的，则排除电源电路故障。

◆ 可以通过长按遥控器开锁、闭锁按键的方法控制所有车窗玻璃升降器电机的运行，以此判断 J386 能否正常控制驾驶员侧玻璃升降器电机的运行。这种方式下，如果玻璃升降器电机工作正常，则故障存在于开关 E710 输入信号及 J386 自身；如果同样不能正常升降，根据故障概率大小，故障可能与开关及输入信号线路没有关系。

2）单个功能异常。如果为单个功能异常，可能存在以下故障：

① E710 上开关内部控制对应的触点、电阻、印制电路板故障。

② E710 与 J386 之间线路故障。

③ 驾驶员侧车门控制单元 J386 内部故障（缺控制功能）。

（4）操作 E512 上的前排乘员侧玻璃升降器开关 E716

操作 E512 上的前排乘员侧玻璃升降器开关 E716，前排乘员侧的车窗玻璃应能正常手动上升、自动上升、手动下降、自动下降；操作前排乘员侧车门上的玻璃升降器开关 E107，前排乘员侧的车窗玻璃应能正常手动上升、自动上升、手动下降、自动下降。前排乘员侧玻璃升降器控制原理如图 2-29 所示，电路原理如图 2-30 所示。

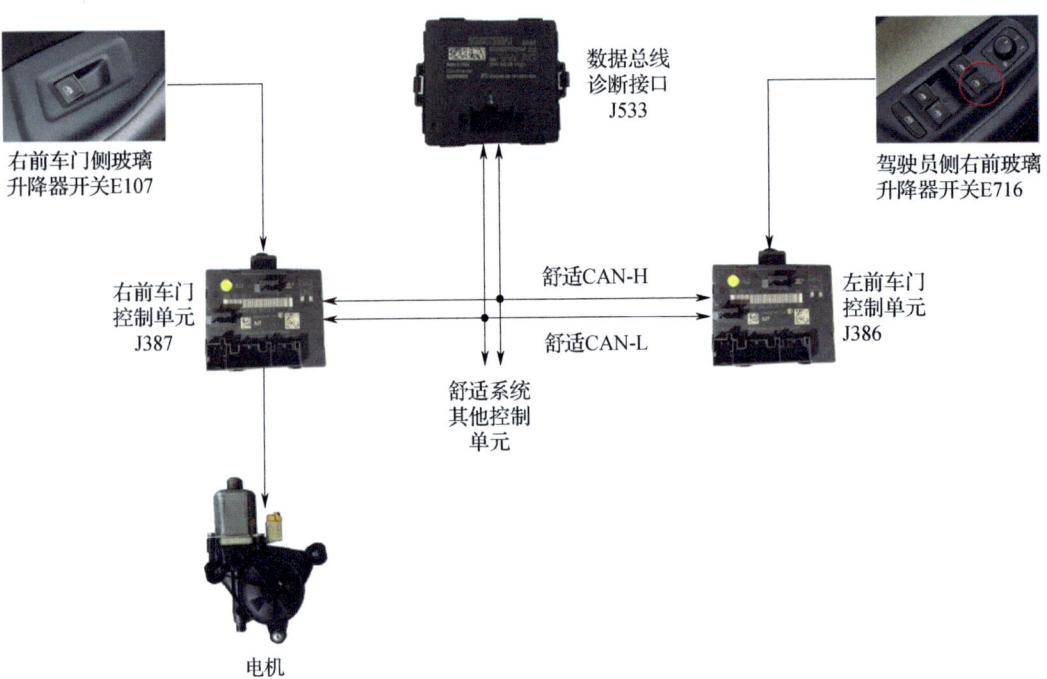

图 2-29　前排乘员侧玻璃升降器控制原理图

1）如果只考虑开关 E716 的控制功能异常，则可能存在以下故障：

① E716 开关本身或其开关接地故障（和 E710 做相同的分析）。

② E716 与驾驶员侧车门控制单元 J386 之间线路故障。

③ J386 自身或其电源故障。

④ J386 与 J387 之间的舒适 CAN 总线故障。

⑤ J387 或其电源线路故障（注意 J387 的激活路径）。

⑥ J387 与前排乘员侧玻璃升降器电机之间线路故障。

⑦ 前排乘员侧玻璃升降器电机自身故障（和驾驶员侧玻璃升降器电机做相同的分析）。

2）如果只考虑 E107 所有控制功能异常，可能存在以下故障：

① 开关 E107 本身或其接地故障。

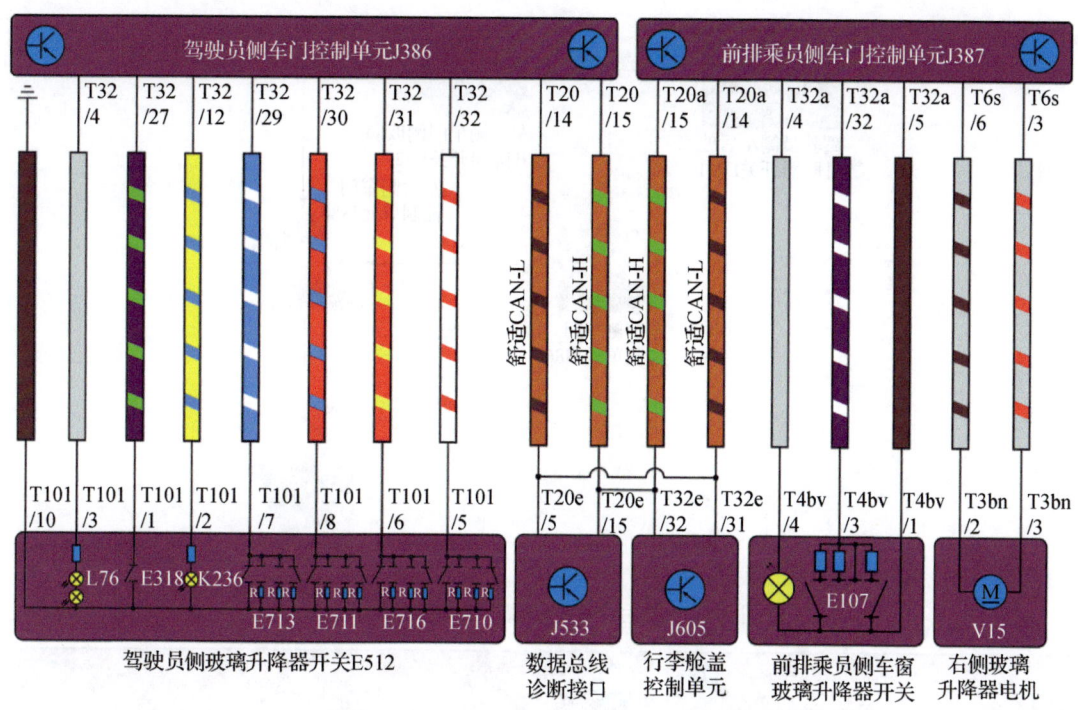

图 2-30　前排乘员侧车门玻璃升降器电路原理图

② E107 与 J387 之间线路故障。

③ J387 自身或其电源故障。

④ J387 与前排乘员侧玻璃升降器电机之间线路故障。

⑤ 前排乘员侧玻璃升降器电机自身故障。

3）如果 E512 上的开关 E716 控制异常，而开关 E107 控制正常，则说明 J387 到前排乘员侧车门玻璃升降器电机工作正常。

4）如果 E512 上的开关 E716 控制正常，而开关 E107 控制异常，则可能开关 E107 本身、开关与 J387 之间、J387 内部（局部）存在故障。

5）如果为 E716 或 E107 的某个单独的控制功能异常，则可能为该开关内部控制对应的触点、电阻、印制电路板或信号线路故障。

（5）操作 E512 上的 E711 开关

操作 E512 上的 E711 开关，左后侧车窗玻璃应能正常手动上升、自动上升、手动下降、自动下降；操作左后侧车门上的开关 E52，左后侧车窗玻璃应能正常手动上升、自动上升、手动下降、自动下降。如图 2-31、图 2-32 所示为左后侧车门玻璃升降器控制及电路原理图。

1）如果只考虑 E711 开关的所有控制功能异常，则可能存在以下故障：

① 开关 E711 本身或其接地线路故障（和 E716 做相同的分析）。

② 开关 E711 与驾驶员侧车门控制单元 J386 之间信号线路故障。

③ J386 自身或其电源故障。

④ J386 与左后侧车门控制单元 J388 之间 LIN 总线故障。

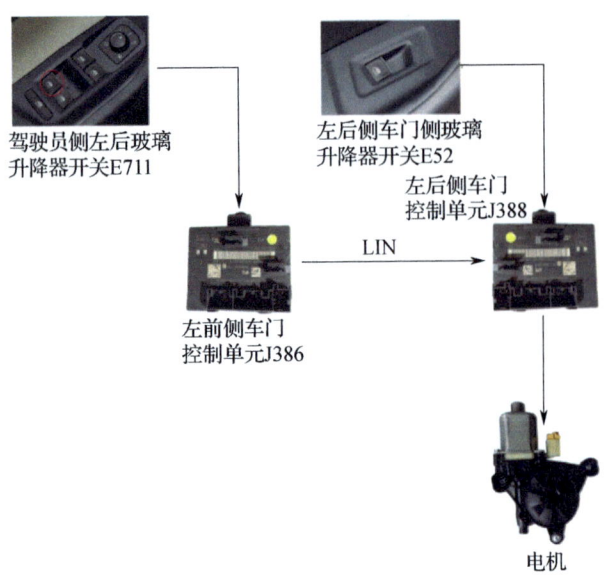

图 2-31 左后侧车门玻璃升降器控制原理图

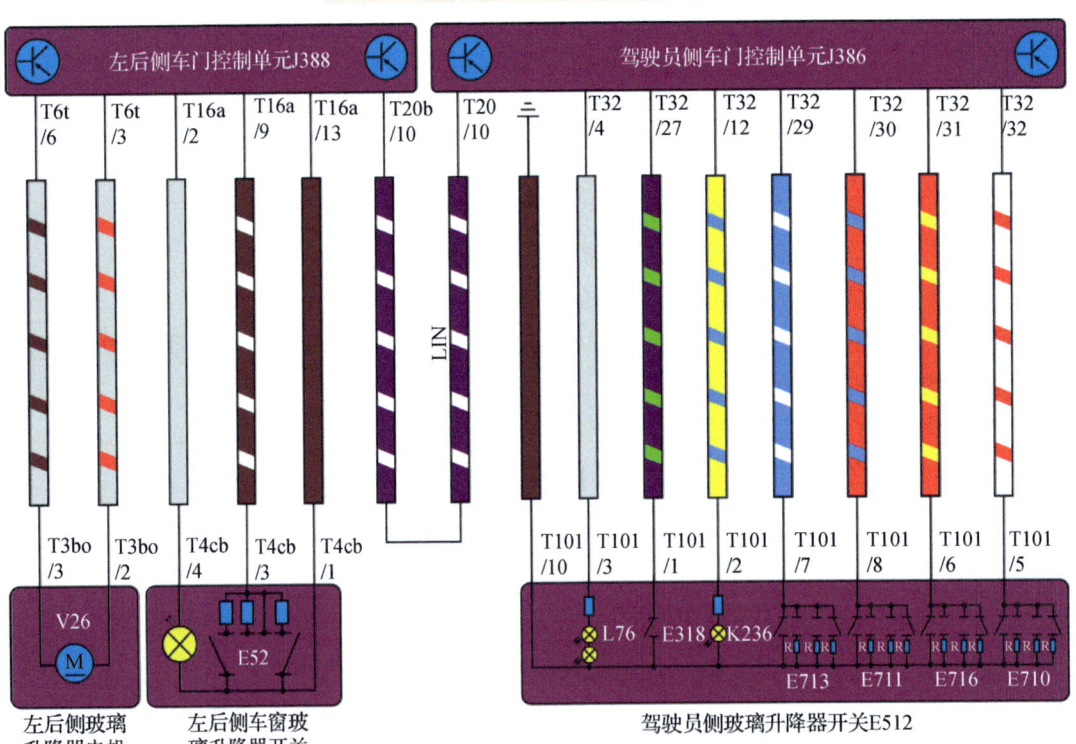

图 2-32 左后侧车门玻璃升降器电路原理图

⑤ J388 自身或其电源故障（注意 J388 的激活路径）。

⑥ J388 与左后玻璃升降器电机之间线路故障。

⑦ 左后玻璃升降器电机自身故障。

2）如果只考虑开关 E52 所有控制功能异常，则可能存在以下故障：

① 开关 E52 本身或其接地故障。

② E52 与 J388 之间线路故障。

③ J388 自身或其电源故障。

④ J388 与左后玻璃升降器电机之间线路故障。

⑤ 左后玻璃升降器电机自身故障。

⑥ 儿童安全锁按钮 E318 开关本身、接地、信号线路故障。可以结合右后门上玻璃升降器开关的控制综合判断，如果右后门上的玻璃升降器开关功能正常，则可能是 E52 开关输入信号存在故障；如果左右后门上的玻璃升降器开关功能均异常，则可能是儿童安全锁按钮 E318 输入信号异常。

3）如果开关 E711 控制异常，而开关 E52 控制正常，则可能存在以下故障：

① 开关 E711 本身或其接地线路故障。

② 开关 E711 与驾驶员侧车门控制单元 J386 之间信号线路故障。

③ J386 自身故障。

4）如果开关 E711 控制正常，而开关 E52 控制异常，可能存在以下故障：

① 开关 E52 本身或其接地故障。

② E52 与 J388 之间线路故障。

③ J388 自身故障。

④ 儿童安全锁按钮 E318 开关本身、接地、信号线路故障。

5）如果 E711 或 E52 的某个单项功能异常，则可能是该开关内部控制对应的触点、电阻、印制电路板故障。

（6）操作 E512 上的右后玻璃升降器开关 E713

操作 E512 上的右后玻璃升降器开关 E713，右后侧车窗玻璃应能正常手动上升、自动上升、手动下降、自动下降；操作右后侧车门上的玻璃升降器开关 E54，右后侧车窗玻璃应能正常手动上升、自动上升、手动下降、自动下降。如图 2-33、图 2-34 所示为右后侧车门玻璃升降器控制及电路原理图。

1）如果只考虑开关 E713 所有控制功能异常，则可能存在以下故障：

① 开关 E713 本身或其接地线路故障。

② 开关 E713 与驾驶员侧车门控制单元 J386 之间线路故障。

③ J386 自身或其电源线路故障。

④ J386 与前排乘员侧车门控制单元 J387 之间舒适 CAN 总线故障。

⑤ J387 或其电源线路故障。

⑥ J387 与右后侧车门控制单元 J389 之间 LIN 总线故障。

⑦ J389 或其电源线路故障（注意其激活条件）。

⑧ J389 与右后侧玻璃升降器电机之间线路故障。

⑨ 右后侧玻璃升降器电机自身故障。

2）如果只考虑开关 E54 所有控制功能异常，则可能存在以下故障：

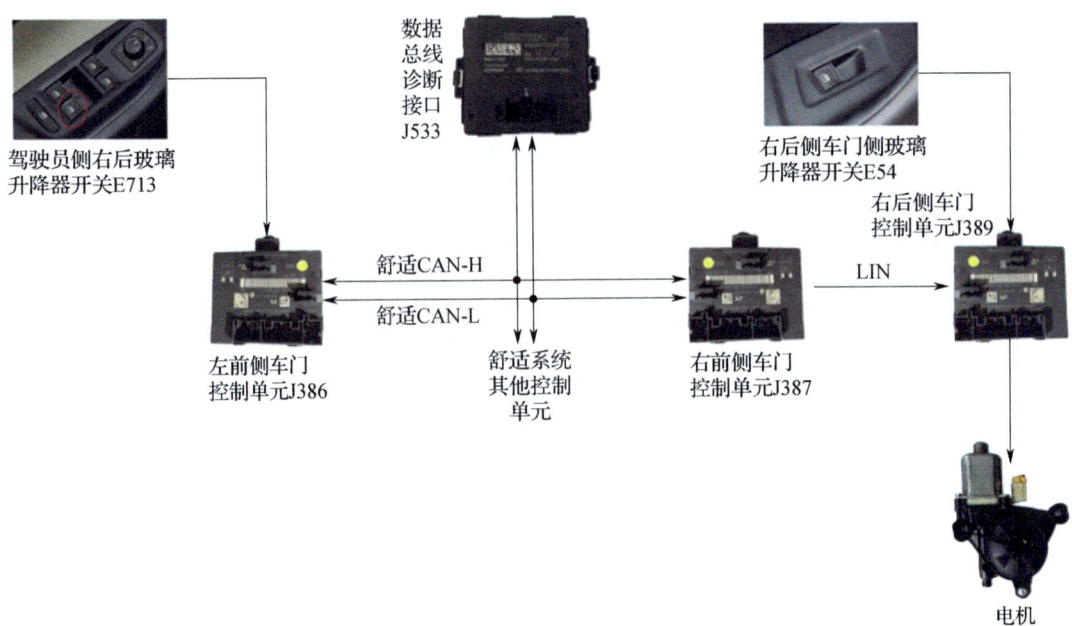

图 2-33 右后侧车门玻璃升降器控制原理图

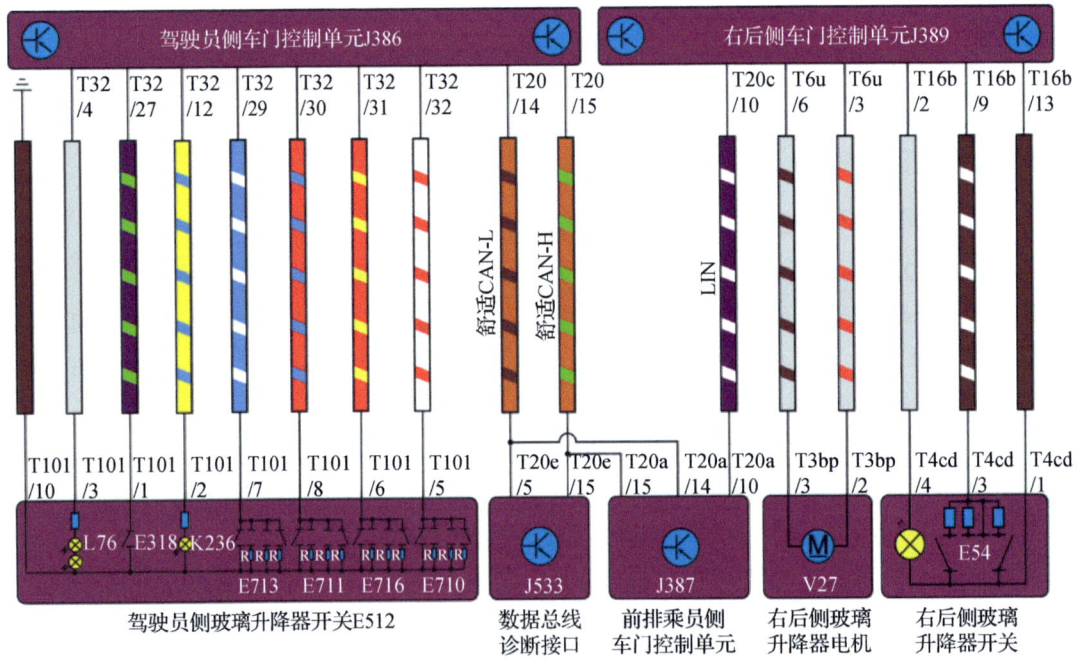

图 2-34 右后侧车门玻璃升降器电路原理图

① 开关 E54 本身或其接地故障。

② E54 与 J389 之间线路故障。

③ J389 自身或其电源故障。

④ J389 与右后侧玻璃升降器电机之间线路故障。

⑤ 右后侧玻璃升降器电机自身故障。

⑥儿童安全锁按钮 E318 开关本身、接地、信号线路故障。

3）如果开关 E713 控制异常，而开关 E54 控制正常，则可能存在以下故障：

①开关 E713 本身或其接地线路故障。

②开关 E713 与驾驶员侧车门控制单元 J386 之间线路故障。

③J386 自身或其电源线路故障。

④J386 与前排乘员侧车门控制单元 J387 之间舒适 CAN 总线故障。

4）如果开关 E713 控制正常，而开关 E54 控制异常，可能存在以下故障：

①开关 E54 本身或其接地故障。

②E54 与 J389 之间线路故障。

③J389 自身故障；

④儿童安全锁按钮 E318 开关本身、接地、信号线路故障。

5）如果 E713 或 E54 的某个单项功能异常，则可能是该开关内部控制对应的触点、电阻、印制电路板故障。

（7）操作 E512 上的儿童安全锁按钮 E318

操作 E512 上的儿童安全锁按钮 E318，驾驶员侧车窗玻璃升降器开关应能对所有后车门车窗玻璃进行控制，而所有后车门开关不能操作对应的车窗玻璃。如图 2-35、图 2-36 所示为儿童安全锁控制及电路原理图，从图中可以看出，如果儿童安全锁控制的所有功能异常，可能存在以下故障：

①E318 开关本身或其开关接地故障。

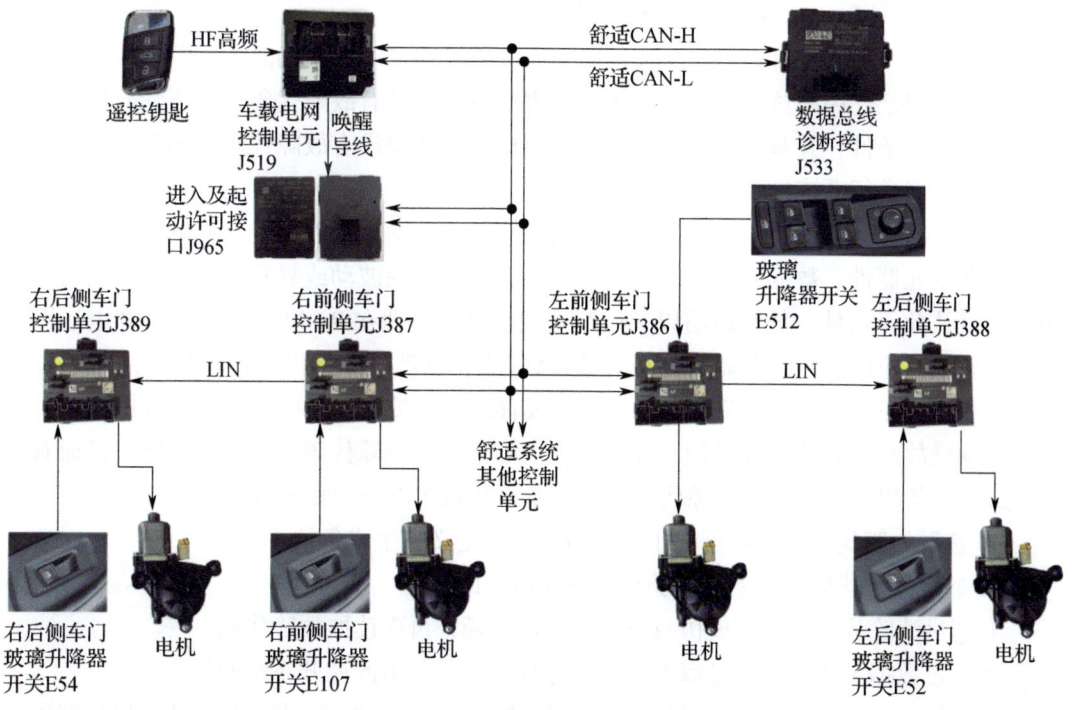

图 2-35　儿童安全锁控制原理图

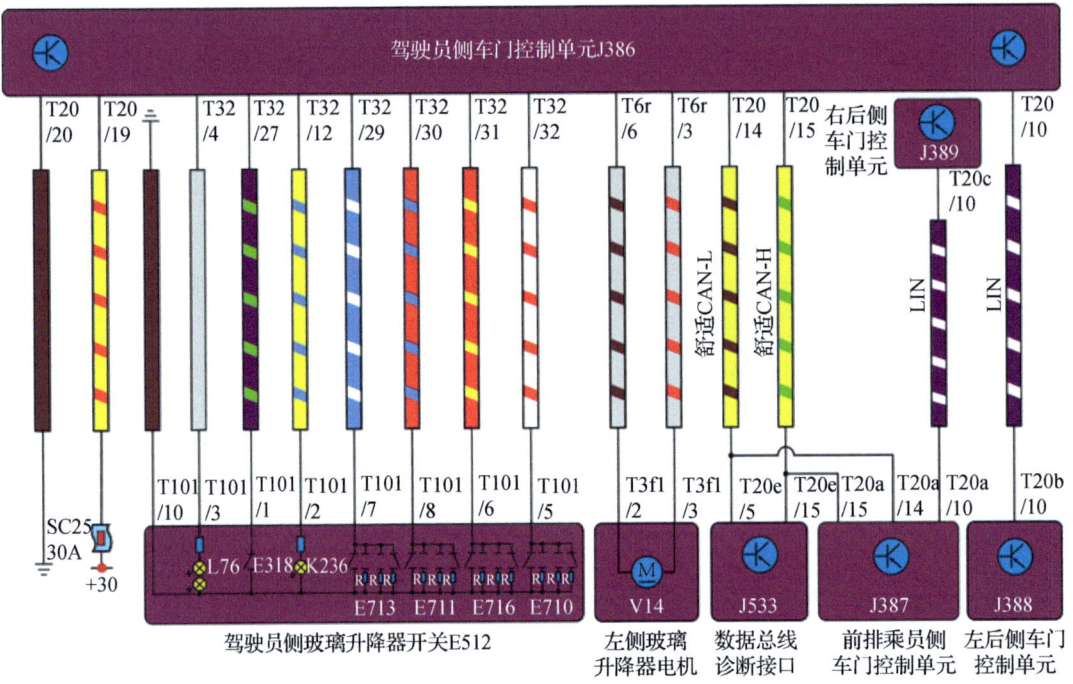

图 2-36 儿童安全锁电路原理图

② E318 开关与驾驶员侧车门控制单元 J386 之间信号线路故障。

③ J386 自身故障。

2. DTC 分析

现代汽车一般都具有自诊断功能,即使通过故障现象可以明确故障范围,但也最好首先读取故障记忆,因为这特别有利于快速发现故障。如果有故障代码,应清楚故障代码的定义和生成的条件,并基于此展开诊断和故障检修;如果没有故障代码,则基于系统的结构和工作原理进行系统诊断。

系统控制单元根据需要实时监测特定的元器件、数据通信以及线路的电压、信号。如果受监测的元器件、数据通信以及线路的电压、信号出现波动或异常,在设定时间内控制单元将确认此元器件、数据通信以及线路出现故障,随即在 ROM 中调取一个和电压以及信号异常相对应的代码,存储于控制单元 RAM 中,这就是故障代码,即 DTC。

在利用故障代码进行故障诊断时,一定要仔细阅读故障代码的定义和生成的条件,从中可以明确故障代码的生成机理,并根据机理确定验证故障代码真实性的方法,进而有利于提高诊断效果。所以利用故障代码进行故障诊断时按以下步骤进行:

1)读取故障代码,查阅资料了解故障代码的定义和生成条件。

2)验证故障代码的真实性。验证的方法也分两步:

① 通过清除故障代码、模仿故障工况运行车辆,再次读取故障代码。

② 通过数据流或在线测量值来判定故障真实性,并由此展开系统测量。

按照当前的故障车窗玻璃升降异常,实测过程中可能会遇到三种情况:①诊断仪器可以正常和相应的控制单元进行通信，但系统没有故障记忆；②诊断仪器可以正常和相应的控制单元进行通信，并能读取到系统中所存储的故障代码，此时应结合故障代码信息进行维修；③诊断仪器不能正常和相应的控制单元进行通信，因此无法读取系统中所存储的故障代码。

如图 2-37 所示为诊断仪器和舒适系统各控制模块之间的通信原理图，从中可以看出，诊断仪器通过诊断仪器连接线、无线或蓝牙通信、OBD-Ⅱ诊断接口、CAN-BUS 与相应的控制单元进行通信。

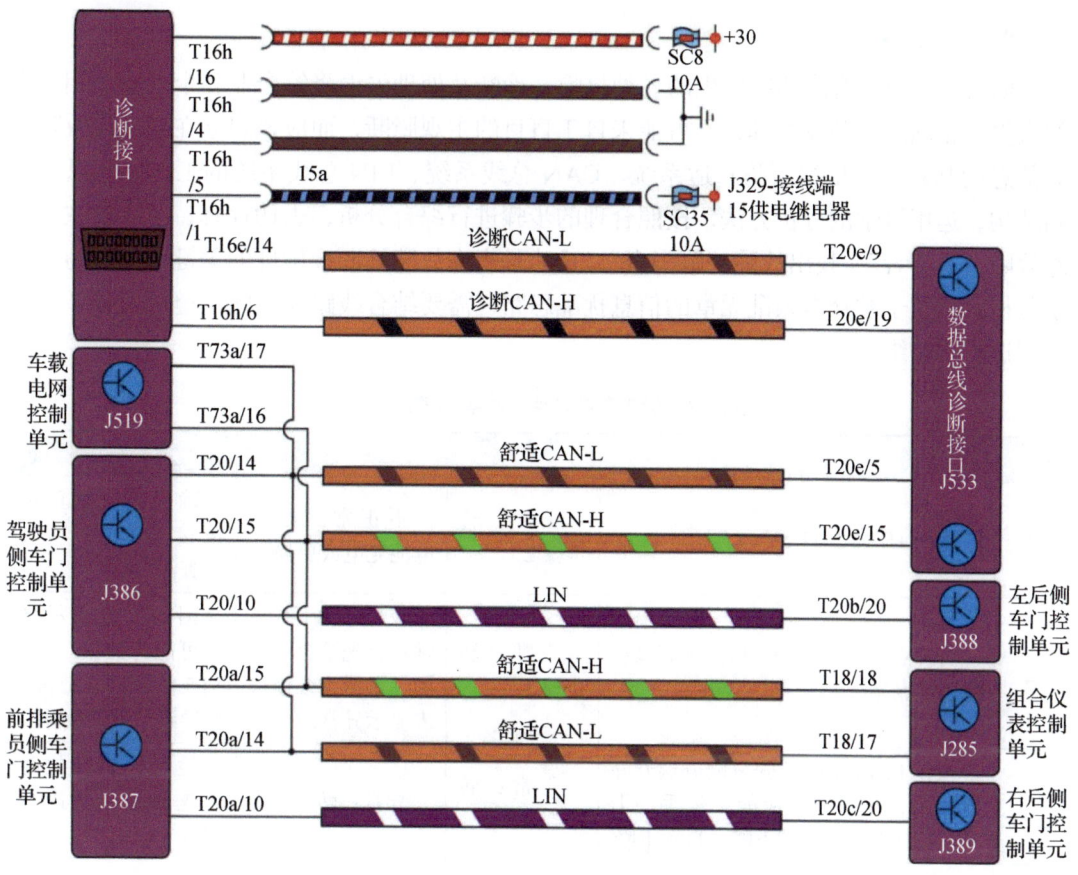

图 2-37　迈腾数据诊断通信线路图解

如果诊断仪器无法进入车辆所有系统，则可能是解码器、诊断连接线、无线或蓝牙通信、OBD-Ⅱ诊断接口、CAN-BUS 中的一个或多个出现故障；如果只是某个控制单元无法到达，则可能是该控制单元或其电源线路、相邻的 CAN-BUS 区间出现故障。

诊断仪器无法进入某个控制单元，可能原因有以下几种：

① 诊断接口电源供给线路故障。

② 诊断接口与数据总线诊断接口 J533（网关）之间的诊断 CAN 线路故障。

③ 数据总线诊断接口 J533（网关）电源、自身故障。

④ J533 与相应的控制模块之间的舒适 CAN 线路故障。

⑤ 相应的控制模块自身或其电源故障。

3. 无码分析

如果没有故障代码显示，那就需要技术人员结合故障现象，分析系统线路图，列举故障可能，并按照正确的流程、利用合适的测试设备进行正确的测量，从而发现故障所在。

迈腾对车窗玻璃升降器控制系统工作状态实施监测，如果车窗玻璃升降器工作状态发生异常，各车门控制单元会根据检测到的信号状态产生一个相对应的故障代码，存储于模块的 RAM 中，以备解码器调用，分析故障代码就可以基本确定故障部位。

4. 诊断流程

面对车窗玻璃升降器所发生的各种故障，诊断及处理失误将给企业和个人造成相当大的损失。正确的诊断及处理，不可能来自于盲目的主观臆断，而应该建立在获取与故障有关信息的基础上，依据迈腾舒适系统、CAN 总线系统、LIN 总线系统的工作原理以及控制结构，运用科学的分析方法，按照合理的步骤进行综合分析，去伪存真、舍次取主，排除故障"受害者"，找出故障"肇事者"，这才是提高故障诊断准确性的关键所在。为了便于分析，不至于被众多杂乱无章的信息扰乱思路，需要结合线路原理图，遵从表 2-7 所列流程进行诊断维修。

表 2-7 迈腾车窗玻璃升降器异常诊断流程

步骤	操作	结果		备注
1	确认 +B 大于 11.5V	正常：转步骤 2	不正常：给蓄电池充电或更换	确保蓄电池正负极接头连接牢靠，不脏污
2	打开点火开关至 ON 档，仪表显示应正常点亮	正常：转步骤 3	仪表显示不正常：首先结合线路图、手册，维修仪表显示异常故障	因为仪表显示异常可能为数据总线、+15 信号存在故障，会导致一系列故障
3	操作 E512 上的驾驶员侧玻璃升降器开关，车窗玻璃应能正常手动上升、自动上升、手动下降、自动下降	正常：转步骤 4	异常：转步骤 8	检查异常部位时首先对插接件进行检查
4	操作 E512 上的前排乘员侧玻璃升降器开关，车窗玻璃应能正常手动上升、自动上升、手动下降、自动下降；操作前排乘员侧车门上的玻璃升降器开关，车窗玻璃应能正常手动上升、自动上升、手动下降、自动下降	正常：转步骤 5	异常：转步骤 8	通过两个开关操作后的现象判断基本故障部位
5	操作 E512 上的左后玻璃升降器开关，车窗玻璃应能正常手动上升、自动上升、手动下降、自动下降；操作左后侧车门上的玻璃升降器开关，车窗玻璃应能正常手动上升、自动上升、手动下降、自动下降	正常：转步骤 6	异常：转步骤 8	通过两个开关操作后的现象判断基本故障部位

（续）

步骤	操作	结果		备注
6	操作 E512 上的右后侧玻璃升降器开关，车窗玻璃应能正常手动上升、自动上升、手动下降、自动下降；操作右后车门上的玻璃升降器开关，车窗玻璃应能正常手动上升、自动上升、手动下降、自动下降	正常：转步骤 7	异常：转步骤 8	通过两个开关操作后的现象判断基本故障部位
7	操作 E512 上的儿童安全锁按钮 E318，驾驶员侧车窗玻璃升降器开关应能对所有后车门车窗玻璃进行控制，而所有后车门开关不能操作对应的车窗玻璃	正常：转步骤 13	异常：转步骤 8	通过后部左、右两个开关操作后的现象判断基本故障部位
8	连接故障诊断仪器，读取故障代码	正常读取：转步骤 9	无法读取故障代码：转步骤 10 无故障代码：转步骤 11	
9	根据实际维修中的故障代码进行诊断、维修	正常：转步骤 12		
10	检测 OBD-Ⅱ诊断接口及相关线路	正常：转步骤 8	执行"OBD-Ⅱ诊断接口"诊断	使用连线时，如果解码器不亮或者使用无线传输方式怀疑无线模块不能通信时进行该诊断
	检测舒适 CAN 通信		执行"舒适 CAN 通信"诊断	
11	插接件检查	正常：转步骤 12	不正常：维修故障部位	包括外观、退针、锈蚀等项目
	结合维修手册、线路图对故障系统供电、接地线路进行电压、通断测量			测量项目包括对地电压、电阻和端对端电阻
12	故障检验	正常：转步骤 13	不正常：转步骤 8	
13	维修完成			

5. 实施维修

（1）根据故障代码提示进行维修

利用解码器读取故障代码，按照本资源库中提供的针对每个故障代码制定的诊断流程进行故障诊断。

（2）线路检测

根据系统的结构原理，对遥控钥匙、车载电网控制单元 J519、数据总线诊断接口 J533、进入及起动系统接口 J965、车门控制单元（四个）、玻璃升降器电机（四个）、玻璃升降器开关（四个）等线路进行检测，检测方法参照本资源库的相关内容。

（3）部件检测

根据系统的结构原理，对遥控钥匙、车载电网控制单元 J519、数据总线诊断接口 J533、进入及起动系统接口 J965、车门控制单元（四个）、玻璃升降器电机（四个）、玻璃升降器开关（四个）等元器件进行检测，检测方法参照本资源库的相关内容。

计划与实施

1. 领取任务

服务顾问将车辆开至待修区，将车辆钥匙、汽车维修服务接车单（见附件任务单1）交给车间主管。向车间主管交待作业内容，说明交车时间、要求及其他须注意事项。车间主管根据各班组的技术能力及工作状况，向班组派工，班组领取任务。

2. 确认任务

1）班组接到任务后，根据汽车维修服务接车单对车辆进行验收。
2）确认故障现象，必要时试车。
3）根据汽车维修服务接车单上的工作内容，进行维修或诊断。
4）维修技师凭汽车维修服务接车单领料，并在出库单上签字。

注意事项：
◆非工作需要不得进入车内且不能开动顾客车上的电器设备。
◆对于顾客留在车内的物品，维修技师应小心地加以保护，非工作需要严禁触动，因工作需要触动时应通知服务顾问以征得顾客的同意。

3. 借助原厂维修手册、参考教材完成以下知识准备

1）汽车玻璃升降器控制系统的功能是：

_____
_____
_____
_____

2）可以控制玻璃升降器的运行的方法有：

_____
_____
_____
_____

3）简要说明玻璃升降器的防夹功能的工作原理：

_____
_____
_____
_____

4）画出迈腾右前玻璃升降器电机控制系统电路图，并在下表中写出各管脚的管脚定义和电压特性。

管脚	管脚定义	电压特性

4. 制订计划

分组讨论并制订具体操作步骤。

> **提示：**
> ◆通过上面相关理论知识的了解，维修人员根据维修的规范要求和维修的经验制定了相关的维修方案。

（1）制定人员分工

组长_____

组号_____

组员_____

（2）检测、维修需要的设备、工具

_____

（3）玻璃升降器控制系统异常的故障排除分析

1）请按照故障树的方式整理出此故障的诊断流程（见附件任务单2）。

2）实施诊断并填写诊断报告（见附件任务单3）。

3）填写完工单（见附件任务单4）。

提示：

◆结合迈腾玻璃升降器控制系统需检查、诊断、拆卸、测量、维修、安装、检验的项目多少和顺序填写。

◆结合车辆诊断仪数据填写。

◆在有关流程步骤中注意蓄电池、点火开关状态。

◆注意专用仪器、量具、工具的使用。

◆注意安全防范、安全操作。

评价与反馈

1. 学习效果测评

（1）填空题

1）迈腾汽车玻璃升降器整个控制系统包含以下元器件和控制单元：遥控钥匙、J519、J533、J965、_____、_____、_____等。

2）驾驶员侧玻璃升降器操作开关E512是采用_____信号的方式实现不同的控制功能。

3）迈腾轿车上安装的儿童安全锁按钮是一种安全装置，在儿童安全锁按钮锁止情况下，只有_____才能控制所有后门玻璃车窗，所有后门上的_____无法控制对应的玻璃车窗。

4）驾驶员侧车门控制单元J386主要功能是根据各种输入信号控制_____、_____、_____、转向信号灯等执行器的工作。

（2）选择题

1）按下迈腾汽车E512上的玻璃升降器锁止开关E318，J386将这个信号通过（　　）局域网发送给左后侧车门控制单元J388。

A.LIN　　　　　　B.CAN　　　　　　C.MOST　　　　　　D.FlexRay

2）迈腾轿车玻璃升降器电机采用（　　）电机。

A. 双绕组　　　　　　　　　　B. 直流永磁

C. 交流异步　　　　　　　　　D. 步进

3）前排乘员侧车窗玻璃升降器电机受控于（　　）个开关。

A.1　　　　　　　B.2　　　　　　　C.3　　　　　　　D.4

4）如果迈腾汽车驾驶员侧玻璃升降器开关E710功能异常，可能的故障点是（　　）。

A.J386　　　　　　B.J387　　　　　　C.J388　　　　　　D.J389

2. 学习过程评价

项目	评价内容	评价等级		
		A	B	C
关键能力考核项目	遵守纪律，遵守学习场所管理规定，服从安排			
	安全意识、责任意识、5S 管理意识，注重节约、节能与环保			
	学习态度积极主动，能参加实习安排的活动			
	团队合作意识，注重沟通，能自主学习及相互合作			
	仪容仪表符合活动要求			
专业能力考核项目	按时按要求独立完成工作页、任务			
	工具、设备选择得当，使用符合技术要求			
	操作规范，符合要求			
	学习准备充分、齐全			
	注重工作效率与工作质量			
	技能点 1：使用诊断仪读取和分析数据流，并判断部件工作状态			
	技能点 2：使用示波器连接、测量和分析部件的波形，并判断部件工作状态			
小组评语及建议		组长签名： 年　月　日		
老师评语及建议		老师签名： 年　月　日		

能力与拓展

案例 1　E710 与 E716 信号线路之间虚接 50Ω 电阻故障检修

故障现象

1）打开 E378，操作驾驶员侧玻璃升降器开关 E710、驾驶员侧右前玻璃升降器开关 E716 时，左右玻璃升降器工作混乱且相互关联。

2）打开 E378，操作前排乘员侧玻璃升降器开关 E107 或长按遥控器，前排乘员侧玻璃升降器电动机 V15 正常工作。

现象分析

驾驶员侧玻璃升降器开关电路如图 2-38 所示。操作 E107 或长按遥控器,V15 正常工作,说明 V15 及其线路正常;而操作 E710、E716 时,左右玻璃升降器动作关联,说明 E710、E716 信号存在互相影响。可能的故障原因包括:① E710、E716 本身故障;②信号开关输入线路故障;③ J386 局部故障。

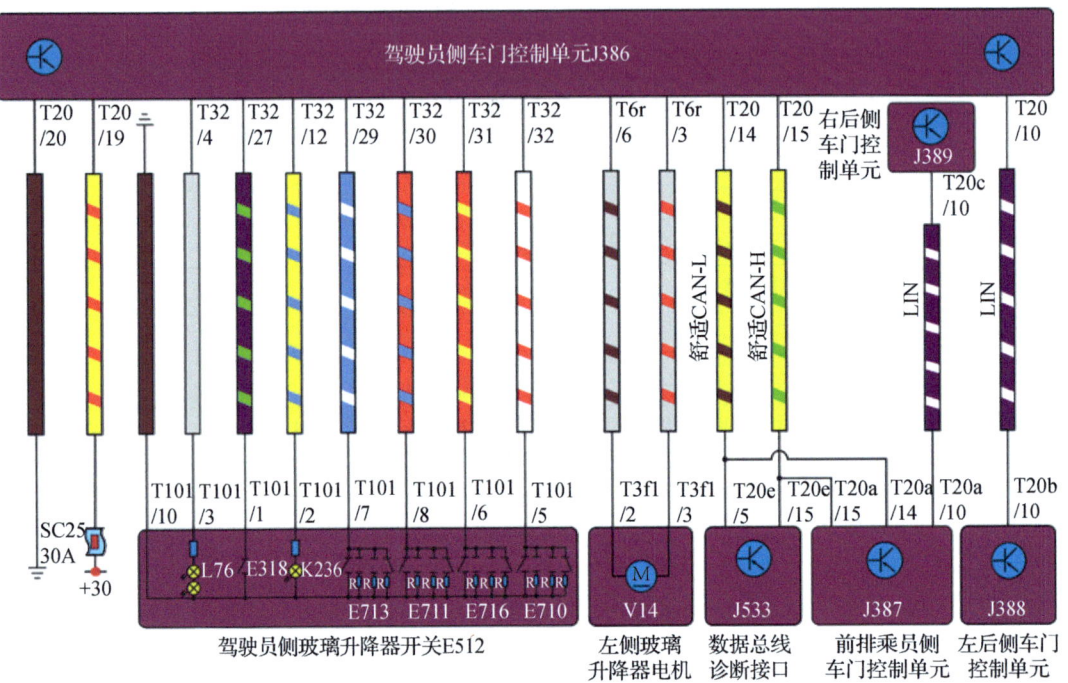

图 2-38 驾驶员侧玻璃升降器开关电路

诊断过程

1)打开 E378,操作 E710 时,用示波器同时测量 J386 的 T32/32、T32/31 对地波形,如图 2-39 所示,发现信号之间存在关联。

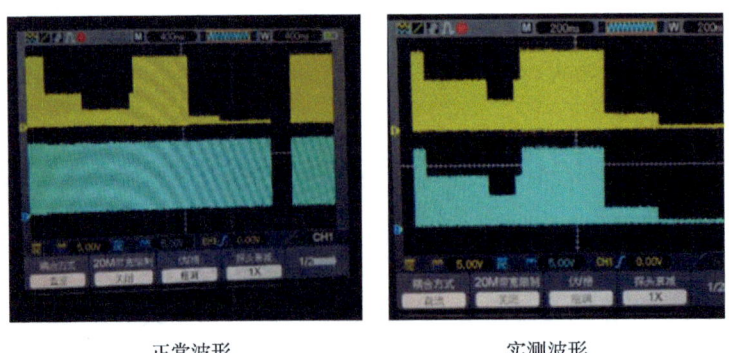

正常波形　　　　　　实测波形

图 2-39 J386 的 T32/32、T32/31 对地正常波形与实测波形

2)关闭 E378,拆下蓄电池负极接线,测量 T101/5 和 T101/6 线路之间电阻,应为无

穷大,实测为 50Ω,说明线路存在互相虚接。

3)排除 E710 与 E716 信号线路之间虚接故障,系统恢复正常。

故障机理

由于 E710 与 E716 信号线路之间存在虚接,导致 J386 同时收左前和右前玻璃升降开关信号,所以操作其中任一开关时,左右玻璃升降器工作混乱。

案例 2 E710 与 E716 信号线路反接故障检修

故障现象

打开 E378,操作 E710,右前玻璃升降器工作;操作 E716,左前玻璃升降器工作。其余正常。

现象分析

驾驶员侧玻璃升降器开关电路如图 2-40 所示,根据现象说明 J386 可能接收到错误的开关信号。可能的故障原因包括:①相关线路故障;② J386 自身故障。

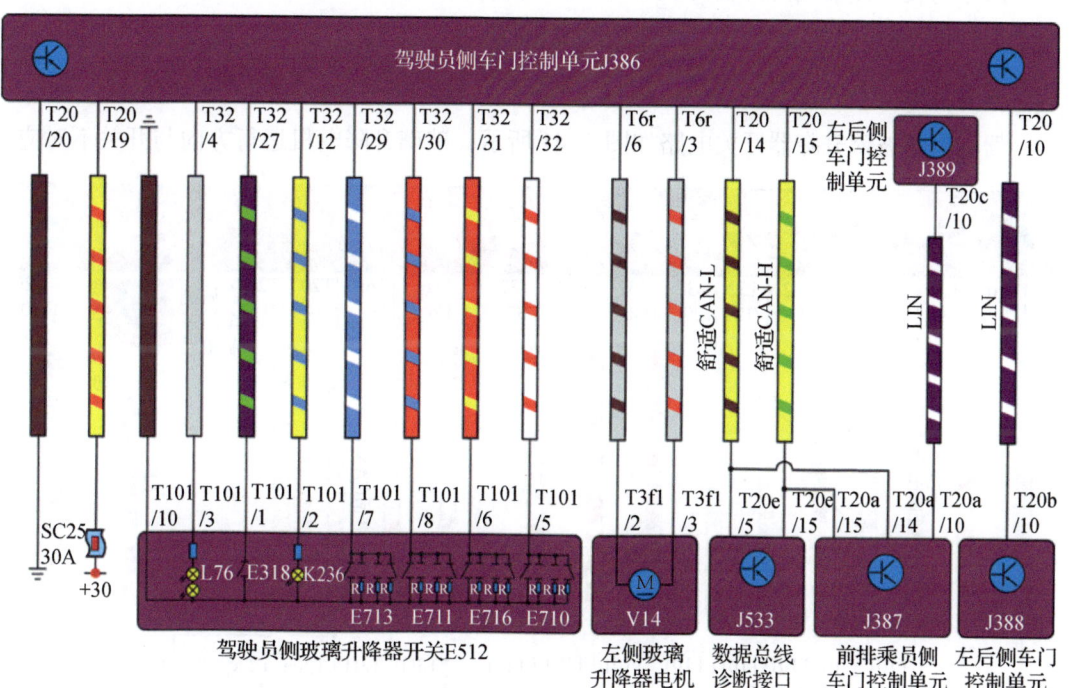

图 2-40　驾驶员侧玻璃升降器开关电路

诊断过程

1)打开 E378,分别操作 E710、E716,用示波器测量 T32/32、T32/31 对地波形,发现信号反接。

2）关闭 E378，断开两端插接器，用万用表测量 T32/32、T32/31 对应线路的阻值，发现信号线路反接。

3）排除 E710、E716 信号线路反接故障，系统恢复正常。

故障机理

由于 E710、E716 信号线路反接，导致 J386 接收到错误的开关信号，所以操作 E710，右前玻璃升降器工作，操作 E716，左前玻璃升降器工作。

案例 3 | E710 信号线路故障检修

故障点 1　E710 信号线路虚接 1000Ω 电阻
故障点 2　E710 信号线路对地虚接 150Ω 电阻
故障点 3　E710 信号线路断路

故障现象

操作驾驶员侧玻璃升降器开关 E710 至不同档位，玻璃升降电机在部分档位运行动作与开关档位不对应，部分档位不动作。其余正常。

现象分析

驾驶员侧玻璃升降器开关电路如图 2-41 所示，玻璃升降电机运行方向与开关不对应，

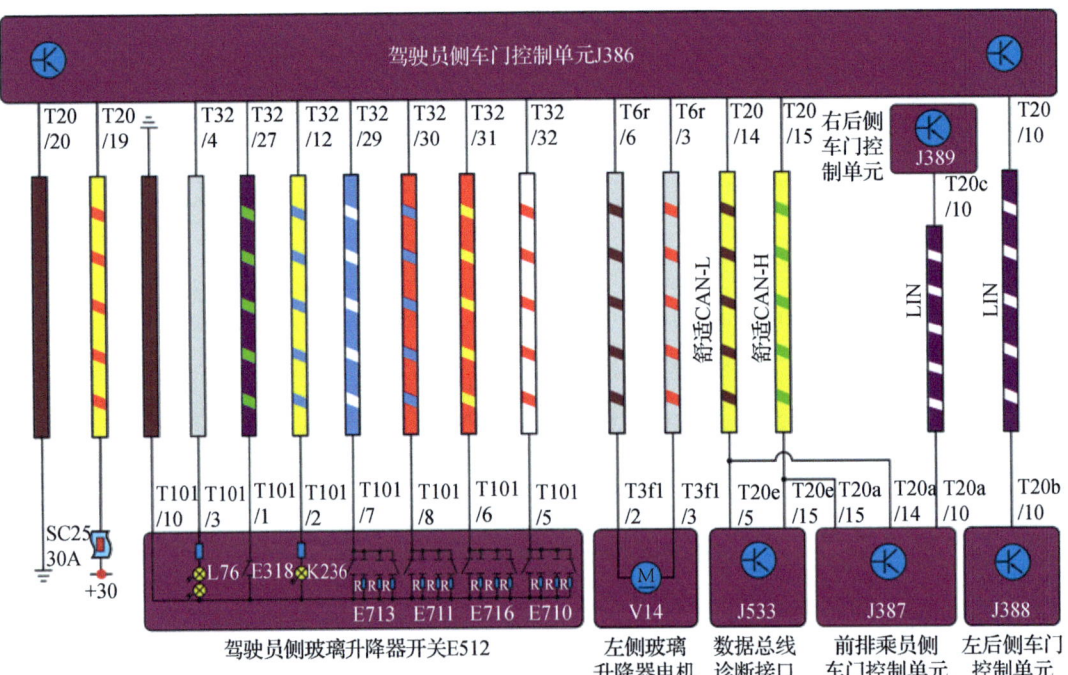

图 2-41　驾驶员侧玻璃升降器开关电路

说明控制模块接收到错误的信号。可能的故障原因包括：① J386 局部故障；② E710 开关自身故障；③ E710 开关信号线路故障。

故障点 1　E710 信号线路虚接 1000Ω 电阻诊断过程

1）打开 E378，按下 E710，用示波器测量 J386 端 T32/32 对地电压，正常有接近 0V 直波，实测没有。

2）打开 E378，按下 E710，用示波器测量开关端 T101/5 对地电压，正常有接近 0V 直波，实测正常，结合上一步测试结果，说明信号线路存在虚接。

3）关闭 E378，拆下蓄电池负极接线，断开 E710、J386 的插头，用万用表测量 E710、J386 之间信号线路电阻，正常应近乎为零，实测为 1000Ω，异常。

4）排除 E710 开关信号线路虚接故障，系统恢复正常。

故障机理

由于 E710 开关信号线路虚接，导致 J386 接收到错误信号，所以操作 E710 时，驾驶员侧玻璃升降器工作异常。

故障点 2　E710 信号线路对地虚接 150Ω 电阻诊断过程

1）打开 E378，按下 E710，用示波器测量 J386 端 T32/32 对地波形，正常为振幅在 0→+B 之间变化的方波，实测发现在空档时 +B 被拉低，说明信号线路存在对地虚接故障。

2）关闭 E378，断开 E710 插接器，用示波器测量开关线束端 T101/5 对地波形，正常为 0→+B 方波，实测发现 +B 被拉低。

3）拔下 J386 插接器，用万用表测量信号线路对地电阻，正常应为无穷大，实测为 150Ω。

4）排除 E710 开关信号线路对地虚接故障，系统恢复正常。

故障机理

由于 E710 开关信号线路对地虚接，导致 J386 接收到错误信号，所以操作 E710 时，驾驶员侧玻璃升降器工作异常。

故障点 3　E710 信号线路断路诊断过程

1）按下 E710，用示波器测量 J386 端 T32/32 对地波形，正常为振幅在 0→+B 之间变化的方波，实测 0→+B 方波不变，说明测试点到开关接地之间断路。

2）按下 E710，用示波器测量 E710 端 T101/5 对地波形，正常为振幅在 0→+B 之间变化的方波，实测 0V 不变，结合上一步测试结果，说明信号线路存在断路。

3）关闭 E378，拆下蓄电池负极接线，断开 E710、J386 的插头，用万

微课视频 2.3.3
E710 信号线路断路故障

用表测量 E710、J386 之间信号线路的电阻，正常应近乎为零，实测为无穷大。

4）排除 E710 开关信号线路断路故障，系统恢复正常。

（故障机理）

由于 E710 开关信号线路断路，导致 J386 接收不到开关信号，所以操作 E710 时，驾驶员侧玻璃升降器不工作。

| 案例 4 | E713 信号线路断路故障检修

故障现象

操作驾驶员侧右后玻璃升降开关 E713，右后玻璃升降电机不工作；但操作右后侧车门玻璃升降开关 E54，电机工作正常。其他功能均正常。

现象分析

右后玻璃升降器电路如图 2-42 所示。操作 E54，电机工作正常，说明右后侧车门玻璃升降电机正常；中控门锁系统工作正常，说明 J386、J389 电源及通信均正常。所以造成故障现象的可能原因包括：① E713 自身故障；② E713 线路故障；③ J386 局部故障。

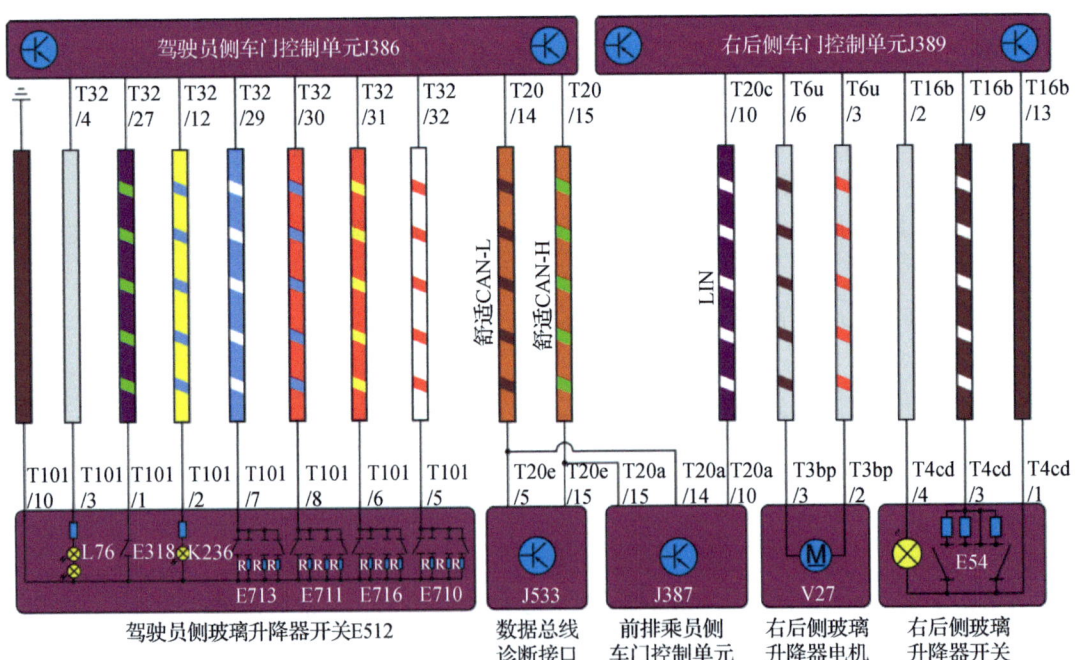

图 2-42 右后玻璃升降器电路

诊断过程

1）打开 E378，操作 E713，用示波器测量 J386 的 T32/29 对地波形，正常为振幅在 0→+B 之间变化的方波，实测为 0→+B 不变的方波，异常，说明测试点到开关接地之间线路断路。

2）操作 E713，用示波器测量 E713 的 T10l/7 对地波形，正常为振幅在 0→+B 之间变化的方波，实测为 0V，结合上一步测试结果，说明 E713 信号线路断路。

3）关闭 E378，拆下蓄电池负极接线，断开 E713、J386 的插头，用万用表测量 E713、J386 之间信号线路的阻值，正常近乎为零，实测为无穷大。

4）排除 E713 信号线路断路故障，系统恢复正常。

> **故障机理**

由于驾驶员侧右后侧玻璃升降开关 E713 信号线路断路，导致 J386 无法接收到 E713 的开关信号，所以操作 E713 时，右后侧车门玻璃升降电机不工作。

│案例 5│ E512 接地线路故障检修

故障点 1　E512 接地线路断路
故障点 2　E512 接地线路虚接 500Ω

故障现象

操作驾驶员侧玻璃升降按钮，所有车门均不能控制，且组合开关背景灯不亮；儿童安全锁按钮 E318 功能失效。其他功能正常。

现象分析

驾驶员侧玻璃升降器电路如图 2-43 所示，驾驶员侧组合开关所有功能均失效，且背

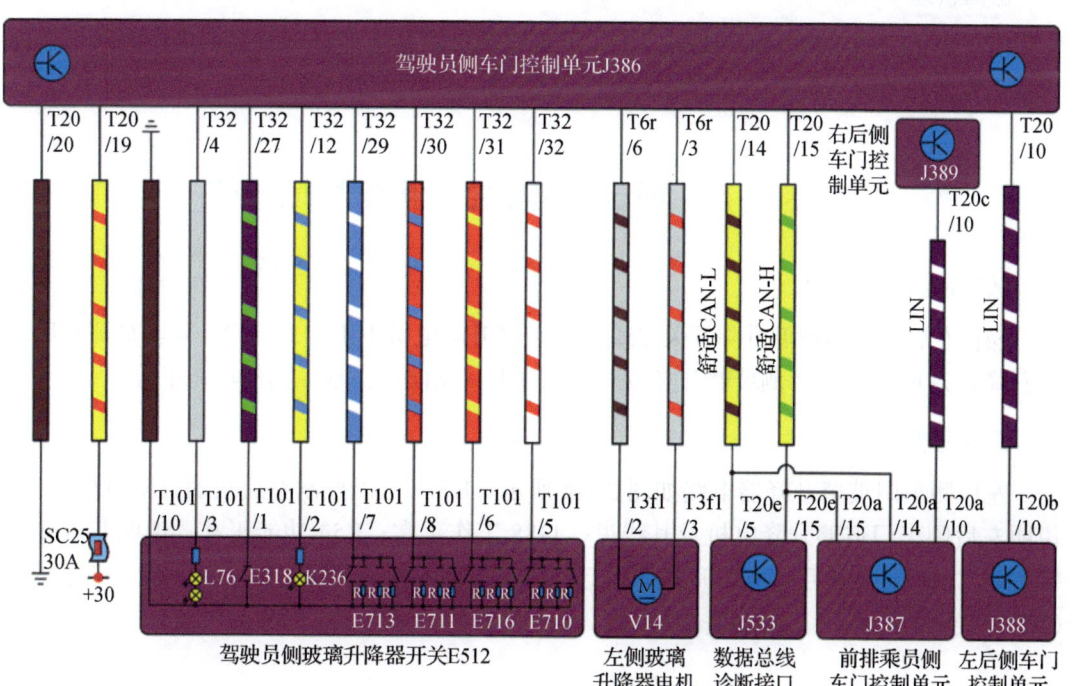

图 2-43　驾驶员侧玻璃升降器电路

景灯不亮，说明故障可能在组合开关的公共接地。可能的故障原因包括：①组合开关的接地线路故障；②组合开关自身故障。

故障点 1 E512 接地线路断路诊断过程

1）操作组合开关 E512，用万用表测量 E512 的 T10l/10 对地电压，正常应小于 0.1V，实测为 0 → +B 的方波，说明测试点到接地之间线路断路。

2）关闭 E378，断开 E512 插接器，用万用表测量 E512 的线束端 T10l/10 接地线路的阻值，正常应近乎为零，实测为无穷大。

3）排除 E512 接地线路断路故障，系统恢复正常。

故障机理

由于组合开关 E512 接地线路断路，导致驾驶员侧各玻璃升降开关均失效，所以操作驾驶员侧各开关时，各车门玻璃升降电机均不工作。

故障点 2 E512 接地线路虚接 500Ω 电阻诊断过程

1）打开 E378，操作组合开关 E512，用万用表测量 E512 的 T10l/3 对地电压，正常应小于 0.1V 不变，实测发现在 5V → +B 之间变化，根据开关结构和工作原理，说明接地线路虚接。

2）关闭 E378，断开 E512 插接器，用万用表测量接地线路的阻值，正常应近乎为零，实测为 500Ω。

3）排除 E512 接地线路虚接故障，系统恢复正常。

故障机理

由于组合开关 E512 接地线路虚接，导致驾驶员侧各玻璃升降开关均失效，所以操作驾驶员侧各开关时，各车门玻璃升降电机均不工作。

案例 6 E52 内部触点断路故障检修

故障现象

操作左后侧车门玻璃升降开关 E52 时，玻璃升降电机不工作；但操作驾驶员侧左后玻璃升降开关 E711、右后侧玻璃升降器开关 E54 时，功能均正常。其他功能正常。

现象分析

左后侧车门玻璃升降器电路如图 2-44 所示。E711 可以控制左后玻璃升降电机工作，说明左后侧车门玻璃升降电机及其线束、J388 工作正常；E54 功能正常，说明儿童安全锁按钮 E318 未限制后门玻璃升降器运行。那么可能的故障原因包括：① E52 自身故障；② E52 线路故障；③ J388 自身故障。

任务 2　玻璃升降器控制系统的认知与诊断

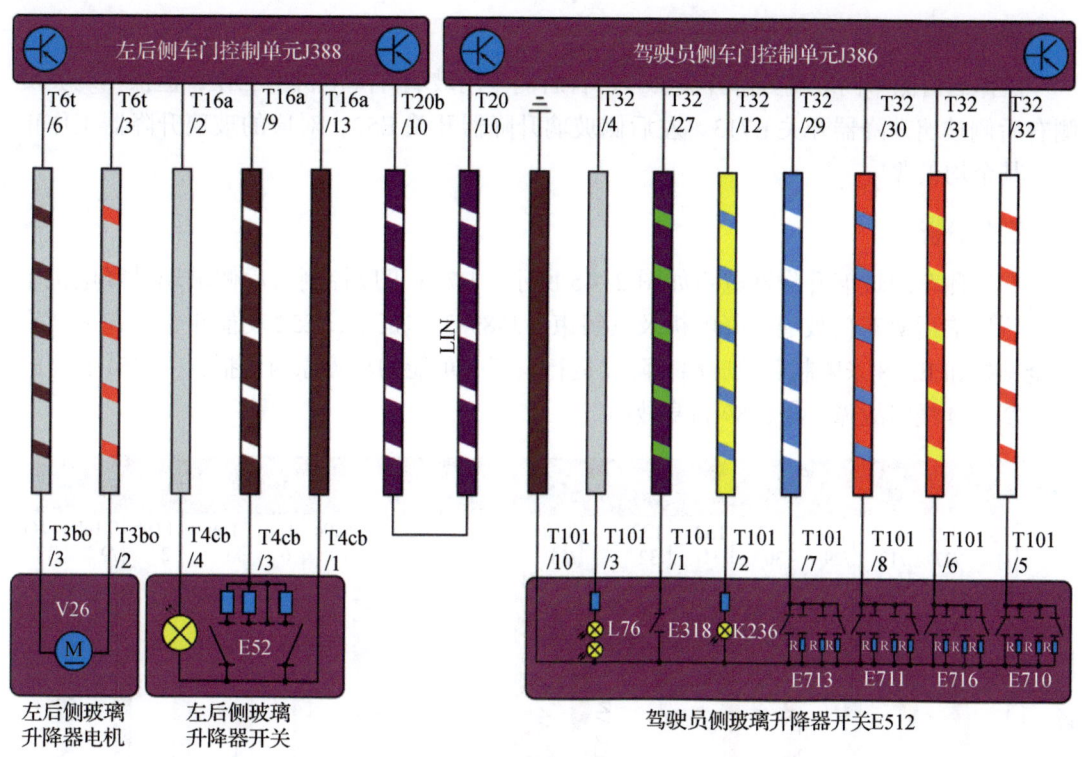

图 2-44　左后侧车门玻璃升降器电路

诊断过程

1）打开 E378，操作 E52，用示波器测量 J388 的 T16a/9 对地波形，正常为振幅在 0→+B 之间变化的方波，实测为 0→+B 不变，异常，说明测试点到开关接地之间线路断路。

2）打开 E378，操作 E52，用示波器测量 E52 的 T4cb/3 对地波形，正常为振幅在 0→+B 之间变化的方波，实测为 0→+B 不变，说明 E52 内部触点断路（由于 E52 与车门警示灯公用接地线路，车门警示灯正常，所以 E52 接地线路存在故障的可能性较小）。

3）更换 E52，故障恢复。

故障机理

由于左后侧车门玻璃升降开关 E52 内部损坏，导致 J388 接收不到 E52 的开关信号，所以操作左后侧车门玻璃升降开关时，玻璃升降电机不工作。

案例 7　右后侧车窗玻璃升降器开关 E54 电路故障检修

故障点 1　E54 信号线路断路
故障点 2　E54 信号线路虚接 1000Ω 电阻
故障点 3　E54 接地线路断路（车门警示灯正常）

故障现象

操作右后侧车门玻璃升降开关 E54，右后侧车门玻璃升降电机不工作；但操作驾驶员侧右后侧玻璃升降器开关 E713、左后侧玻璃升降器开关 E52，对应的玻璃升降器工作正常。其余均正常。

现象分析

右后侧车门玻璃升降器电路如图 2-45 所示。E713 可以控制右后侧玻璃升降电机工作，说明右后侧车门玻璃升降电机及其线束、J389 工作正常；E52 功能正常，说明儿童安全锁按钮 E318 未限制后门玻璃升降器运行。那么可能的故障原因包括：① E54 自身故障；② E54 线路故障；③ J389 自身故障。

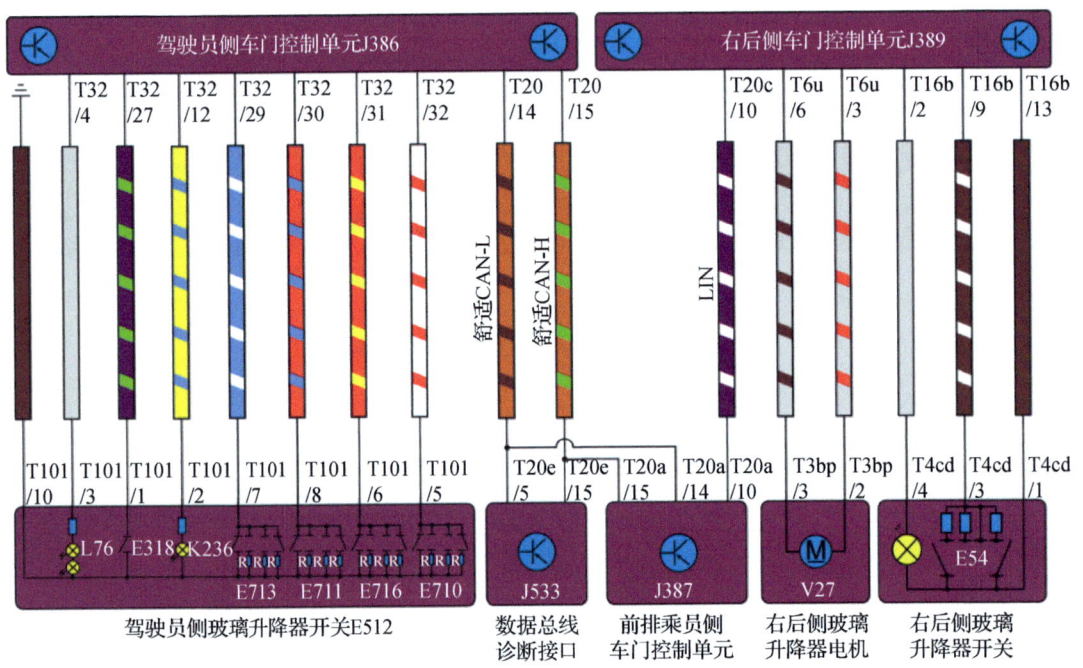

图 2-45　右后侧车门玻璃升降器电路

故障点 1　E54 信号线路断路诊断过程

1）打开 E378，操作 E54，用示波器测量 J389 的 T16b/9 对地波形，正常为振幅在 0→+B 之间变化的方波，实测为 0→+B 不变，异常，说明测试点与开关接地之间线路断路。

2）打开 E378，操作 E54，用示波器测量 E54 的 T4cd/3 对地波形，正常为振幅在 0→+B 之间变化的方波，实测为 0V 不变，结合上一步测试结果，说明 E54 信号线路断路。

3）关闭 E378，断开 E54 的插头，用万用表测量信号线路阻值，正常应近乎为零，实测为无穷大。

4）排除故障，系统恢复正常。

> **故障机理**
>
> 由于右后侧车门玻璃升降开关 E54 信号线路断路，导致 J389 接收不到 E54 的开关信号，所以操作右后侧车门玻璃升降开关时，玻璃升降电机不工作。

故障点 2 E54 信号线路虚接 1000Ω 电阻诊断过程

1）打开 E378，操作 E54，用示波器测量 J389 的 T16b/9 对地波形，正常为振幅在 0→+B 之间变化的方波，实测发现波形低电平的最小值为 3V（应为 0V），异常，说明测试点到开关接地之间线路虚接。

2）打开 E378，操作 E54，用示波器测量 E54 的 T4cd/3 对地波形，正常为振幅在 0→+B 之间变化的方波，实测为振幅在 0→+B 之间变化的方波，结合上一步测试结果，说明 E54 信号线路虚接。

3）关闭 E378，拆下蓄电池负极接线，断开 E54、J389 的插头，用万用表测量 E54、J389 之间信号线路的阻值，正常应近乎为零，实测为 1000Ω。

4）排除 E54 开关信号线路虚接故障，系统恢复正常。

> **故障机理**
>
> 由于 E54 开关信号线路虚接，导致 J389 接收到错误信号，所以操作 E54 时，右后侧车门玻璃升降电机工作异常。

故障点 3 E54 接地线路断路（车门警示灯正常）诊断过程

1）打开 E378，操作 E54，用示波器测量 J389 的 T16b/9 对地波形，正常为振幅在 0→+B 之间变化的方波，实测波形振幅始终为 +B，异常，说明测试点到开关接地之间线路断路。

2）打开 E378，操作 E54，用示波器测量 E54 的 T4cd/3 对地波形，正常为振幅在 0→+B 之间变化的方波，实测波形振幅始终为 +B，异常。

3）打开 E378，操作 E54，用示波器测量 E54 的 T4cd/1 对地波形，正常应小于 0.1V，实测为 0，结合上一步测试结果，说明开关内部有故障。

4）更换 E54，系统恢复正常。

> **故障机理**
>
> 由于 E54 开关内部故障，导致 J389 接收到错误信号，所以操作 E54 时，右后侧车门玻璃升降电机工作异常。

| 案例 8 | 前排乘员侧玻璃升降电机线路断路故障检修

故障现象

长按遥控钥匙或打开 E378、操作驾驶员侧右前玻璃升降开关和前排乘员侧玻璃升降开关时，右前车门玻璃升降电机均不工作。其余功能均正常。

现象分析

前排乘员侧玻璃升降电机电路如图2-46所示，三种模式下电机均不能转动，根据故障概率，说明故障可能出在右前门玻璃升降电机。具体故障原因包括：①右前车门玻璃升降电机自身故障；②右前车门玻璃升降电机线路故障；③J386局部故障。

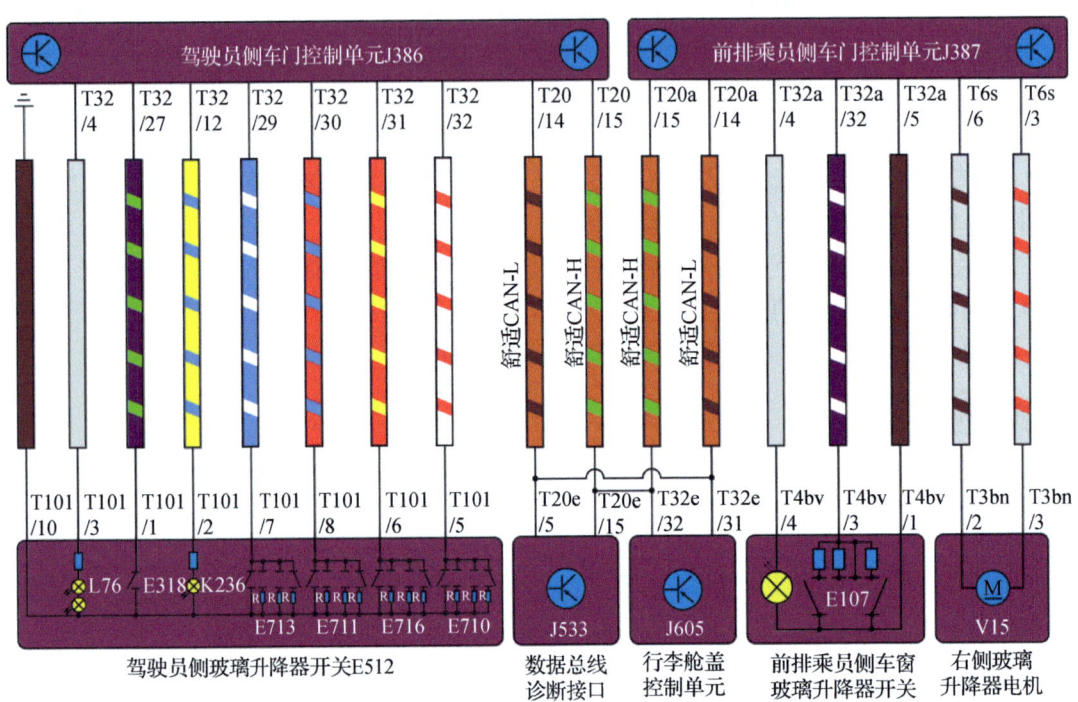

图2-46 前排乘员侧玻璃升降电机电路

诊断过程

1）打开E378，操作前排乘员侧玻璃升降开关，用万用表测量V15电机两端之间工作电压，正常为±12V切换，实测始终为0V，异常，说明测试点与J386之间线路存在断路或者J386自身损坏。

2）打开E378，操作前排乘员侧玻璃升降开关，用万用表测量J387的T6s/3、T6s/6之间的工作电压，正常为±12V切换，实测正常，结合上一步测试结果，说明V15电机线路存在断路。

3）打开E378，操作前排乘员侧玻璃升降开关至上升、下降档位，用万用表分别测量V15的T3bn/2、T3bn/3的对地电压，正常应在小于0.1V、+B之间切换，实测发现T3bn/2始终检测不到电压，说明其对应线路断路（本步骤可以不做）。

4）关闭E378，拆下蓄电池负极接线，断开V15、J387的插头，用万用表测量V15的T3bn/2、J387的T6s/6之间线路的阻值，正常应近乎为零，实测为无穷大。

5）排除前排乘员侧玻璃升降电机线路断路故障，系统恢复正常。

> **故障机理**
>
> 由于前排乘员侧玻璃升降电机线路断路，导致 J387 无法控制 V15 电机工作，所以操作驾驶员侧右前玻璃升降开关和前排乘员侧玻璃升降开关时，右前车门玻璃升降电机均不工作。

| 案例 9 | 驾驶员侧玻璃升降电机线路虚接 10Ω 电阻故障检修

故障现象

长按遥控钥匙或打开 E378、操作驾驶员侧左前玻璃升降开关时，左前车门玻璃升降电机不工作。其余均正常。

现象分析

驾驶员侧玻璃升降电机电路如图 2-47 所示，两种模式下电机均不能转动，根据故障概率，说明故障可能出在左前门玻璃升降电机。具体故障原因包括：①左前车门玻璃升降电机自身故障；②左前车门玻璃升降电机线路故障；③J386 局部故障。

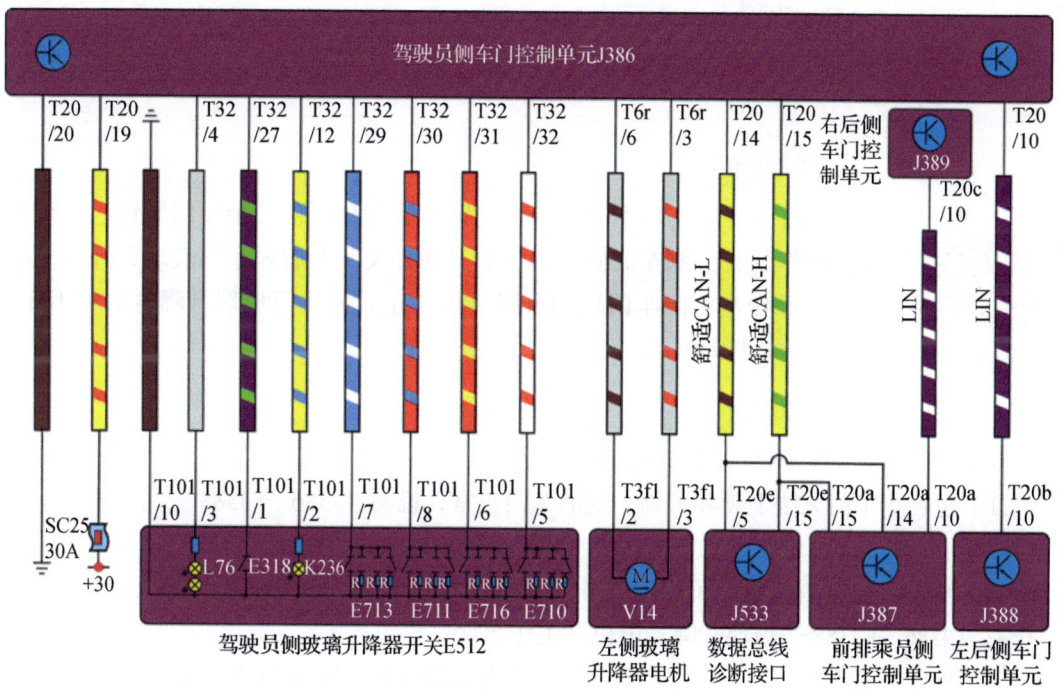

图 2-47 驾驶员侧玻璃升降电机电路

诊断过程

1）打开 E378，操作驾驶员侧玻璃升降开关，用万用表测量 V14 电机两端的工作电压，正常为 ±12V 切换，实测为 ±6V 切换，异常，说明测试点与 J386 之间线路虚接或者 J386 自身故障。

2）打开 E378，操作驾驶员侧玻璃升降开关，用万用表测量 J386 的 T6r/3、T6r/6 之间的工作电压，正常为 ±12V 切换，实测正常，结合上一步测试结果，说明 V14 电机线路存在虚接。

3）打开 E378，操作驾驶员侧玻璃升降开关至上升、下降档位，用万用表分别测量 V14 的 T3f1/2、T3f1/3 的对地电压，正常应小于 0.1V、+B 之间切换，实测发现 T3f1/2 端子电压异常，说明其对应线路虚接（或采用测量线路阻值的方法判断）。

4）关闭 E378，拆下蓄电池负极接线，断开 V14、J386 的插头，用万用表测量 V14 的 T3f1/2、J386 的 T6r/6 之间线路的阻值，正常应近乎为零，实测为 10Ω。

5）排除驾驶员侧后视镜电机公共线路虚接故障，系统恢复正常。

故障机理

由于左前侧车门玻璃升降电机线路虚接，导致 J386 无法控制 V14 电机工作，所以操作驾驶员侧左前玻璃升降开关时，左前车门玻璃升降电机不工作。

案例 10 ｜ J388 端 LIN 总线故障检修

故障点 1　J388 端 LIN 总线断路
故障点 2　J388 端 LIN 总线虚接 1000Ω 电阻

微课视频 2.10.1
J388 端 LIN 总线断路故障

故障现象

任何一种方式均不能解锁、上锁左后侧车门，其余车门解锁、上锁正常；操作驾驶员侧左后侧车门玻璃升降开关，左后侧车门玻璃升降电机不工作；操作左后侧车门玻璃升降开关，左后侧车门玻璃升降电机不工作，且开关背景灯始终不亮。

现象分析

J386 与 J388 LIN 总线线路如图 2-48 所示。

1）左后侧车门无法上锁和解锁，别的车门正常，说明"J386 → J388 →门锁电机"工作异常。

2）操作驾驶员侧左后侧车门玻璃升降开关，左后侧车门玻璃升降电机不工作，说明"开关→ J386 → J388 →玻璃升降器电机"工作异常。

3）操作左后侧车门玻璃升降开关，左后侧车门玻璃升降电机不工作，说明"开关→ J388 →玻璃升降器电机"存在故障或者 J388 没有被总线唤醒。

4）左后侧车门玻璃升降开关背景灯不亮，而别的车门正常，说明"J386 → J388 →左后侧车门玻璃升降开关背景灯"工作异常。

综合以上所有分析，均与 J388 模块有关，可能的故障原因包括：① J388 电源故障；② J388 的 LIN 线故障；③ J388 局部故障。

任务 2　玻璃升降器控制系统的认知与诊断

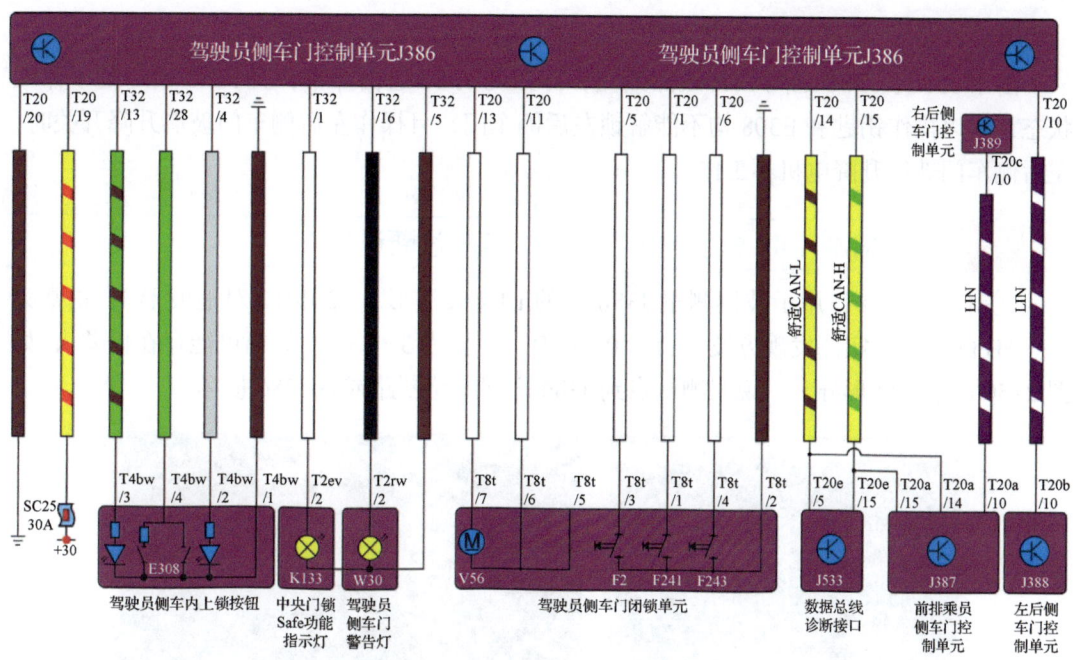

图 2-48　J386 与 J388 LIN 总线线路

故障点 1　J388 端 LIN 总线断路诊断过程

1）打开 E378，用示波器测量 J388 端的 LIN 线波形（T20b/10 对地波形），实测发现为 +B 直线，如图 2-49 所示，波形异常，说明测试点到 J386 之间线路断路或者 J386 损坏。

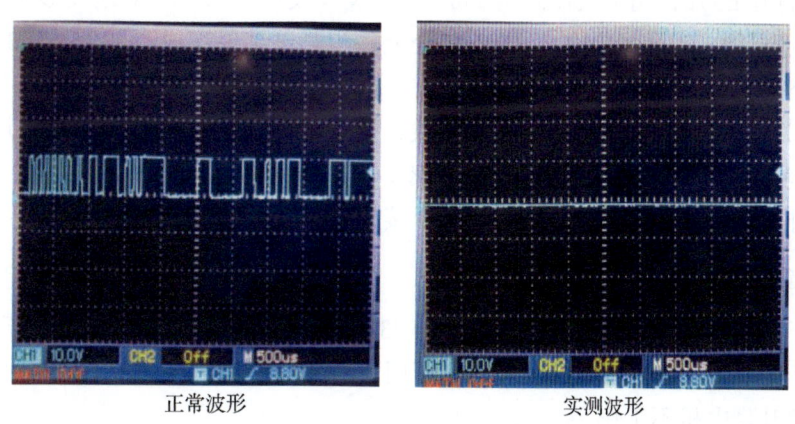

正常波形　　　　　　　　　　　　实测波形

图 2-49　J388 端 LIN 线正常波形与实测波形

2）打开 E378，用示波器测量 J386 端的 LIN 线波形（T20/10 对地波形），实测发现正常，结合上一步测试结果，说明 J386 与 J388 之间的 LIN 总线线路断路。

3）关闭 E378，拆下蓄电池负极接线，断开 J386、J388 插接器，用万用表测量 J386、J388 之间 LIN 线路阻值，正常应近乎为零，实测为无穷大。

4）排除 J386、J388 之间 LIN 线路断路故障，系统恢复正常。

故障机理

由于 J386、J388 之间 LIN 线路断路，导致与 J386 通信异常，且 J388 始终处于休眠状态，所以操作钥匙和 E308 均不能解锁左后侧车门，且操作左后侧车门玻璃升降开关时，左后侧车门玻璃升降电机不工作。

故障点 2 J388 端 LIN 总线虚接 1000Ω 电阻诊断过程

1）打开 E378，用示波器测量 J388 端的 LIN 线波形（T20b/10 对地波形），正常为 0→+B 的方波，实测发现方波一会为 0→+B，一会为 3→+B（振幅可能存在偏差），如图 2-50 所示，波形异常，说明测试点到 J386 之间线路断路或者 J386 损坏。

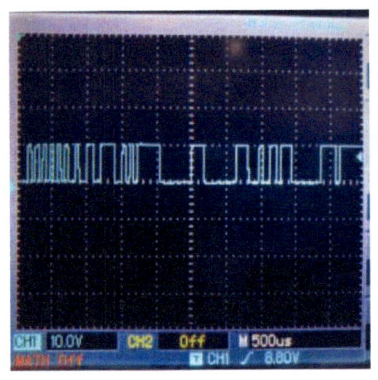 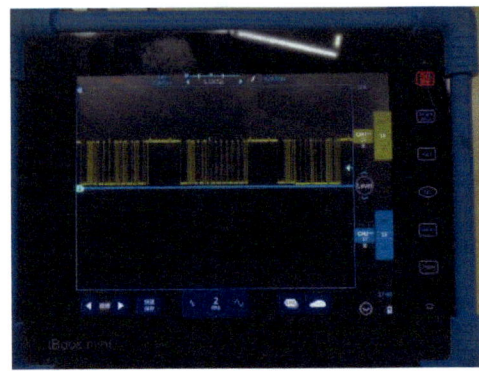

正常波形　　　　　　　　　　实测波形

图 2-50　J388 端 LIN 线正常波形与实测波形

2）打开 E378，用示波器测量 J386 端 LIN 线波形（T20/10 对地波形），实测发现方波一会儿为 0~12V，一会儿为 0~4V，结合上一步测试结果，说明 J386 与 J388 之间的 LIN 总线线路虚接。

3）关闭 E378，拆下蓄电池负极接线，断开 J386、J388 插接器，用万用表测量 J386、J388 之间 LIN 线路阻值，正常应近乎为零，实测为 1000Ω。

4）排除 J386、J388 之间 LIN 线路虚接故障，系统恢复正常。

故障机理

由于 J388 端 LIN 线路虚接，导致与 J386 通信异常，且 J388 始终处于休眠状态，所以操作钥匙和 E308 均不能解锁左后侧车门，且操作左后侧车门玻璃升降开关时，左后侧车门玻璃升降电机不工作。

案例 11　J389 端 LIN 总线故障检修

故障点 1　J389 端 LIN 总线对地短路
故障点 2　J389 端 LIN 总线对地虚接 500Ω 电阻

故障现象

任何方法均不能解锁右后侧车门；操作驾驶员侧右后侧车门玻璃升降开关，右后侧车门玻璃升降电机不工作；操作右后侧车门玻璃升降开关，右后侧车门玻璃升降电机不工作，且开关背景灯始终不亮。

现象分析

J389 的 LIN 总线电路如图 2-51 所示。

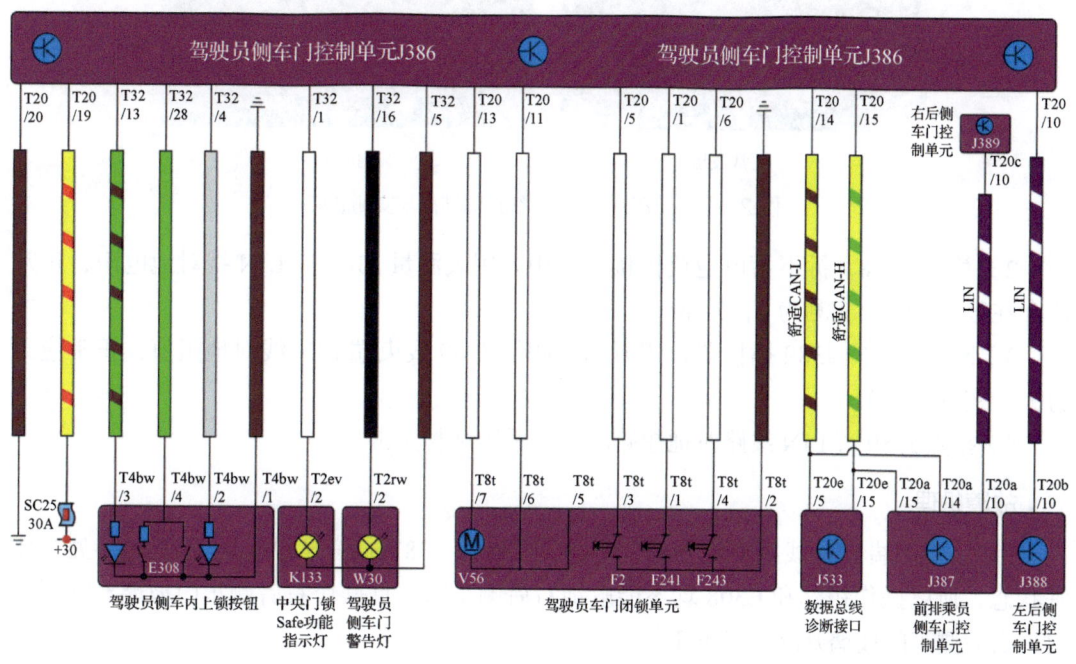

图 2-51　J389 的 LIN 总线电路

1）右后侧车门无法上锁和解锁，别的车门正常，说明"J387→J389→门锁电机"工作异常。

2）操作驾驶员侧右后侧车门玻璃升降开关，右后侧车门玻璃升降电机不工作，说明"开关→J386→J387→J389→玻璃升降器电机"工作异常。

3）操作右后侧车门玻璃升降开关，右后侧车门玻璃升降电机不工作，说明"开关→J389→玻璃升降器电机"存在故障或者 J389 没有被总线唤醒。

4）右后侧车门玻璃升降开关背景灯不亮，而别的车门正常，说明"J387→J389→右后侧车门玻璃升降开关背景灯"工作异常。

综合以上所有分析，均与 J389 模块有关，可能的故障原因包括：① J389 电源故障；② J389 的 LIN 线故障；③ J389 局部故障。

故障点 1　**J389 端 LIN 总线对地短路诊断过程**

1）打开 E378，用示波器测量 J389 端的 LIN 总线波形（T20c/10 对地波形），实测波形为 0V，如图 2-52 所示，波形异常，说明 J389 的 LIN 总线线路可能对地短路或者测试点与两侧模块均断路。

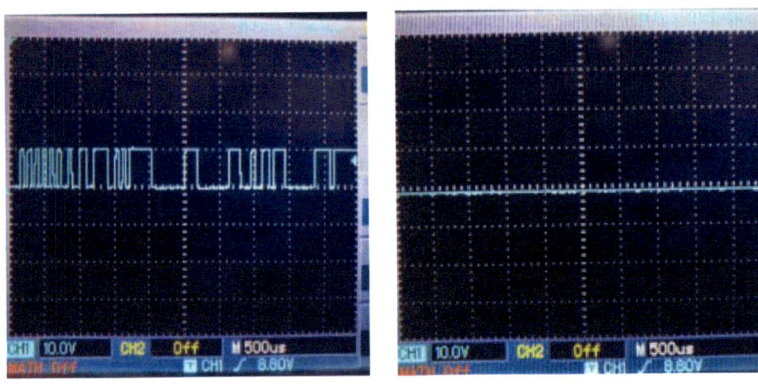

正常波形　　　　　　　　实测波形

图 2-52　J389 端 LIN 总线正常波形与实测波形

2）关闭 E378，拆下蓄电池负极接线，用万用表测量 J389 端 LIN 线对地电阻，正常应存在很大电阻，实测为 0，异常。

3）断开 J387、J389 插接器，用万用表测量 J389 线束端 LIN 线对地阻值，正常应无穷大，实测为 0Ω。

4）排除 J389 端 LIN 线路对地短路故障，系统恢复正常。

(故障机理)

由于 J389 端 LIN 线路对地短路，导致与 J386、J387 通信异常，且 J389 始终处于休眠状态，所以操作钥匙和 E308 均不能解锁右后侧车门，且操作右后侧车门玻璃升降开关时，右后侧车门玻璃升降电机不工作。

故障点 2 J389 端 LIN 总线对地虚接 500Ω 电阻诊断过程

1）打开 E378，用示波器测量 J389 端 LIN 线波形（T20c/10 对地波形），实测波形为 0~2V，如图 2-53 所示，异常，说明 J389 的 LIN 总线线路可能对地虚接或者 J389 自身故障。

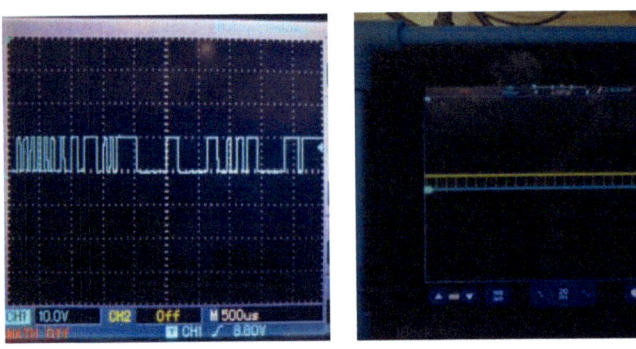

正常波形　　　　　　　　实测波形

图 2-53　J389 端 LIN 总线正常波形与实测波形

2）关闭 E378，断开蓄电池负极接线，用万用表测量 J389 端 LIN 线对地电阻，正常应存在较大电阻，实测为 500Ω，异常。

3）断开 J388、J389 插接器，用万用表测量 J389 线束端 LIN 线对地阻值，正常应无穷大，实测为 500Ω。

4）排除 J389 端 LIN 线路对地虚接故障，系统恢复正常。

故障机理

由于 J389 端 LIN 线路对地虚接，导致与 J386、J387 通信异常，且 J389 始终处于休眠状态，所以操作钥匙和 E308 均不能解锁右后侧车门，且操作右后侧车门玻璃升降开关时，右后侧车门玻璃升降电机不工作。

案例 12 | J386 模块供电熔丝 SC25 虚接 10Ω 电阻故障检修

故障现象

驾驶员侧中控门锁完全失效，玻璃升降器不能工作，后视镜调整不稳定；在操作中控门锁时开关背景灯熄灭。

现象分析

J386 模块电路如图 2-54 所示，根据操作中控门锁时开关背景灯熄灭故障现象，说明 J386 明显供电不足。可能的故障原因包括：① J386 局部故障；② J386 电源线路虚接。

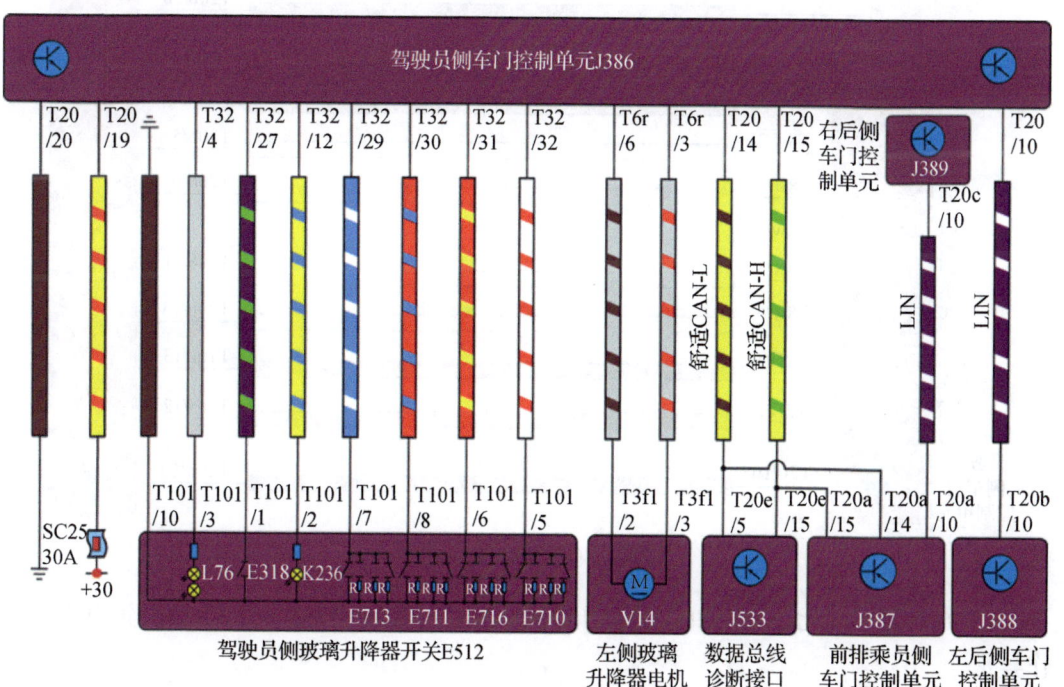

图 2-54 J386 模块电路

诊断过程

1）打开 E378，操作 E710 时，用示波器测量 J386 的 T20/19 对地电压，正常为稍低于 +B，实测工作时电压瞬间降低到 6V（可能存在偏差），异常。

2）打开 E378，操作 E710 时，用示波器测量 SC25 两端对地电压，正常均为稍低于 +B，实测一端正常，一端工作时电压瞬间降低到 6V（可能存在偏差），说明熔丝内阻过大。

3）关闭 E378，拔下 SC25 熔丝，检查熔丝电阻，为 10Ω。

4）更换 SC25，系统恢复正常。

故障机理

由于 SC25 虚接，导致 J386 供电不足，所以无法控制执行器正常工作。

案例 13 J388 模块负极供电线路断路故障检修

故障现象

所有方法均不能解锁左后侧车门；操作驾驶员侧左后侧玻璃升降开关，左后侧车门玻璃升降电机不工作；操作左后侧车门玻璃升降开关，玻璃升降电机不工作，且开关背景灯不亮。

现象分析

J388 模块电路如图 2-55 所示。

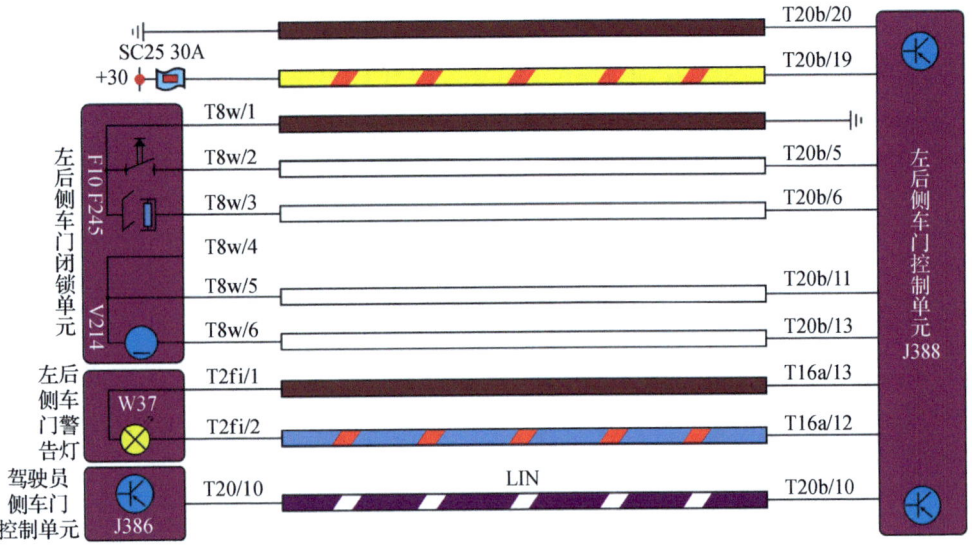

图 2-55　J388 模块电路

1）左后侧车门无法上锁和解锁，别的车门正常，说明"J386 → J388 → 门锁电机"工作异常。

2）操作驾驶员侧左后侧车门玻璃升降开关，左后侧车门玻璃升降电机不工作，说明"开关 → J386 → J388 → 玻璃升降器电机"工作异常。

3）操作左后侧车门玻璃升降开关，左后侧车门玻璃升降电机不工作，说明"开关→J388→玻璃升降器电机"存在故障或者J388没有被总线唤醒。

4）左后侧车门玻璃升降开关背景灯不亮，而别的车门正常，说明"J386→J388→左后侧车门玻璃升降开关背景灯"工作异常。

综合以上所有分析，均与J388模块有关，可能的故障原因包括：① J388电源故障；② J388的LIN线故障；③ J388局部故障。

> 诊断过程

1）打开E378，用示波器测量J388的LIN总线波形，未发现异常。

2）打开E378，用万用表分别测量J388的供电端子T20b/19、T20b/20对地电压，正常分别为+B、0，实测发现均为+B，说明J388接地线路断路。

3）关闭E378，拆下蓄电池负极接线，断开J388插接器，用万用表测量J388的接地线路电阻，正常应近乎为零，实测无穷大。

4）排除J388接地线路断路故障，系统恢复正常。

> 故障机理

由于J388接地线路断路，导致J388供电不足、与J386通信异常，且不能被J386唤醒，所以操作遥控钥匙和E308均不能解锁左后侧车门，操作左后侧车门玻璃升降开关时玻璃升降电机不工作。

案例14 J387模块供电熔丝SC39断路故障检修

> 故障现象

任何方法均不能解锁右侧车门；仪表不能显示右侧车门开启状态；操作驾驶员侧右前和右后玻璃升降开关，右侧车门玻璃升降电机均不工作；操作后视镜调节开关，右侧后视镜不动作，左侧正常；操作右前侧和右后侧车门玻璃升降开关，玻璃升降电机均不工作，且开关背景灯均不亮。

> 现象分析

J387模块电路如图2-56所示。

1）无钥匙进入解锁时，左侧车门正常，而右侧车门中控锁不动作，说明"J519→J387→门锁机构"工作异常。

2）拉开右侧车门，仪表无车门开启状态显示，说明"F2→J387→J285"工作异常。

3）操作前排乘员侧车门上的玻璃升降器开关，不能正常工作，说明"开关→J387→执行器"工作异常。

4）开启示廓灯，右侧车门上开关背景指示灯不能点亮，但左侧正常，说明"J519→J387→指示灯"工作异常。

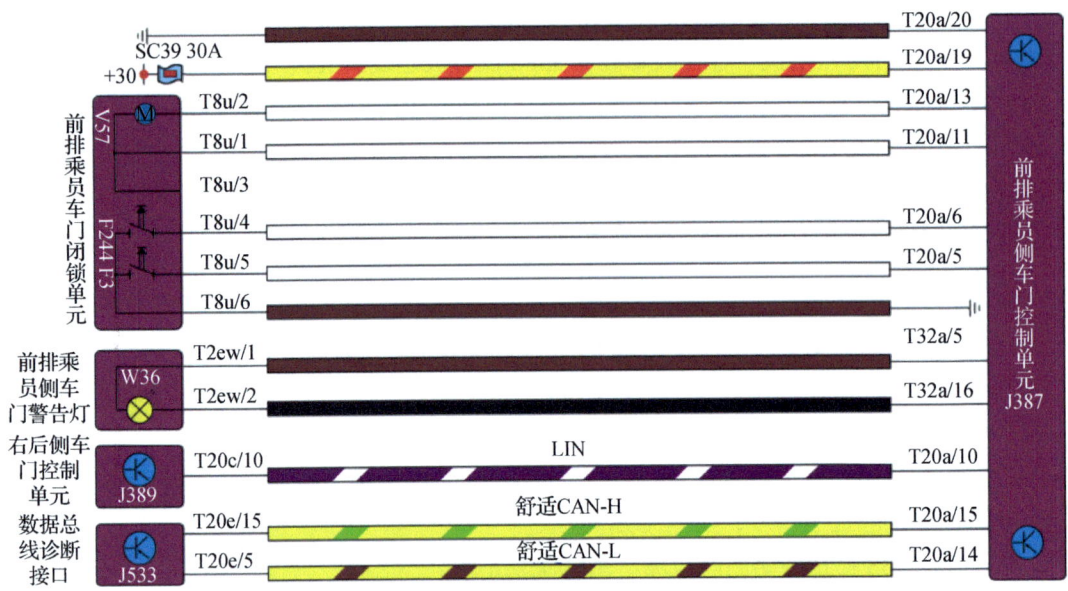

图 2-56　J387 模块电路

综合以上故障现象，均与 J387 有关，说明可能的故障原因包括：① J387 局部故障；② J387 电源线路故障；③ J387 通信线路故障。

诊断过程

1）打开 E378，用示波器测量 J387 的 CAN 总线波形，未发现异常。

2）打开 E378，用万用表分别测量 J387 的供电端子 T20a/19、T20a/20 对地电压，正常分别为 +B、0，实测发现均为 0V，说明供电异常。

3）打开 E378，用万用表测量 SC39 两端子电压，实测发现一端为 +B，另一端为 0V，说明 SC39 断路。

4）拔下 SC39 熔丝，检查熔丝电阻，为无穷大。

5）用万用表测量 SC39 下游电路对地电阻，实测正常。

6）更换 SC39，系统恢复正常。

故障机理

由于 SC39 断路，导致 J387 供电不足、与 J386 通信异常，且不能唤醒 J389，所以操作遥控钥匙和 E308 均不能解锁右侧车门，操作右前和右后侧车门玻璃升降开关，玻璃升降电机均不工作。

案例 15　J389 模块负极供电线路虚接 10Ω 电阻故障检修

故障现象

任何方法均不能解锁右后侧车门；操作驾驶员侧右后玻璃升降开关，右后侧车门玻璃升降电机工作不稳定；操作右后侧车门玻璃升降开关，玻璃升降电机工作不稳定，且开关背景灯微亮。

现象分析

J389 模块电路如图 2-57 所示，玻璃升降电机工作不稳定，且开关背景灯微亮，说明 J389 供电不足。可能的故障原因包括：① J389 局部故障；② J389 电源线路故障。

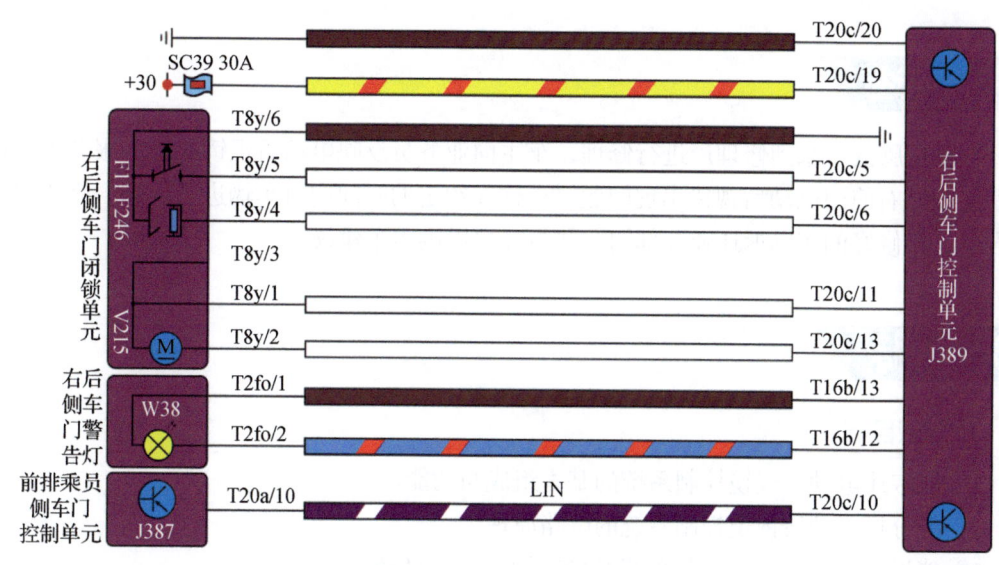

图 2-57　J389 模块电路

诊断过程

1）打开 E378，用万用表分别测量 J389 的供电端子 T20c/19、T20c/20 对地电压，正常分别为 +B、0，实测发现 T20c/20 为 6V，说明 J389 接地线路虚接。

2）关闭 E378，拆下蓄电池负极，断开 J389 连接器，用万用表测量 J389 接地线路电阻，正常应近乎为零，实测为 10Ω。

3）排除 J389 接地线路虚接故障，系统恢复正常。

故障机理

由于 J389 接地线路虚接，导致 J389 供电不足，不能正常控制门锁电机和玻璃升降电机，所以操作遥控钥匙和 E308 均不能解锁右后侧车门，操作右后侧车门玻璃升降开关，玻璃升降电机工作不稳定。

任务 3　电动后视镜控制系统的认知与诊断

任务描述

一辆迈腾汽车来到修理厂进行修理，车主向业务员反映电动后视镜故障。服务顾问试车后发现是右前门电动后视镜出现问题。请你在约定的时间内对车辆进行检修，完成诊断报告单，将修好的车辆返还业务部门，并给客户提供用车建议。

学习目标

1. 知识目标

1）能叙述电动后视镜控制系统的基本组成与功能。
2）能分析电动后视镜控制系统的电路原理。
3）能说明电动后视镜控制系统 CAN 总线的信息传输。
4）能分析电动后视镜控制系统工作异常的原因。

2. 能力目标

1）借助原厂资料（维修手册）能够进行车辆电动后视镜控制系统的拆装作业。
2）能进行电动后视镜控制系统有关的系统或部件的性能检测。
3）能编制电动后视镜控制系统异常的故障树（诊断流程）。
4）能借助原厂资料和诊断设备，按照编制的故障树（诊断流程）进行系统诊断，以确定故障所在。
5）能正确排除诊断出的故障部位，并对车辆进行试验，以确保车辆运行正常。
6）能正确完成诊断报告，并给客户提供用车建议。

3. 素质目标

1）能够按照企业 5S 要求和安全生产规范进行操作。
2）具有一定的沟通能力和团队合作能力。
3）培养学生分析问题、解决问题的能力。

4. 拓展目标

1）能对同一车型的电动后视镜控制系统其他故障进行诊断与排除。
2）能对其他车型的同类故障进行诊断和排除。

建议学时

8 学时

学习准备

1. 知识准备

（1）电动后视镜控制系统的功能
（2）电动后视镜控制系统的组成和分类
（3）电动后视镜控制系统的电路和工作原理
（4）电动后视镜控制系统异常的原因
1）调整开关接触故障。
2）电动后视镜控制线路故障。
3）熔断器故障。
4）电动后视镜电机接触不良或损坏。
5）机械机构卡死或变形。
具体内容详见 3.1 节电动后视镜控制系统的认知。

2. 技能准备

具体内容详见 3.2 节电动后视镜控制系统的测试与诊断。

3. 教学准备

1）修车保护五件套。
2）常用工具、万用表、内饰拆装工具、绝缘胶带、剥线钳等。
3）车辆诊断设备。
4）原厂维修手册。
5）用于数据记录和计算的笔、纸、本或表格。
6）参考教材和工作页。

3.1 电动后视镜控制系统的认知

1. 后视镜控制系统的组成

迈腾后视镜控制系统通过车门控制单元集中进行控制，如图 3-1 所示，系统包含以下元器件：后视镜控制开关、左侧后视镜总成、右侧后视镜总成、驾驶员侧车门控制单元 J386 以及副驾驶员侧车门控制单元 J387。

（1）后视镜控制开关

图 3-2 所示为安装在车门内衬上的后视镜控制开关，主要由后视镜调节开关 E43、后

视镜调节转换开关 E48、后视镜加热按钮 E231、后视镜内折开关 E263 和开关内部照明灯组成。

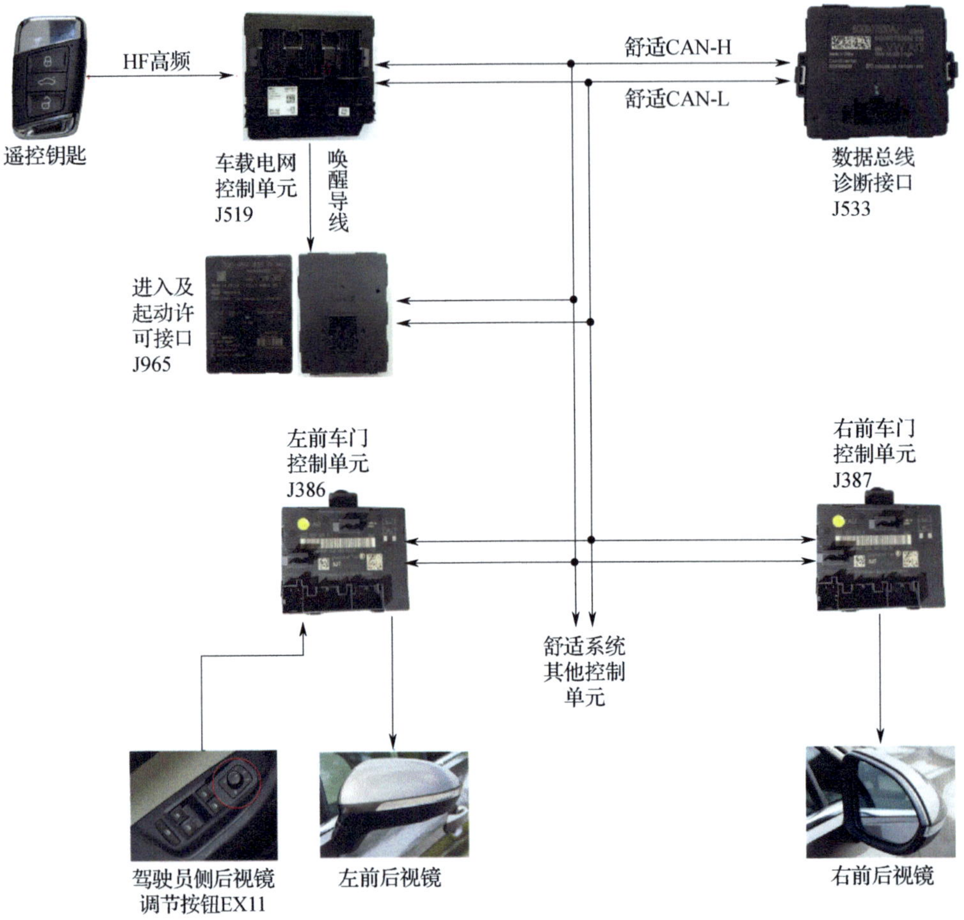

图 3-1 迈腾后视镜控制结构

为了减少信号线路连接数量，迈腾后视镜控制开关内部采用触点和分压电阻相结合的输出方式，将通常的输出信号线（左后视镜调节、右后视镜调节、左后视镜垂直/水平调节、右后视镜垂直/水平调节、左右后视镜加热、左右后视镜折叠）简化为仅仅采用两根信号线输出，通过两根信号线上的电压组合判断后视镜的调节意图。

图 3-2 迈腾后视镜控制开关

左前车门控制单元 J386 通过这两根信号线向开关提供 0 到 +B 的方波参考信号，当操作开关在不同的档位（左后视镜垂直/水平调节、右后视镜垂直/水平调节、左后视镜调节、右后视镜调节、左右后视镜加热、左右后视镜折叠）时，通过开关内部触点和分压电阻将参考信号的幅值改变；J386 接收到这两个被改变的信号电压后，控制后视镜电机以及加热元件做相应动作。

任务 3　电动后视镜控制系统的认知与诊断

（2）后视镜总成

图 3-3 所示为迈腾汽车的右侧和左侧后视镜，其主要作用是让驾驶员观察汽车左右两侧的行人、车辆以及其他障碍物的情况，确保行车或倒车安全。

图 3-3　迈腾右左侧后视镜

图 3-4 所示为迈腾驾驶员侧后视镜控制线路原理图，从中可以看出迈腾后视镜总成包括后视镜水平 / 垂直调节电机、后视镜折叠 / 展开电机、后视镜加热丝、后视镜转向灯、后视镜登车照明灯等。

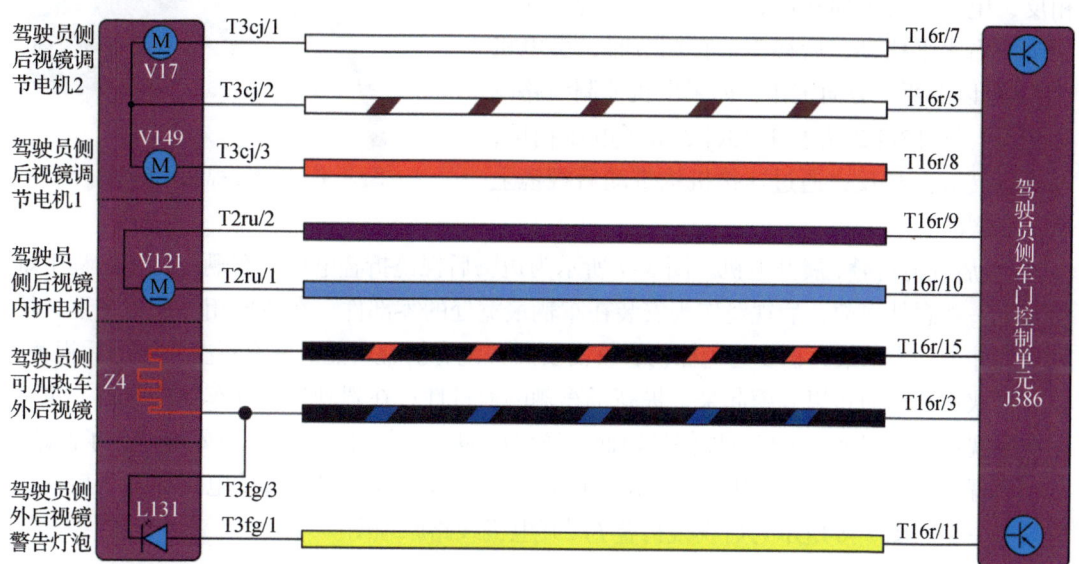

图 3-4　迈腾驾驶员侧后视镜控制线路原理图

1）后视镜水平 / 垂直调节电机。调节电机主要以枢轴为中心，由能进行垂直和水平方向灵活变换位置的两个独立可逆的微电机、联动机构等组成，如图 3-5 所示。

图 3-6 所示为后视镜调节（电机控制）线路图，从中可以看出，后视镜垂直和水平调节电机有一根共用线路，即 V17 和 V149 共用一根控制导线 T3cj/2，无论 V17 还是 V149 工作，这根线路都会出现低电位或高电位。

图 3-5　迈腾后视镜调节电机

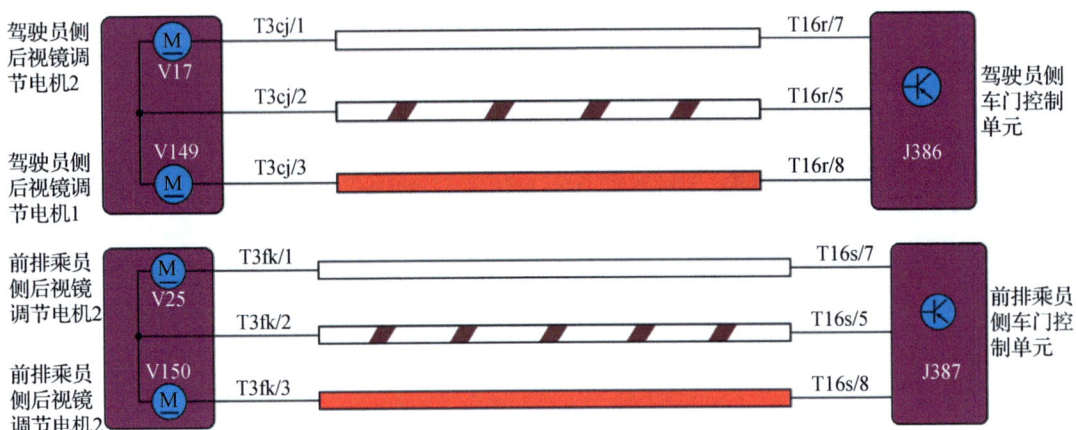

图 3-6 后视镜控制线路原理图

以驾驶员侧后视镜为例,后视镜水平调节时,微电机 V17 可以沿两个方向工作,如果电机控制线路电压相反,即 T3cj/2 端子和 T3cj/1 端子电压相反,电机运转方向相反,通过连接机构带动后视镜左右水平摆动;后视镜垂直调节时,微电机 V149 可以沿两个方向工作,如果电机控制线路电压相反,即 T3cj/2 端子和 T3cj/3 端子电压相反,电机运转方向相反,通过连接机构带动后视镜上下垂直摆动。

图 3-7 迈腾后视镜折叠电机

2)后视镜折叠/展开电机。图 3-7 所示为迈腾后视镜折叠电机,车辆在行车过程中难免发生一些意外事故,后视镜作为安装在车辆最宽处的零部件,在造成相擦的情况下,最易受到冲击。为了最大程度避免擦伤,就需要后视镜有折叠功能。具有折叠功能的后视镜,在通过狭窄路段时可以收缩起来,提高了车辆的通过性;在驾驶员离开车辆的时候,也可以把后视镜折叠起来,不仅可以保护镜面,还可以缩小停车泊位空间,有效地避免了刮蹭。

后视镜折叠/展开电机和后视镜调节电机工作原理一样,只不过此电机在每个后视镜里只有一个。图 3-8 所示为后视镜折叠/展开电机线路原理图。

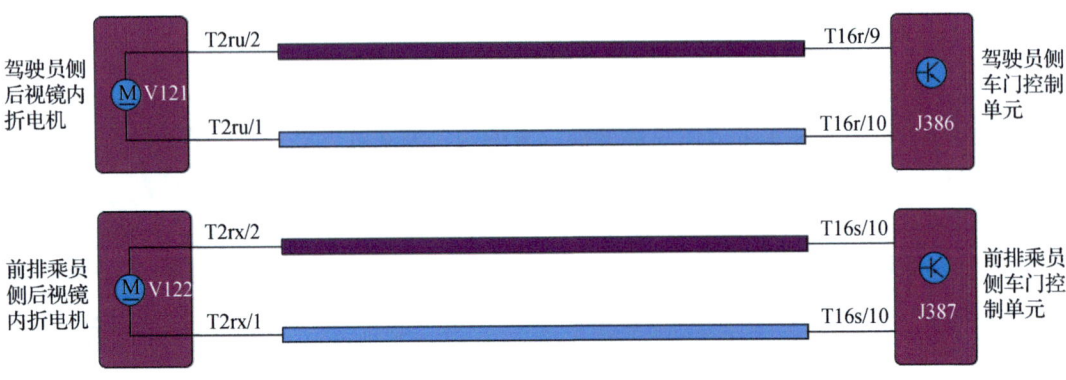

图 3-8 后视镜折叠/展开电机线路原理图

以驾驶员侧后视镜为例，后视镜折叠／展开电机工作时，微电机 V121 可以沿两个方向工作，如果电机控制线路电压相反，即 T2ru/1（+、–）端子和 T2ru/2（–、+）端子电压相反，电机运转方向相反，通过连接机构带动后视镜折叠或展开。

3）后视镜加热丝。图 3-9 所示为迈腾后视镜加热元件，当镜片有雾或冬天有霜时可通过室内控制按钮对镜片进行加热，一般加热

图 3-9　迈腾后视镜加热元件

20min 就可完全去霜，随后即可断电，如果空气湿度较大可连续加热。

4）后视镜转向灯。迈腾将翼子板上的转向灯移到后视镜上，采用集中管理，由 CAN 总线系统传输控制信号给车门控制模块，然后控制模块驱动转向灯运行。后视镜上转向灯采用 LED，发光率高，节省电量。

图 3-10 为后视镜上转向灯的工作电路图，从中可以看出其直接受控于车门控制模块，在无钥匙进入、操作遥控器、转向、按下危险警告灯开关、车辆发生碰撞或被非法侵入时，该转向灯会闪烁，控制模块通过占空比信号为转向灯提供电源。

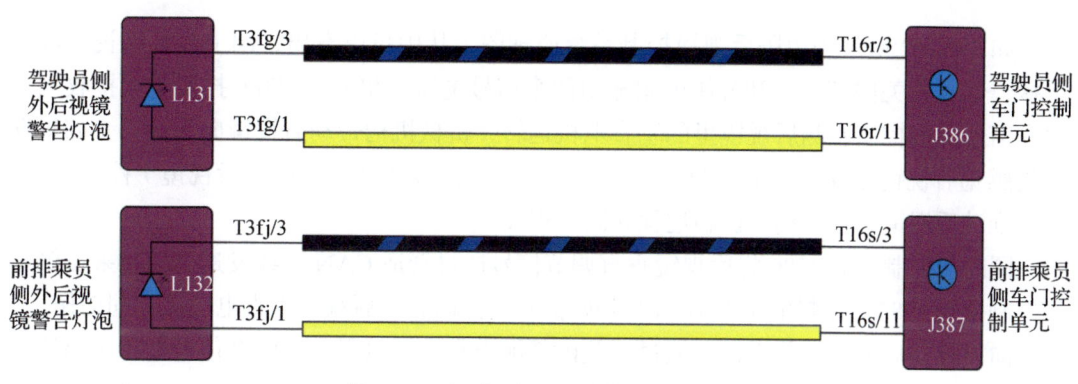

图 3-10　迈腾后视镜转向灯电路原理图

2. 迈腾后视镜工作过程

迈腾后视镜开关安装在驾驶员侧玻璃升降器操作开关 E512 上，在调节后视镜时需先调节左侧后视镜位置，再调节右侧后视镜位置。因为在调节左侧后视镜时右侧后视镜会随着左侧的调节运动，而在调节右侧时，左侧后视镜不会再次运动。

（1）左侧后视镜调节

如图 3-11 所示为迈腾后视镜调节开关线路原理图，其中 E43 为后视镜调节开关，E48 为后视镜调节转换开关，E231 为车外后视镜加热按钮，E263 为后视镜内折开关。

从图 3-11 中可以看出，打开点火开关，J386 为后视镜调节开关提供 0 到 +B 的方波参考信号，此时，如果将后视镜开关选择在左侧后视镜调节位置，通过开关内部触点和分压电阻输出两个幅值改变的波形信号，控制单元 J386 接收到这两个信号电压（幅值）后与控制单元内部预先存储的后视镜控制图谱数据（左后视镜调节、右后视镜调节、左后视镜垂直/水平调节、右后视镜垂直/水平调节、左右后视镜加热、左右后视镜折叠）电压（幅值）比对，如果图谱动作数据电压（幅值）比对成功，控制单元 J386 将准备接收后视镜调节开关发送的左后视镜调节信号。同时，控制单元 J386 将这一信息通过舒适 CAN 总线发送给前排乘员侧车门控制单元 J387，控制单元 J387 将准备接收后视镜调节开关发送的右后视镜调节信号。

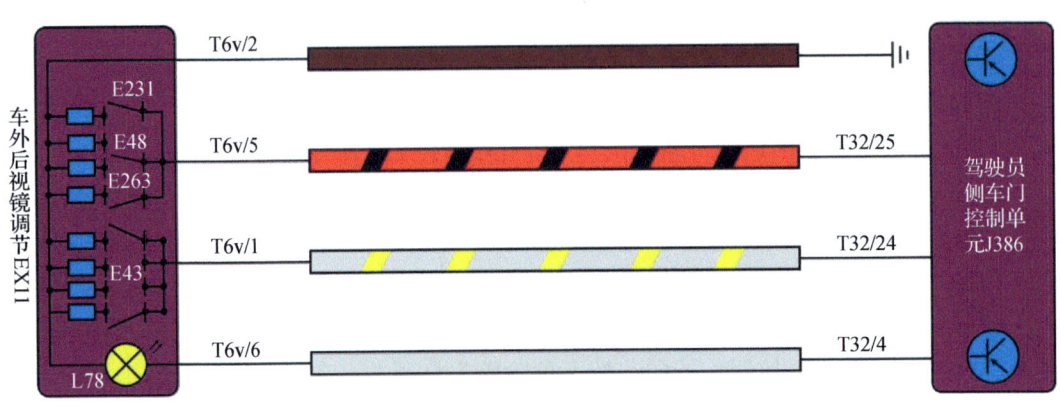

图 3-11 迈腾后视镜调节开关线路原理图

如图 3-12 所示为迈腾后视镜控制系统原理图，从中可以看出，向上推动后视镜调节手柄，通过开关内部触点和分压电阻输出两个信号电压（幅值），J386 控制单元接收到这两个信号后，控制左侧后视镜里的垂直电机运转，机械机构带动后视镜向上运动。如果驾驶员感觉后视镜运动位置适合观察，就松开手柄，信号断开，电机（后视镜）停止运动。向下推动后视镜调节手柄，控制过程和向上相反。

同时，控制单元 J386 将后视镜垂直调节信号通过舒适 CAN 总线发送给前排乘员侧车门控制单元 J387，控制单元 J387 接收到此信号后控制右侧后视镜垂直电机做相同动作。

向左推动后视镜调节手柄，通过开关内部触点和分压电阻输出两个信号电压（幅值），J386 控制单元接收到这两个信号后，控制左侧后视镜里的水平电机运转，机械机构带动后视镜水平运动。如果驾驶员感觉后视镜运动位置适合观察，就松开手柄，信号断开，电机（后视镜）停止运动。向右推动后视镜调节手柄，控制过程和向左相反。

同时，控制单元 J386 将后视镜水平调节信号通过舒适 CAN 总线发送给前排乘员侧车门控制单元 J387，控制单元 J387 接收到此信号后控制右侧后视镜水平电机做相同动作。

（2）右侧后视镜调节

左侧后视镜调节完成后，将后视镜开关选择在右侧后视镜调节位置，通过开关内部触点和分压电阻输出两个信号电压（幅值），驾驶员侧车门控制单元 J386 接收到两个电压信号（幅值）后，J386 控制单元将这两个输入的信号电压（幅值）与控制单元内部预先存储的后视镜控制图谱数据（左后视镜调节、右后视镜调节、左后视镜垂直/水平调节、右后视镜垂直/水平调节、左右后视镜加热、左右后视镜折叠）电压（幅值）比对，如果图谱动作数据电压（幅值）比对成功，确认要调节右侧后视镜位置，控制单元 J386 将这一信息通过舒适 CAN 总线发送给前排乘员侧车门控制单元 J387,控制单元 J387 将准备接收后视镜调节开关发送的后视镜调节信号。

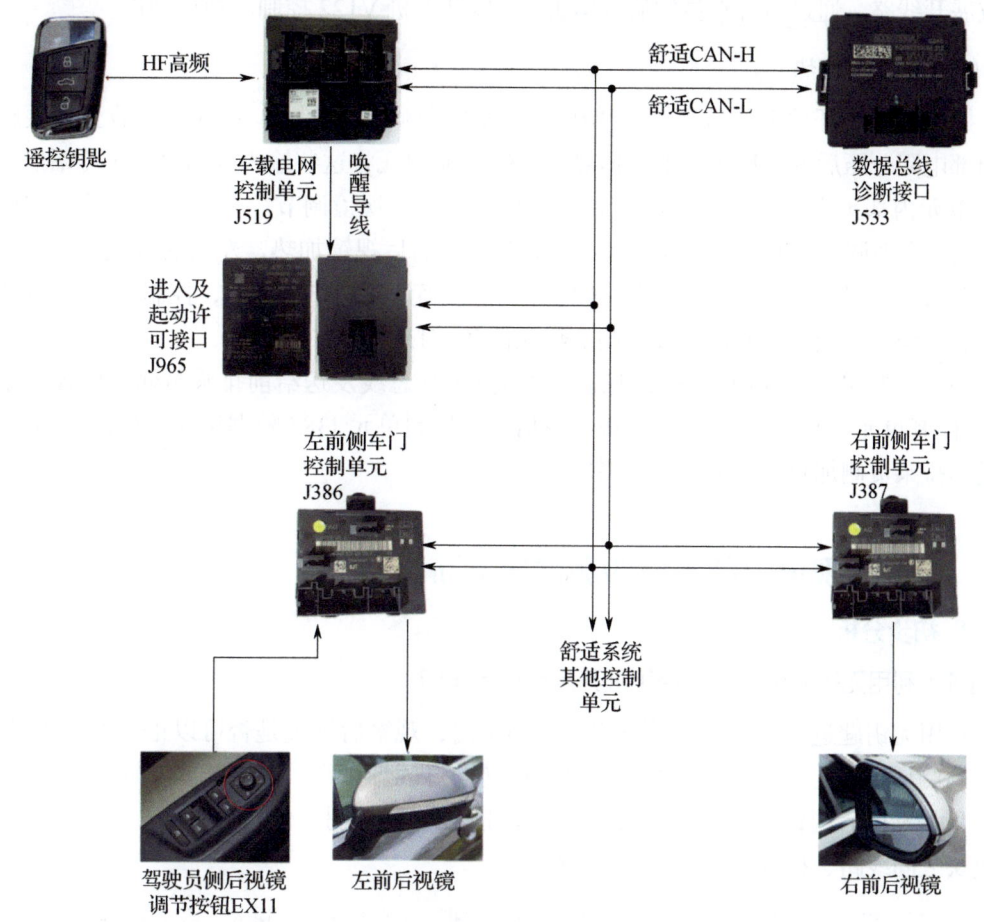

图 3-12 迈腾后视镜控制系统原理图

右侧后视镜调节和左侧调节一样,通过后视镜调节开关调节后视镜水平和垂直位置。但是在调节右侧后视镜时,左侧后视镜里的微电机是不会动作的,因此左侧后视镜镜片不会动作,停止并保持在上次调节的位置。

(3) 后视镜折叠和展开

按压后视镜开关上的后视镜折叠和展开按键,驾驶员侧车门控制单元 J386 接收到开关触点和内部电阻分压后的电压(幅值)信号,J386 控制单元将这些输入的信号电压(幅值)与控制单元内部预先存储的后视镜控制图谱数据(左后视镜调节、右后视镜调节、左后视镜垂直/水平调节、右后视镜垂直/水平调节、左右后视镜加热、左右后视镜折叠)电压(幅值)比对,如果图谱动作数据电压(幅值)比对成功,确认要后视镜折叠或展开,控制单元 J386 随即接通后视镜折叠或展开线路,通过驾驶员侧后视镜折叠/展开电机 V121 控制后视镜动作。

同时控制单元 J386 将这一信息通过舒适 CAN 总线发送给前排乘员侧车门控制单元 J387，控制单元 J387 将接收到后视镜折叠或展开信号，控制单元 J387 随即接通后视镜折叠或展开线路，通过前排乘员侧后视镜折叠 / 展开电机 V122 控制后视镜动作。

（4）后视镜加热

按压后视镜开关上的后视镜加热按键，驾驶员侧车门控制单元 J386 接收到开关触点和内部电阻分压后的电压（幅值）信号，J386 控制单元将这些输入的信号电压（幅值）与控制单元内部预先存储的后视镜控制图谱数据（左后视镜调节、右后视镜调节、左后视镜垂直 / 水平调节、右后视镜垂直 / 水平调节、左右后视镜加热、左右后视镜折叠）电压（幅值）比对，如果图谱动作数据电压比对成功，确认要加热后视镜，控制单元 J386 随即接通后视镜加热线路，通过驾驶员侧加热元件 Z4 对后视镜加热。

同时控制单元 J386 将这一信息通过舒适 CAN 总线发送给前排乘员侧车门控制单元 J387，控制单元 J387 将接收到后视镜加热信号，控制单元 J387 随即接通后视镜加热线路，通过前排乘员侧加热元件 Z5 对后视镜加热。

3.2 电动后视镜控制系统的测试与诊断

1. 初步分析

（1）利用无钥匙进入或遥控钥匙开启或锁闭车门

利用无钥匙进入或遥控钥匙开启或锁闭车门，观察后视镜是否可以正常展开或折叠，如果两侧后视镜均不能正常展开，但其上的转向灯闪烁正常，则可能是车辆设置的问题；如果只是某侧后视镜不能展开或折叠（其余正常），则说明该侧折叠电机、折叠电机与控制模块之间线路、控制模块自身存在故障。

> **注意：** 后视镜的打开或折叠，在三种方式下均可以实现，分别是无钥匙进入、操作遥控钥匙、操作车门内的 E512 上的折叠开关；如果一种方式下工作异常，可以使用另外两个模式进行控制，通过综合试验结果分析故障的可能原因。

（2）打开点火开关观察仪表显示

打开点火开关，观察仪表显示是否正常，如果仪表显示异常，就需要结合线路图、维修手册先排除仪表显示异常的故障。

（3）操作后视镜转换开关至左侧后视镜调节位置

操作驾驶员侧玻璃升降器开关 E512 上的后视镜转换开关至左侧后视镜调节位置，如图 3-13 所示，上下或左右推动手柄，驾驶员侧后视镜应能正常调节，同时前排乘员侧后视镜应能随驾驶员侧后视镜的调节一起动作。

图 3-13 迈腾驾驶员侧后视镜调节

1）左、右后视镜所有调节功能均失效。如果左、右后视镜所有调节功能均失效，基于故障概率，两个折叠电机及其线路同时出现故障的概率很低，通常是由于整个控制系统的共同部分，即控制开关的输入信号部分。根据图 3-14 所示电路图分析，主要原因包括：

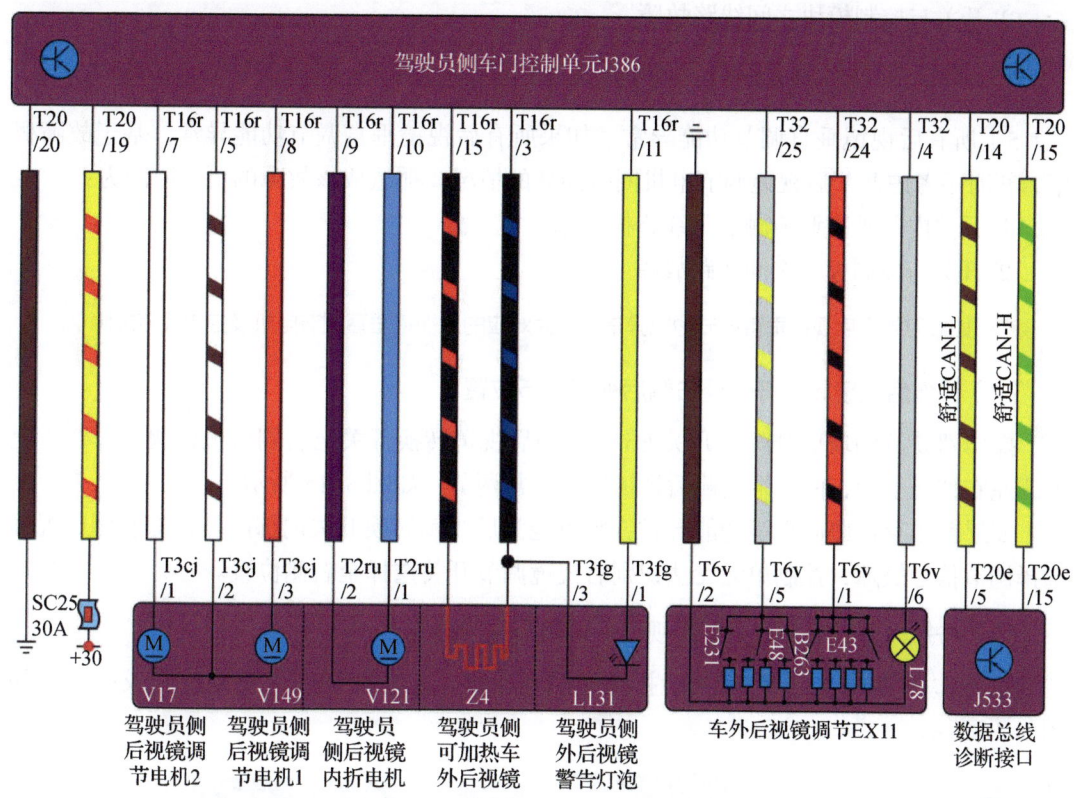

图 3-14 迈腾左侧后视镜电路图

① 开关本身（包括左右选择和调节开关）或开关接地故障（注意开关接地故障可以通过其照明灯、折叠功能进行综合分析）。

② 开关与驾驶员侧车门控制单元 J386 之间线路的故障。

③ J386 或其电源故障（可以参考 J386 的其他功能予以判定）。

2）只是驾驶员侧后视镜所有调节功能异常。如果只是驾驶员侧后视镜所有调节功能异常，则可能存在以下故障的一个或多个：

① 驾驶员侧车门控制单元 J386 内部故障。

② J386 与驾驶员侧后视镜电机之间线路故障。

③ 驾驶员侧后视镜电机自身故障。

3）只是前排乘员侧后视镜所有调节功能异常。如果只是前排乘员侧后视镜所有调节功能异常，则可能存在以下故障的一个或多个：

① 前排乘员侧车门控制单元 J387 内部故障。

② J387 与前排乘员侧后视镜电机之间线路故障。

③ 前排乘员侧后视镜电机自身故障。

4）所有后视镜水平调节功能异常。如果所有后视镜水平调节功能异常，基于故障概率，暂时不考虑两个后视镜调节电机同时损坏的情况，那造成该故障的可能原因为：

① 开关内部水平调节触点、线路板故障。

② 开关与控制模块之间线路故障。

注意：如果为单个后视镜水平调节功能异常，则为对应的后视镜水平调节电机及控制线路故障。

5）所有后视镜垂直调节功能异常。如果所有后视镜垂直调节功能异常，基于故障概率，暂时不考虑两个后视镜调节电机同时损坏的情况，那造成该故障的可能原因为：

① 开关内部垂直调节触点、线路板故障。

② 开关与控制模块之间线路故障。

注意：如果为单个后视镜垂直调节功能异常，则为对应的后视镜垂直调节电机及控制线路故障。

（4）操作后视镜转换开关至右侧后视镜调节位置

操作驾驶员侧玻璃升降器开关 E512 上的后视镜转换开关至右侧后视镜调节位置，上下或左右推动手柄，前排乘员侧后视镜应能正常调节，如图 3-15 所示。

如果前排乘员侧后视镜功能异常，则可能为后视镜转换开关内部故障，即右侧后视镜选择调节信号故障，控制单元无法识别后视镜调节开关选择至右侧位置。

（5）按操作开关 E512 上的后视镜折叠和展开按键

按操作开关 E512 上的后视镜折叠和展开按键，左右后视镜应正常折叠或展开，如图 3-16 所示。

图 3-15　迈腾前排乘员侧后视镜调节

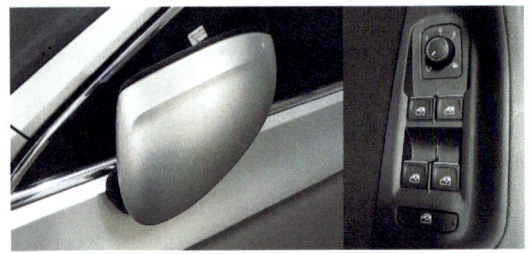
图 3-16　迈腾后视镜折叠

如果左、右后视镜折叠或展开功能都异常，根据故障概率及之前的检查情况，则可能存在以下故障的一个或多个：

1）开关本身、开关接地故障。其中，开关接地故障可以通过开关照明灯、左右选择、后视镜调整的功能是否正常来进行判定。

2）开关与驾驶员侧车门控制单元 J386 之间线路故障。

3）驾驶员侧车门控制单元 J386 自身故障。

注意：因为之前检查过无钥匙进入或利用遥控钥匙开启车门时后视镜的展开情况，所以此处不再涉及车门控制模块、信号线路、折叠电机的问题。

（6）按压开关 E512 上的后视镜加热按键

按压开关 E512 上的后视镜加热按键，左右后视镜应开始加热。

1）如果左、右后视镜加热均异常，根据故障概率及之前的检查情况，则可能存在以下故障的一个或多个：

① 开关本身、开关接地故障。其中，开关接地故障可以通过开关照明灯、左右选择、后视镜调整的功能是否正常来进行判定。

② 开关与驾驶员侧车门控制单元 J386 之间线路故障。

③ 驾驶员侧车门控制单元 J386 自身故障。

2）如果只是一侧功能异常，则可能该侧车门控制单元、信号线束或加热丝存在故障。

2. DTC 分析

现代汽车一般都具有自诊断功能，即使通过故障现象可以明确故障范围，也最好首先读取故障记忆，因为这特别有利于快速发现故障。如果有故障代码，应清楚故障代码的定义和生成的条件，并基于此展开诊断和故障检修；如果没有故障代码，则基于系统的结构和工作原理进行系统诊断。

在利用故障代码进行故障诊断时，一定要仔细阅读故障代码的定义和生成的条件，从中可以明确故障代码的生成机理，并根据机理确定验证故障代码真实性的方法，进而有利于提高诊断效果。

一般利用故障代码进行故障诊断时按以下步骤进行：

1）对后视镜进行检查时，可以连接故障诊断仪器，扫描表 3-1 所列网关，读取故障代码。

表 3-1　后视镜故障检查时诊断仪器查询的控制单元

序号	网关
1	数据总线诊断接口 J533
2	驾驶员侧车门控制单元 J386
3	车载电网控制单元 J519
4	前排乘员侧车门控制单元 J387

按照当前的故障左、右后视镜异常，实测过程中会遇到三种情况：

① 诊断仪器可以正常和以上控制单元通信，但系统没有故障记忆。

② 诊断仪器可以正常和车载电网控制单元 J519 通信，并能读取到系统中所存储的故障代码，此时应结合故障代码信息进行维修。

③ 在打开点火开关后操作诊断仪器，诊断仪器不能正常和以上控制单元通信，并无法读取系统中所存储的故障代码。

2）根据故障代码，查阅资料，了解故障代码的定义和生成条件，验证故障代码的真实性，验证的方法分以下两步：

① 通过清除故障代码、模仿故障工况运行车辆，再次读取故障代码。

② 通过数据流或在线测量值来判定故障真实性，并由此展开系统测量。

3. 无码分析

如果没有故障代码显示，那就需要技术人员结合故障现象，分析系统线路图，列举故障可能，并按照正确的流程、利用合适的测试设备进行正确的测量，从而发现故障所在。

4. 诊断流程

面对左、右后视镜所发生的各种故障，诊断及处理失误将给企业和个人造成相当大的损失。正确的诊断及处理，不可能来自于盲目的主观臆断，而应该建立在获取与故障有关信息的基础上，依据迈腾舒适系统、后视镜控制系统、CAN 总线系统的工作原理以及控制结构，运用科学的分析方法，按照合理的步骤进行综合分析，去伪存真，排除故障"受害者"，找出故障"肇事者"，这才是提高故障诊断准确性的关键所在。为了便于分析，不至于被众多杂乱无章的信息扰乱思路，需要结合线路原理图，遵从表 3-2 所列流程进行诊断维修。

注意：在制定诊断流程时，应考虑玻璃升降器、中控门锁及电动后视镜的其他功能的运行情况。

表 3-2　迈腾车左、右后视镜异常诊断流程

步骤	操作	结果		备注
1	确认 +B 是否大于 11.5V	正常：转步骤 2	不正常：给蓄电池充电或更换	确保蓄电池正负极接头连接牢靠，不脏污
2	打开点火开关至 ON 档，仪表显示应正常点亮	正常：转步骤 3	仪表显示不正常：首先结合线路图、手册，维修仪表显示异常故障	仪表显示异常可能为数据总线、+15 信号存在故障或仪表自身的故障
3	操作开关 EX11 上的后视镜转换开关至左侧后视镜调节位置，上下或左右推动手柄，两侧后视镜应能正常调节	正常：转步骤 4	异常：转步骤 7	结合玻璃升降器、中控门锁及电动后视镜的其他功能确定故障所在
4	操作开关 EX11 上的后视镜转换开关至右侧后视镜调节位置，上下或左右推动手柄，前排乘员侧后视镜应能正常调节	正常：转步骤 5	异常：转步骤 7	
5	操作开关 EX11 上的后视镜折叠和展开按键，左右后视镜应正常折叠或展开	正常：转步骤 6	异常：转步骤 7	

（续）

步骤	操作	结果		备注
6	操作开关 EX11 上的后视镜加热按键，左右后视镜应开始加热	正常：转步骤 12	异常：转步骤 7	结合玻璃升降器、中控门锁及电动后视镜的其他功能确定故障所在
7	连接故障诊断仪器，读取故障代码	正常读取：转步骤 8	无法读取故障代码；转步骤 9 无故障代码：转步骤 10	
8	根据实施维修里故障代码进行诊断、维修	正常：转步骤 11		
9	检测 OBD-Ⅱ诊断接口及相关线路	正常：转步骤 7	执行"OBD-Ⅱ诊断接口"诊断	使用连线时，如果解码器不亮或者使用无线传输方式怀疑无线模块不能通信时进行该诊断
	检测舒适 CAN 通信		执行"舒适 CAN 通信"诊断	
10	插接件检查	正常：转步骤 11	不正常：维修故障部位	包括外观、退针、锈蚀等项目
	结合维修手册、线路图对故障系统供电、接地线路进行电压、通断测量			测量项目包括对地电压、电阻和端对端电阻
11	故障检验	正常：转步骤 12	不正常：转步骤 8	
12	维修完成			

5. 实施维修

（1）根据故障代码提示进行维修

利用解码器读取故障代码，按照本资源库中提供的针对每个故障代码制定的诊断流程进行故障诊断。

（2）线路检测

根据系统的结构原理，对后视镜控制开关、左侧后视镜总成、右侧后视镜总成、驾驶员侧车门控制单元 J386、前排乘员侧车门控制单元 J387 等线路进行检测，检测方法参照本资源库的相关内容。

（3）部件检测

根据系统的结构原理，对后视镜控制开关、左侧后视镜总成、右侧后视镜总成、驾驶员侧车门控制单元 J386、前排乘员侧车门控制单元 J387 等元器件进行检测，检测方法参照本资源库的相关内容。

计划与实施

1. 领取任务

服务顾问将车辆开至待修区,将车辆钥匙、汽车维修服务接车单(见附件任务单1)交给车间主管,向车间主管交待作业内容,说明交车时间、要求及其他须注意事项。车间主管根据各班组的技术能力及工作状况,向班组派工,班组领取任务。

2. 确认任务

1)班组接到任务后,根据汽车维修服务接车单对车辆进行验收。
2)确认故障现象,必要时试车。
3)根据汽车维修服务接车单上的工作内容,进行维修或诊断。
4)维修技师凭汽车维修服务接车单领料,并在出库单上签字。

注意事项:
◆非工作需要不得进入车内且不能开动顾客车上的电器设备。
◆对于顾客留在车内的物品,维修技师应小心地加以保护,非工作需要严禁触动,因工作需要触动时应通知服务顾问以征得顾客的同意。

3. 借助原厂维修手册、参考教材完成以下知识准备

1)汽车电动后视镜控制系统的功能:

2)描述电动后视镜控制开关的操作:

3)简要说明电动后视镜调节功能的工作原理:

4）画出迈腾后视镜调节电机控制电路图，并在下表中写出各管脚的管脚定义和电压特性。

管脚	管脚定义	电压特性

4. 制订计划

分组讨论、制定具体操作步骤。

> 提示：
> ◆通过上面相关理论知识的了解，维修人员根据维修的规范要求和维修的经验制定了相关的维修方案。

（1）制定人员分工

组长＿＿＿＿＿＿＿＿＿＿＿＿＿＿＿＿＿＿＿＿＿＿＿＿＿＿＿＿＿＿＿＿＿

组号＿＿＿＿＿＿＿＿＿＿＿＿＿＿＿＿＿＿＿＿＿＿＿＿＿＿＿＿＿＿＿＿＿

组员＿＿＿＿＿＿＿＿＿＿＿＿＿＿＿＿＿＿＿＿＿＿＿＿＿＿＿＿＿＿＿＿＿

（2）检测、维修需要的设备、工具

＿＿＿＿＿＿＿＿＿＿＿＿＿＿＿＿＿＿＿＿＿＿＿＿＿＿＿＿＿＿＿＿＿＿＿＿＿

（3）电动后视镜控制系统异常的故障排除分析

1）请按照故障树的方式整理出此故障的诊断流程（见附件任务单2）。

2）实施诊断并填写诊断报告（见附件任务单3）。

3）填写完工单（见附件任务单4）。

提示：
- ◆ 结合迈腾后视镜控制系统需检查、诊断、拆卸、测量、维修、安装、检验的项目多少和顺序填写。
- ◆ 结合车辆诊断仪数据填写。
- ◆ 在有关流程步骤中注意蓄电池、点火开关状态。
- ◆ 注意专用仪器、量具、工具的使用。
- ◆ 注意安全防范、安全操作。

评价与反馈

1. 学习效果测评

（1）填空题

1) 迈腾后视镜控制系统通过_____集中进行控制，系统包含_____、_____、_____等。

2) 迈腾后视镜控制开关具有_____、_____、_____加热和折叠功能。

3) 迈腾后视镜控制开关内部采用_____和_____相结合的输出方式，通过两根信号线上的电压组合判断后视镜的调节意图。

4) 迈腾汽车在调节后视镜时需先调节_____侧后视镜位置，再调节_____侧后视镜位置。

（2）选择题

1) 迈腾汽车左、右电动后视镜都有（　　）电动机驱动。
　　A. 一个　　　　　　　　　　B. 两个
　　C. 三个　　　　　　　　　　D. 四个

2) 汽车电动后视镜不工作，应先检查（　　）。
　　A. 电动机　　　　　　　　　B. 开关
　　C. 熔断器　　　　　　　　　D. 导线短路

3) 电动后视镜有一侧不能前后调整，你认为是（　　）。
　　A. 熔断器损坏　　　　　　　B. 开关故障
　　C. 继电器故障　　　　　　　D. 蓄电池故障

4) 汽车电动后视镜开关不包含的功能是（　　）。
　　A. 后视镜调整　　　　　　　B. 后视镜同时调整
　　C. 后视镜同时折叠　　　　　D. 后视镜同时加热

5) 迈腾汽车控制左前后视镜工作的元件是（　　）。
　　A. J386　　　　　　　　　　B. J387
　　C. J519　　　　　　　　　　D. J533

2. 学习过程评价

项目	评价内容	评价等级		
		A	B	C
关键能力考核项目	遵守纪律，遵守学习场所管理规定，服从安排			
	安全意识、责任意识、5S 管理意识，注重节约、节能与环保			
	学习态度积极主动，能参加实习安排的活动			
	团队合作意识，注重沟通，能自主学习及相互合作			
	仪容仪表符合活动要求			
专业能力考核项目	按时按要求独立完成工作页、任务			
	工具、设备选择得当，使用符合技术要求			
	操作规范，符合要求			
	学习准备充分、齐全			
	注重工作效率与工作质量			
	技能点 1：使用诊断仪读取和分析数据流，并判断部件工作状态			
	技能点 2：使用示波器连接、测量和分析部件的波形，并判断部件工作状态			
小组评语及建议		组长签名： 年　月　日		
老师评语及建议		老师签名： 年　月　日		

能力与拓展

| 案例 1 | 后视镜调节转换开关 E48 信号线路对地虚接 160Ω 故障检修

故障现象

打开 E378，操作后视镜调节转换开关 E48 至左侧档位时，左侧和右侧后视镜均不动作；操作开关至右侧档位时，左侧和右侧后视镜同时有动作，上下左右均可调节。后视镜折叠正常。

现象分析

后视镜调节开关电路如图 3-17 所示，根据故障现象，说明 J386 接收到的左右选择开关信号有误。可能的故障原因包括：① E48 自身故障；② E48 线路故障；③ J386 局部故障。

图 3-17 后视镜调节开关电路

诊断过程

1）打开 E378，操作 E48 开关至不同档位，用示波器测量 J386 端的 T32/25 对地波形，正常情况下应为振幅从 0V 到 +B 变化的方波，随不同档位变化而变化。实测发现，在空档位时，振幅为 1.8V（应该为 5V），说明 E48 信号线路存在对地虚接的故障。

2）关闭 E378，拆下蓄电池负极接线，用万用表测量 E48 端 T6v/5 的对地电阻，正常应存在很大的电阻，实测为 160Ω。

3）接着断开 J386 插头，用万用表测量 E48 信号线路对地电阻，正常应无穷大，实测为 160Ω。

4）排除 E48 信号线路对地虚接故障，系统恢复正常。

故障机理

由于 E48 信号线路对地虚接，导致 J386 接收到错误的开关信号，所以操作 E48 时，后视镜调节功能异常。

案例 2 | 后视镜调节转换开关 E48 信号线路故障检修

故障点 1　E48 信号线路对地短路
故障点 2　E48 信号线路断路
故障点 3　E48 信号线路虚接 1000Ω

故障现象

打开 E378，操作后视镜转换开关，折叠功能失效；操作左侧和右侧后视镜时，均不能调节。

现象分析

后视镜调节开关电路如图 3-18 所示，根据故障现象分析，可能是后视镜转换开关信号存在故障。可能的故障原因包括：① E48 开关自身故障；② E48 线路故障；③ J386 局部故障。

图 3-18　后视镜调节开关电路

故障点 1 E48 信号线路对地短路诊断过程

1）打开 E378，操作 E48 开关至不同档位，用示波器测量 J386 端的 T32/25 对地波形，正常为振幅在 0 → +B 之间变化的方波，实测波形为 0V 直线，说明 E48 信号线路存在对地断路或者 J386 自身故障。

2）关闭 E378，拆下蓄电池负极接线，用万用表测量 E48 端 T6v/5 的对地电压，正常应存在很大电阻，实测为 0Ω，异常。

3）接着断开 E48、J386 的插头，用万用表测量 E48 信号线路对地电阻，正常应无穷大，实测为 0Ω。

4）排除 E48 信号线路对地短路故障，系统恢复正常。

故障机理

由于 E48 信号线路对地短路，导致 J386 接收到错误的开关信号，所以操作 E48 时，后视镜调节功能异常。

故障点 2 E48 信号线路断路诊断过程

1）打开 E378，操作 E48 开关至不同档位，用示波器测量 J386 端的 T32/25 对地波形，正常为振幅在 0 → +B 之间变化的方波，实测振幅为 +B 方波不变，异常，说明测试点到开关接地之间线路断路。

2）打开 E378，操作 E48 开关至不同档位，用示波器测量 E48 端 T6v/5 的对地波形，正常为振幅在 0 → +B 之间变化的方波，实测为 0V 直线，结合上一步测试结果，说明

E48 信号线路存在断路。

3）关闭 E378，拆下蓄电池负极接线，断开 E48、J386 的插头，用万用表测量 E48、J386 之间信号线路电阻，正常应近乎为零，实测为无穷大。

4）排除 E48 信号线路断路故障，系统恢复正常。

（故障机理）

由于 E48 信号线路断路，导致 J386 接收不到开关信号，所以操作 E48 时，后视镜调节功能异常。

故障点 3 E48 信号线路虚接 1000Ω 诊断过程

1）打开 E378，操作 E48 开关至不同档位，用示波器测量 J386 端的 T32/25 对地波形，正常为振幅在 0→+B 之间变化的方波，实测发现信号波形的低电平的最小值为 3V（应为 0V），异常，说明信号线路存在虚接或者 J386 存在故障。

2）打开 E378，操作 E48 开关至不同档位，用示波器测量 E48 端 T6v/5 的对地波形，正常为振幅在 0→+B 之间变化的方波，实测发现存在 0V 的低电平，但部分信号的高电平相对下降，说明 E48 信号线路存在虚接。

3）关闭 E378，拆下蓄电池负极接线，断开 E48、J386 的插头，用万用表测量 E48、J386 之间信号线路电阻，正常应近乎为零，实测为 1000Ω。

4）排除 E48 信号线路虚接故障，系统恢复正常。

（故障机理）

由于 E48 信号线路虚接，导致 J386 接收到错误的开关信号，所以操作 E48 时，后视镜调节功能异常。

案例 3 ｜ 后视镜调节开关 E43 故障检修

故障点 1　E43 信号线路断路
故障点 2　E43 开关内部触点断路

故障现象

打开 E378，操作后视镜转换开关，折叠功能正常；操作后视镜调节开关时，两侧后视镜均不动作。

现象分析

后视镜调节开关电路如图 3-19 所示。折叠功能正常，说明 E48 存在故障的可能性较小，两侧后视镜均不能调节，基于故障概率，说明 E43 信号可能异常。可能的故障原因包括：① E43 自身故障；② E43 线路故障；③ J386 局部故障。

任务 3　电动后视镜控制系统的认知与诊断

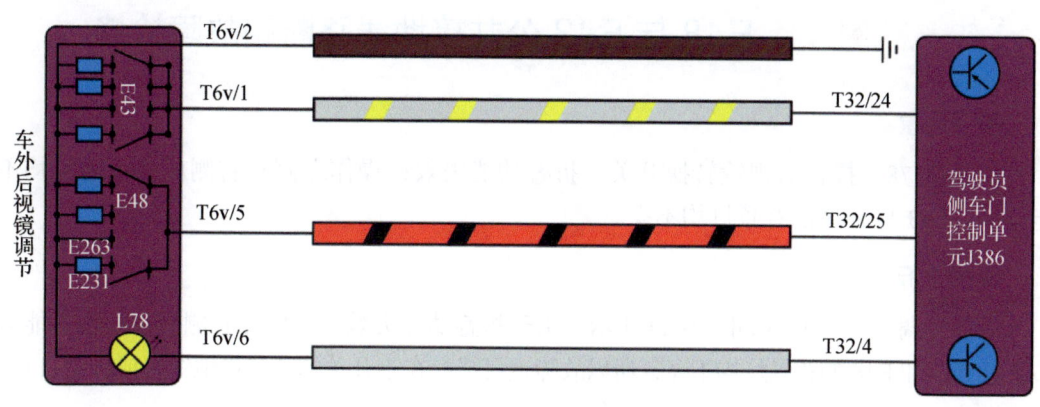

图 3-19　后视镜调节开关电路

故障点 1　E43 信号线路断路诊断过程

1）打开 E378，操作 E43，用示波器测量 J386 的 T32/24 对地波形，正常为振幅在 0→+B 之间变化的方波，实测振幅保持 +B 不变，异常，说明测试点到开关接地之间线路断路。

2）打开 E378，操作 E43，用示波器测量 E43 的 T6v/1 对地波形，正常为振幅在 0→+B 之间变化的方波，实测为 0V 直线，结合上一步测试结果，说明 E43 信号线路断路。

3）关闭 E378，拆下蓄电池负极接线，断开 E43、J386 的插头，用万用表测量 E43 与 J386 之间信号线路的阻值，正常应近乎为零，实测为无穷大。

4）排除 E43 信号线路断路故障，系统恢复正常。

故障机理

由于 E43 信号线路断路，导致 J386 无法接收到 E43 的开关信号，所以在操作后视镜调节开关时，两侧后视镜均不动作。

故障点 2　E43 开关内部触点断路诊断过程

1）打开 E378，操作 E43，用示波器测量 J386 的 T32/24 对地波形，正常为振幅在 0→+B 之间变化的方波，实测为振幅保持 +B 不变的方波，异常，说明测试点到开关接地之间线路断路。

2）打开 E378，操作 E43，用示波器测量 E43 的 T6v/1 对地波形，正常为振幅在 0→+B 之间变化的方波，实测为振幅保持 +B 不变的方波，异常，说明开关内部存在故障（由于 E43、E48 与开关背景灯共用接地线路，E48、开关背景灯工作正常，所以接地线路存在故障的可能较小）。

3）更换开关后，系统恢复正常。

故障机理

由于 E43 内部损坏断路，导致 J386 无法接收到 E43 的开关信号，所以在操作后视镜调节开关时，两侧后视镜均不动作。

案例 4　E48 与 E43 公共接地线路断路故障检修

故障现象

打开 E378，操作后视镜转换开关，折叠功能失效；操作左侧和右侧后视镜时，均不能调节；E43 与 E48 的背景灯均不亮。

现象分析

后视镜调节开关电路如图 3-20 所示。由于折叠功能失效，左侧和右侧后视镜均不能调节，且 E43 和 E48 的背景灯均不亮，所以故障点可能存在于开关的公共接地线路或开关自身。

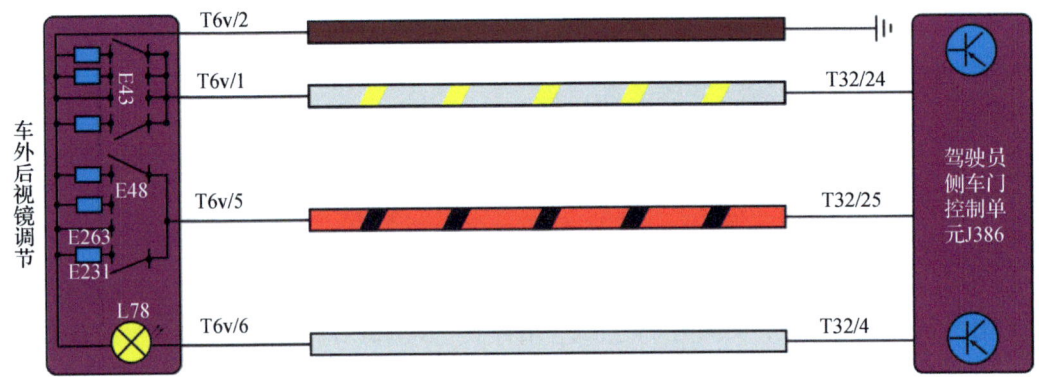

图 3-20　后视镜调节开关电路

诊断过程

1）打开 E378，操作 E48 开关至不同档位，用万用表测量 E48 的 T6v/2 对地电压，正常应小于 0.1V，实测为 0 → +B 变化的方波信号，异常，说明 E48 接地线路断路。

2）关闭 E378，断开 E48 插头，用万用表测量 E48 接地线路电阻，正常应近乎为零，实测为无穷大。

故障机理

由于 E48 与 E43 公共接地线路断路，导致 J386 接收不到开关信号，所以操作后视镜调节开关时，后视镜调节功能异常。

案例 5　E48 与 E43 公共接地线路虚接 500Ω 电阻故障检修

故障现象

打开 E378，操作后视镜转换开关，折叠功能失效；操作左侧和右侧后视镜时，均不能调节；E43 与 E48 的背景灯均微亮。

现象分析

后视镜调节开关电路如图 3-21 所示。由于折叠功能失效，左侧和右侧后视镜均不能调节，且 E43 和 E48 的背景灯均微亮，所以故障点可能存在于开关的公共接地线路或开关自身。

图 3-21　后视镜调节开关电路

诊断过程

1）打开 E378，操作 E48 开关至不同档位，用万用表测量 E48 的 T6v/2 对地电压，正常应小于 0.1V，实测为 3V → +B 变化的方波信号，说明 E48 接地线路虚接。

2）关闭 E378，断开 E48 插头，用万用表测量 E48 接地线路电阻，正常应近乎为零，实测为 500Ω。

3）排除 E48 与 E43 接地线路虚接故障，系统恢复正常。

故障机理

由于 E48 与 E43 公共接地线路虚接，导致 J386 接收到错误的开关信号，所以操作后视镜调节开关时，后视镜调节功能异常。

案例 6 | 驾驶员侧后视镜调节电机公共线路故障检修

故障点 1　驾驶员侧后视镜调节电机公共线路断路
故障点 2　驾驶员侧后视镜调节电机公共线路虚接 500Ω

故障现象

打开 E378，操作驾驶员侧后视镜调节开关，驾驶员侧后视镜上下左右均无法正常调节，但前排乘员侧后视镜可正常调节。

现象分析

驾驶员侧后视镜调节电机电路如图 3-22 所示。前排乘员侧后视镜调节正常，说明后视镜调节开关正常；驾驶员侧后视镜上下左右调节均失常，两个电机同时损坏的可能性较小，所以故障可能在电机的公共线路，即驾驶员侧后视镜调节电机公共线路故障，或者是 J386 局部故障。

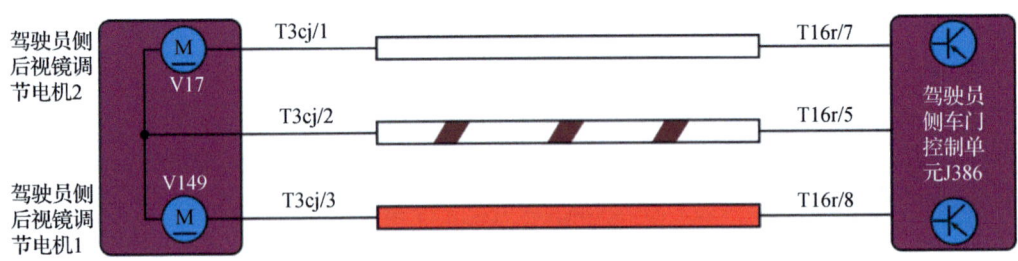

图 3-22　驾驶员侧后视镜调节电机电路

故障点 1　驾驶员侧后视镜调节电机公共线路断路诊断过程

1）打开 E378，操作后视镜调节开关，用万用表测量驾驶员侧后视镜调节电机的 T3cj/2 对地电压，上下调节时正常应一会儿小于 0.1V、一会儿为 +B，实测时间歇性出现 6V 的电压，异常，说明测试点与接地之间线路存在断路或虚接可能。

2）打开 E378，操作后视镜调节开关，用万用表测量 J386 的 T16r/5 对地电压，上下调节时正常应一会儿小于 0.1V、一会儿为 +B，实测一会儿为 0V、一会儿为 +B，正常，结合上一步测试结果，说明 T16r/5 对应线路断路。

3）关闭 E378，拆下蓄电池负极接线，断开驾驶员侧后视镜调节电机、J386 的插头，用万用表测量驾驶员侧后视镜调节电机的 T3cj/2、J386 的 T16r/5 之间线路的阻值，正常应近乎为零，实测为无穷大。

4）排除驾驶员侧后视镜调节电机公共线路断路故障，系统恢复正常。

故障机理

由于驾驶员侧后视镜调节电机公共线路断路，导致后视镜的两个调节电机均没有收到 J386 的控制信号，所以操作后视镜调节开关时，驾驶员侧后视镜不能调节。

故障点 2　驾驶员侧后视镜调节电机公共线路虚接 500Ω 诊断过程

1）打开 E378，操作后视镜调节开关，用万用表测量驾驶员侧后视镜调节电机 T3cj/2 的对地电压，上下调节时正常应一会儿小于 0.1V、一会儿为 +B，实测一会儿为 4V 或 6V、一会儿为 0V，异常，说明测试点与接地之间线路虚接；

2）打开 E378，操作后视镜调节开关，用万用表测量 J386 的 T16r/5 对地电压，上下调节时正常应一会儿小于 0.1V、一会儿为 +B，实测正常，结合上一步测试结果，说明 T16r/5 对应线路虚接。

3）关闭 E378，拆下蓄电池负极接线，断开驾驶员侧后视镜调节电机、J386 的插头，用万用表测量驾驶员侧后视镜调节电机的 T3cj/2、J386 的 T16r/5 之间线路的阻值，正常应近乎为零，实测为 500Ω。

4）排除驾驶员侧后视镜调节电机公共线路虚接故障，系统恢复正常。

故障机理

由于驾驶员侧后视镜调节电机公共线路虚接，导致后视镜的两个调节电机均没有收到 J386 的控制信号，所以操作后视镜调节开关时，驾驶员侧后视镜不能调节。

任务 4　灯光控制系统认知与诊断

任务描述

1）一辆迈腾汽车来到修理厂进行修理，车主向业务员主诉远光灯工作异常，但其他灯光工作正常。服务顾问试车后确认上述故障现象。请你在约定的时间内对车辆进行检修，完成诊断报告单，将修好的车辆返还业务部门，并给客户提供用车建议。

2）一辆迈腾汽车来到修理厂进行修理，车主向业务员主诉近光灯工作异常，但其他灯光工作正常。服务顾问试车后确认上述故障现象。请你在约定的时间内对车辆进行检修，完成诊断报告单，将修好的车辆返还业务部门，并给客户提供用车建议。

3）一辆迈腾汽车来到修理厂进行修理，车主向业务员主诉示廓灯工作异常，但其他灯光工作正常。服务顾问试车后确认上述故障现象。请你在约定的时间内对车辆进行检修，完成诊断报告单，将修好的车辆返还业务部门，并给客户提供用车建议。

4）一辆迈腾汽车来到修理厂进行修理，车主向业务员主诉制动灯工作异常，但其他灯光工作正常。服务顾问试车后确认上述故障现象。请你在约定的时间内对车辆进行检修，完成诊断报告单，将修好的车辆返还业务部门，并给客户提供用车建议。

5）一辆迈腾汽车来到修理厂进行修理，车主向业务员主诉转向灯、危险警告灯工作异常，但其他灯光工作正常。服务顾问试车后确认上述故障现象。请你在约定的时间内对车辆进行检修，完成诊断报告单，将修好的车辆返还业务部门，并给客户提供用车建议。

6）一辆迈腾汽车来到修理厂进行修理，车主向业务员主诉雾灯工作异常，但其他灯光工作正常。服务顾问试车后确认上述故障现象。请你在约定的时间内对车辆进行检修，完成诊断报告单，将修好的车辆返还业务部门，并给客户提供用车建议。

7）一辆迈腾汽车来到修理厂进行修理，车主向业务员主诉倒车灯工作异常，但其他灯光工作正常。服务顾问试车后确认上述故障现象。请你在约定的时间内对车辆进行检修，完成诊断报告单，将修好的车辆返还业务部门，并给客户提供用车建议。

学习目标

1. 知识目标

1）能叙述灯光控制系统的基本组成。
2）能叙述灯光控制系统的工作原理。

3）能分析灯光控制系统工作异常的原因。

2. 能力目标

1）可以借助原厂资料（维修手册）描述车辆灯光系统的构造特点和工作原理。
2）能描述与迈腾灯光控制系统有关的系统或部件，并能准确描述其工作原理。
3）能编制迈腾灯光控制系统异常的故障树（诊断流程）。
4）能借助原厂资料和诊断设备，按照编制的故障树（诊断流程）进行系统诊断，以确定故障所在。
5）能正确排除诊断出的故障，并对车辆进行试验，以确保车辆运行正常。
6）能正确完成诊断报告，并给客户提供用车建议。

3. 素质目标

1）能够按照企业 5S 要求和安全生产规范进行操作。
2）具有一定的沟通能力和团队合作能力。

4. 拓展目标

1）能对同一车型的其他灯光系统故障进行诊断与排除。
2）能对速腾车型的同类故障进行诊断和排除。

建议学时

5 学时

学习准备

1. 知识准备

灯光控制系统的认知，详见 4.1 节。

2. 技能准备

灯光控制系统测试与诊断，详见 4.2 节。

3. 教学准备

1）修车保护五件套。
2）车辆、诊断台架、汽车元件等。
3）常用工具、万用表、示波器、内饰拆装工具、继电器、绝缘胶带、剥线钳等。
4）原厂维修手册。
5）用于数据记录和计算的笔、纸、本或表格。
6）参考教材和工作页。

4.1 灯光控制系统的认知

4.1.1 远光灯控制系统的认知

1. 远光灯控制系统的组成

如图 4-1 所示为迈腾远光灯控制系统的组成示意图,从中可以看出,整个系统由车载电网控制单元 J519 集中控制,系统包含灯光旋转开关、变光开关、左前照灯总成、右前照灯总成、转向柱电子装置控制单元 J527、数据总线诊断接口 J533、组合仪表控制单元 J285、车载电网控制单元 J519 等元器件。

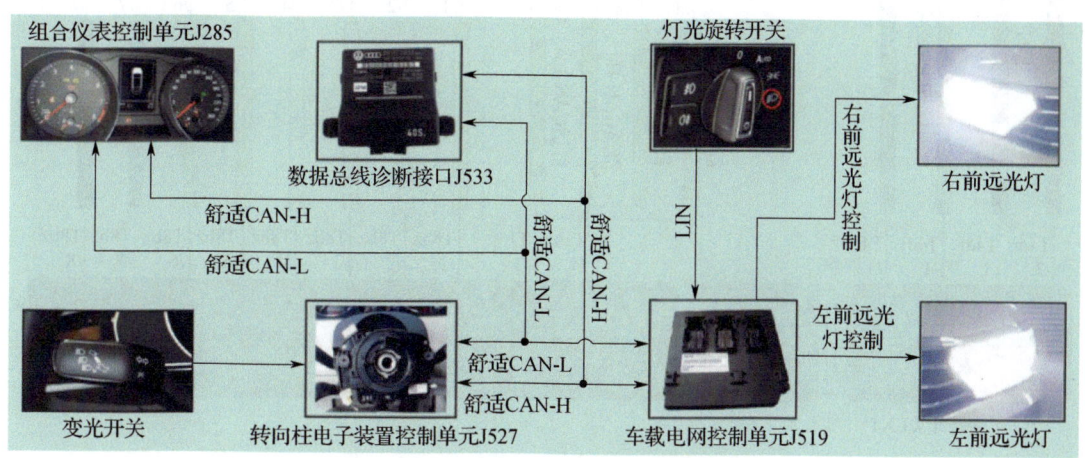

图 4-1 迈腾远光灯控制系统组成示意图

(1) 超车灯开关/变光开关

超车灯开关/变光开关安装在转向柱上部左侧方向盘下部的位置,如图 4-2 所示。

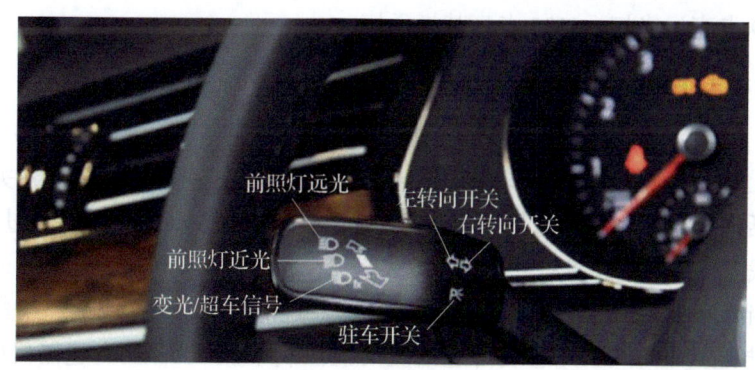

图 4-2 迈腾灯光旋转开关

如图 4-3 所示为迈腾远光灯系统工作原理图,从中可以看出,变光开关、转向信号灯开关和驾驶辅助系统操作按钮为一体。开关之间使用内部连接线束和转向柱电子装置控制单元 J527 相连。

1) 灯光旋转开关旋至近光灯位置时,变光开关向下按动,开关内部接通远光灯控制触点，随即转向柱电子装置控制单元 J527 接收到远光灯开启的模拟信号，控制单元 J527 将这一个模拟信号转换为数字信号，通过舒适系统 CAN 总线将数据发给车载电网控制单元 J519 和组合仪表控制单元 J285，J519 点亮远光灯，J285 点亮其指示灯。

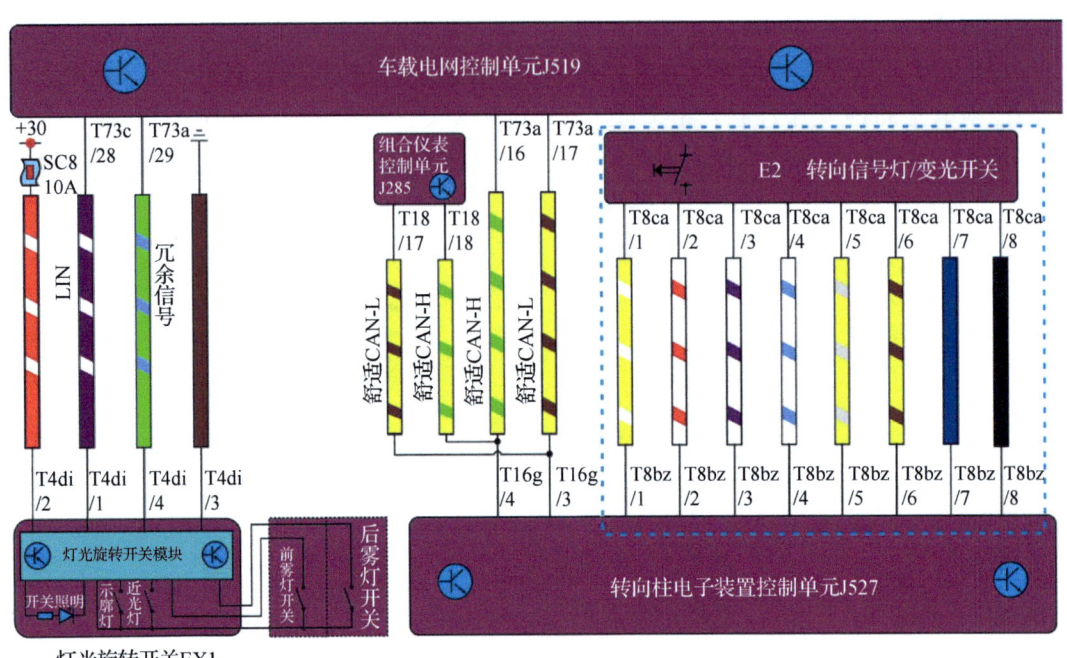

图 4-3　迈腾远光灯系统工作原理图

2）任何时候变光开关向上拉动，开关内部接通超车灯控制触点，随即转向柱电子装置控制单元 J527 接收到超车灯开启的模拟信号，控制单元 J527 将这一个模拟信号转换为数字信号，通过舒适系统 CAN 总线将数据发给车载电网控制单元 J519 和组合仪表控制单元 J285，J519 点亮远光灯，J285 点亮其指示灯。

（2）转向柱电子装置控制单元 J527

如图 4-4 所示为迈腾转向柱电子装置控制单元线路连接，从中可以看出，转向柱电子装置控制单元 J527 将左转向、右转向、变光、超车、喇叭按钮、刮水器开关（高速、低速、间歇）、刮水器洗涤、刮水器速度等的模拟信号转换为数字信号，并通过舒适 CAN 总线传递给车载电网控制单元 J519 和组合仪表控制单元 J285；将巡航开启、巡航加速、巡航减速、升档、减档等信号转换为数字信号，并通过舒适 CAN 总线传递给数据总线诊断接口 J533，再通过驱动 CAN 总线传递给发动机控制单元 J623 及变速器机电装置 J743；将音量增加、音量减小、免提电话等信号转换为数字信号，并通过舒适 CAN 总线传递给数据总线诊断接口 J533，再将这些信息通过娱乐 CAN 总线传递给信息显示和操作控制单元 J685。

（3）车载电网控制单元 J519

迈腾车身电源采用车载电网控制单元 J519（图 4-5）集中进行管理。它接收各个开关

任务 4　灯光控制系统认知与诊断

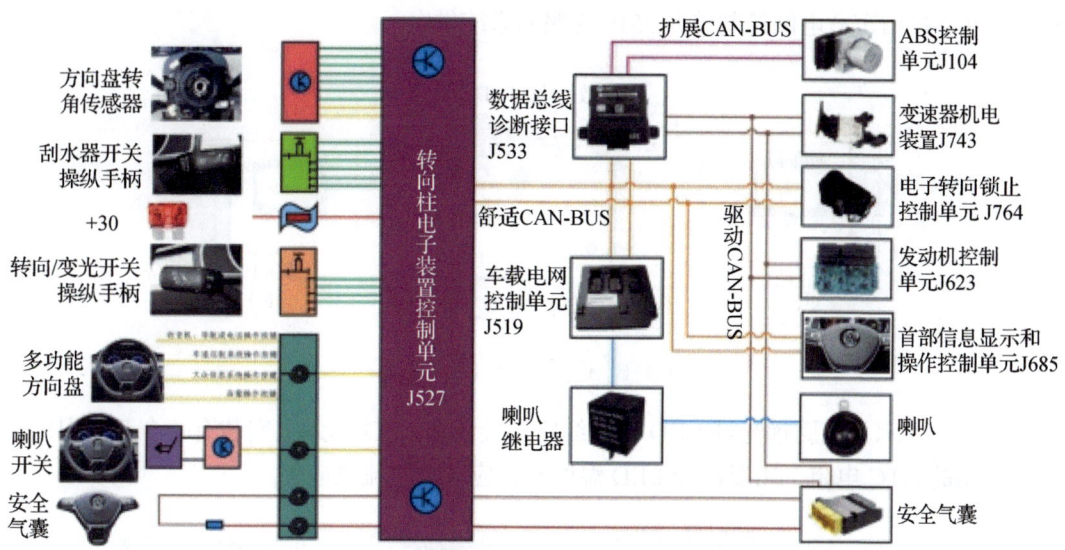

图 4-4　迈腾转向柱电子装置控制单元线路连接

的输入信号，通过电源统一分配和管理输入和输出信号，节省空间以及线路长度和元器件；采用集中电源管理方式，通过数据通信、数字信号的控制模式，大大提高了系统的可靠性、耐用性、便利性以及环保性；对电能进行动态能量管理（负荷管理），避免由于大的电量消耗使电量供应出现停止，同时在过大的周期性负载之前保护蓄电池。

对于灯光控制系统而言，J519 为了确保蓄电池有足够的电能使发动机顺利起动和正常运转，还会根据蓄电池电压、发动机转速、发电机的 DFM 信号，对用电负载（电能）进行管理，在保证安全行驶的前提下，适当地关闭舒适功能的用电设备，并对这些控制功能进行监测。

图 4-5　迈腾车载电网控制单元 J519

J519 的主要功能包括：外部灯光控制、舒适灯光控制（离家、回家）、刮水器控制、清洗泵控制、指示灯控制、负荷管理、内部灯光控制、后风窗加热、端子控制、燃油泵预供油控制以及控制、管理状态监测。

（4）迈腾前照灯总成（远光灯）

迈腾为了节省电能以及增加远光灯与超车灯的亮度，左、右远光灯与超车灯照明均采用 LED（发光二极管）模块照明的方式。

图 4-6 所示为迈腾远光灯 LED 单元主要部件，从中可以看出，远光灯 LED 单元只有一个带散热体的 LED 单元。该 LED 单元带有两个多晶 LED 发光单元，每个发光单元各包括两个 LED，用于在接通远光灯开关时切换到远光灯。LED 单元上的多晶 LED 发光单元串联接通，由远光灯电源单元供电。此 LED 电源单元接收开启/关闭命令（接线端

56a），并直接由车载电网控制单元 J519 为照明系统供电。

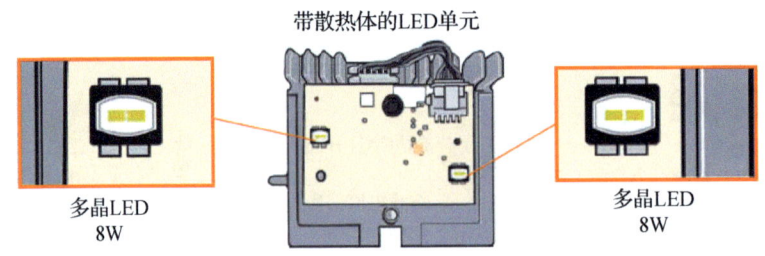

图 4-6　迈腾远光灯 LED 单元

图 4-7 所示为迈腾远光灯 LED 单元线路连接，在 LED 单元上安装有一个起到温度传感器作用的 NTC 电阻，用以监控 LED 温度并相应减少电流供应。

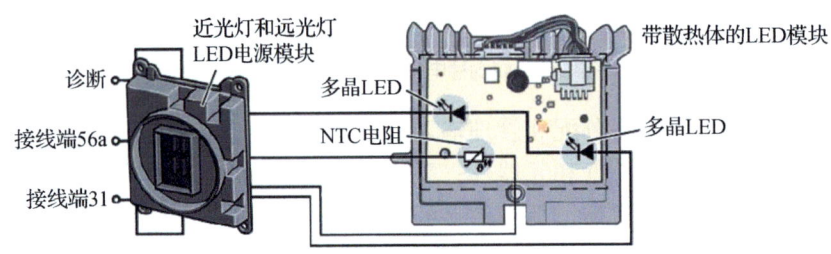

图 4-7　迈腾远光灯 LED 单元线路连接

2. 迈腾远光灯工作过程

灯光旋转开关旋至近光灯位置时，变光开关向下按动，开关内部接通远光灯控制触点，随即转向柱电子装置控制单元 J527 接收到远光灯开启的模拟信号，控制单元 J527 将这一个模拟信号转换为数字信号，通过舒适系统 CAN 总线将数据发给车载电网控制单元 J519 和组合仪表控制单元 J285，如图 4-8 所示。

1）J519 接收到此信号后，分别接通左前、右前远光灯控制信号，所有远光灯点亮。

2）J285 接收到此信号后，点亮仪表上的远光指示灯，提示驾驶员灯光状态。

3. 变光开关向上拉动

任何时候变光开关向上拉动，开关内部接通超车灯控制触点，随即转向柱电子装置控制单元 J527 接收到超车灯开启的模拟信号，J527 将这一个模拟信号转换为数字信号，通过舒适系统 CAN 总线将数据发给车载电网控制单元 J519 和组合仪表控制单元 J285，如图 4-9 所示。

1）J519 接收到此信号后，分别接通左前、右前远光灯控制信号，所有远光灯点亮。

2）J285 接收到此信号后，点亮仪表上的远光指示灯，提示驾驶员灯光状态。

松开变光开关，左前、右前远光灯和仪表上的远光指示灯熄灭。

任务 4 灯光控制系统认知与诊断

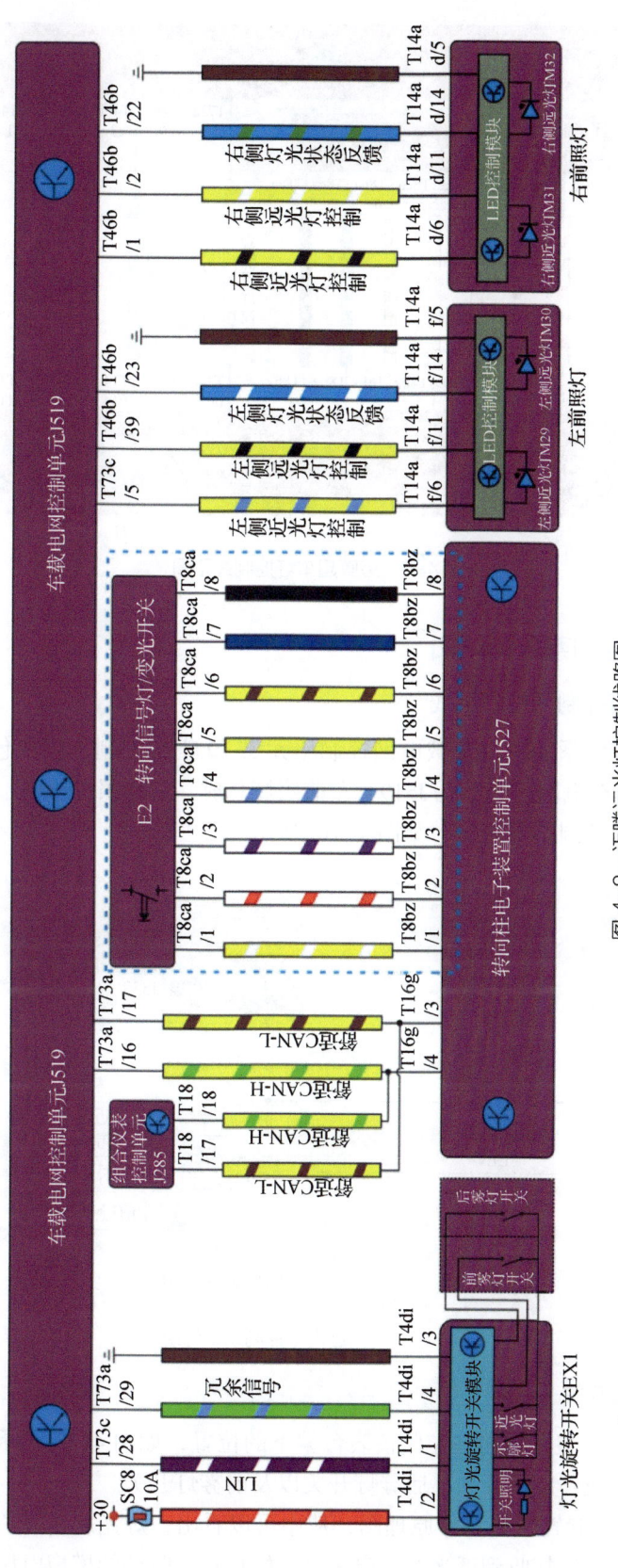

图 4-8 迈腾远光灯控制线路图

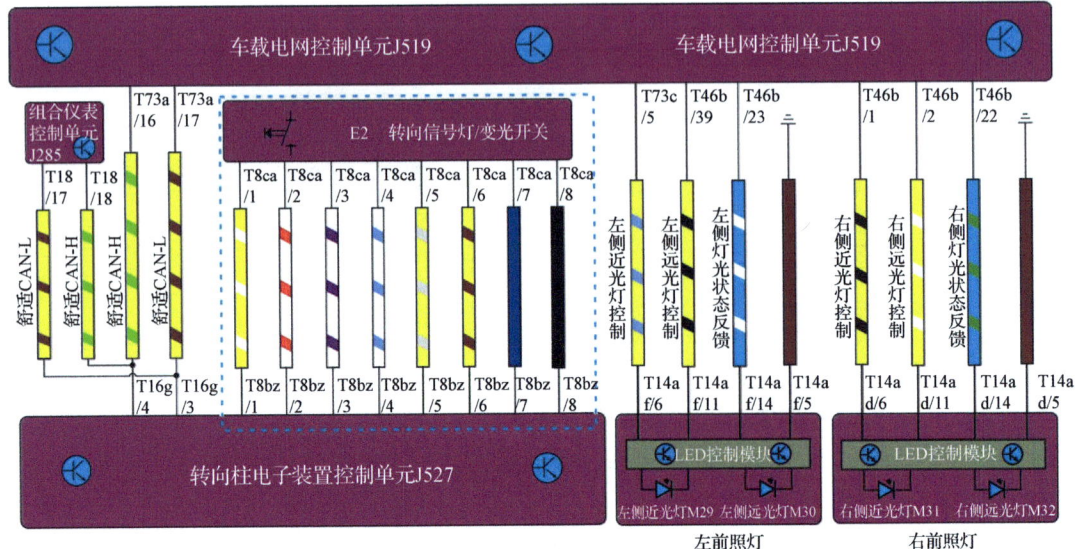

图 4-9 迈腾超车灯控制线路图

4.1.2 近光灯控制系统的认知

1. 迈腾近光灯控制系统的组成

迈腾近光灯控制系统通过车载电网控制单元 J519 集中控制,主要包含以下元器件:灯光旋转开关、车载电网控制单元 J519、左前照灯总成、右前照灯总成、数据总线诊断接口 J533、组合仪表控制单元 J285,如图 4-10 所示。

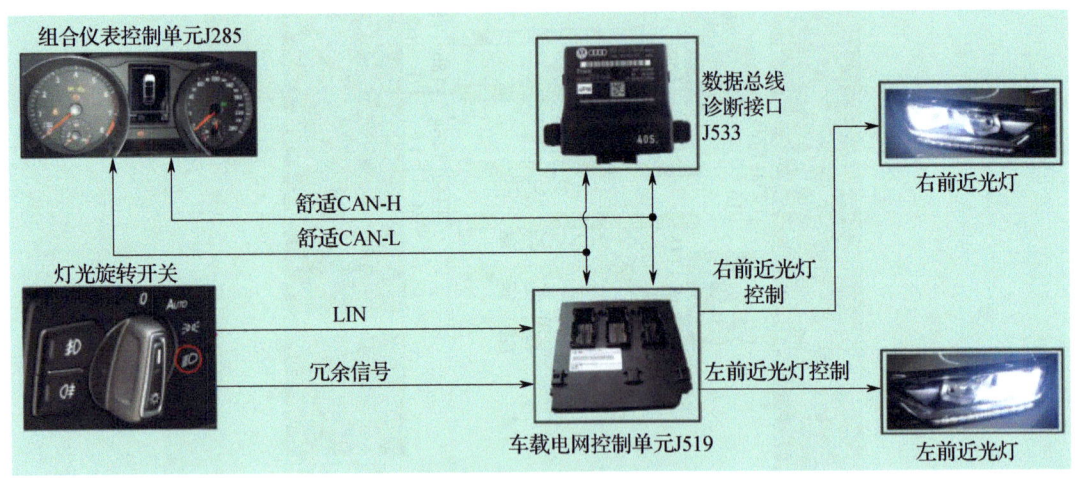

图 4-10 迈腾近光灯控制系统的组成

(1) 灯光旋转开关

灯光旋转开关安装在转向柱左侧仪表台偏下的位置,如图 4-11 所示。灯光旋转开关主要由以下部分组成:旋转开关、后雾灯开关以及前雾灯开关。

图 4-12 是灯光旋转开关工作原理图,从中可以看出,灯光旋转开关旋至近光灯位置时,灯光旋转开关模块接收到近光灯开启信号,模块将接收到的模拟电压信号转换为数字

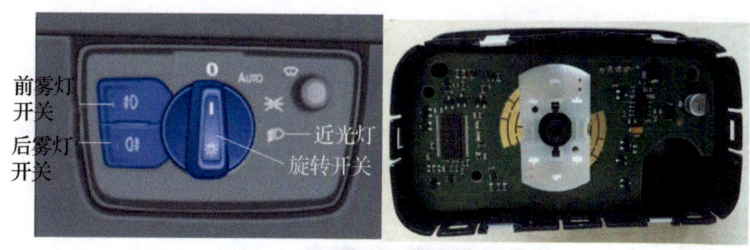

图 4-11 灯光旋转开关

信号，通过开关 LIN 线将此信号发送至车载电网控制单元 J519。当 LIN 线因为故障而无法传递信号时，系统可以采用 EX1 的 T4di/4 与 J519 之间的线路传递机械开关（示廓灯、近光灯）的信号，此时雾灯开关的信号无法进行传递，所以雾灯控制会失效。

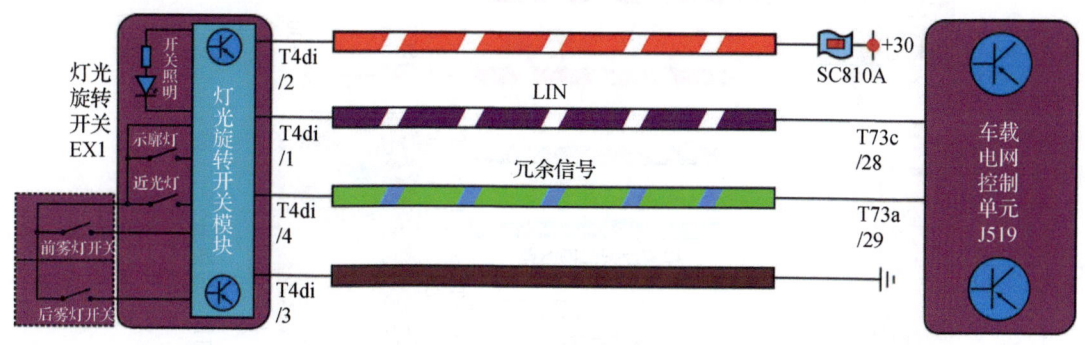

图 4-12 迈腾灯光旋转开关工作原理图

（2）前照灯总成（近光灯）

迈腾为了节省电能以及增加前照灯的亮度，左、右近光灯和远光灯照明均采用 LED（发光二极管）模块照明的方式，如图 4-13 所示。

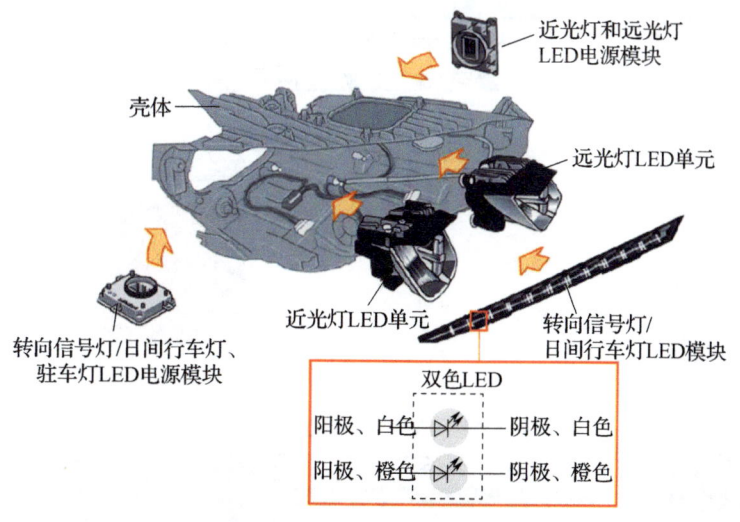

图 4-13 迈腾 LED 前照灯结构

2. 近光灯控制系统工作过程

图 4-14 是迈腾近光灯控制线路图，从中可以看出，灯光旋转开关旋至近光灯位置时，

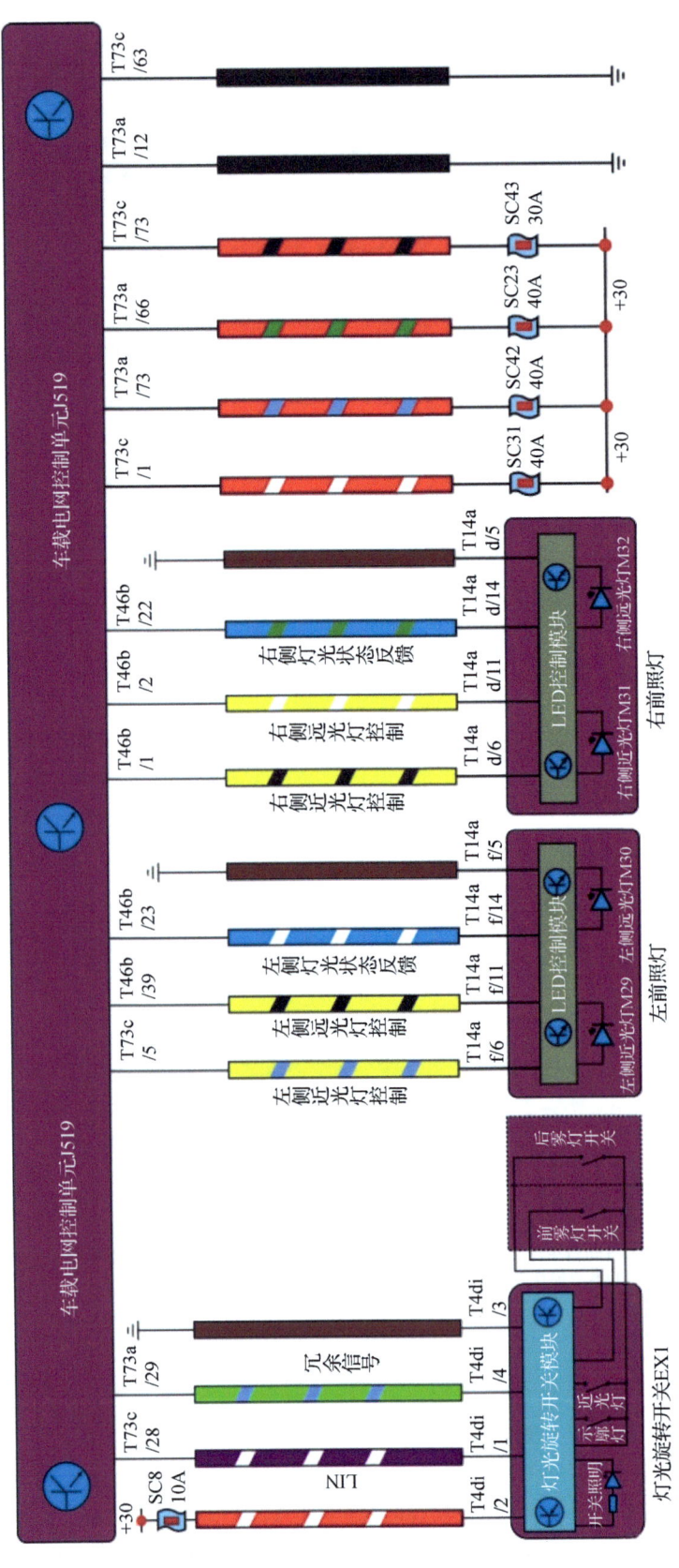

图 4-14 迈腾近光灯控制线路图

灯光旋转开关模块接收到近光灯开启信号，模块将接收到的模拟电压信号转换为数字信号，通过开关 LIN 线将此信号发送至车载电网控制单元 J519。控制单元 J519 接收到此信号后，分别接通左前、右前近光灯控制信号，所有近光灯点亮。

4.1.3 示廓灯控制系统的认知

1. 示廓灯控制系统的组成

迈腾示廓灯控制系统通过车载电网控制单元 J519 集中控制，如图 4-15 所示，系统主要包含灯光旋转开关、车载电网控制单元 J519、左右前照灯总成中的示廓灯、左右后尾灯总成中的示廓灯、数据总线诊断接口 J533、组合仪表控制单元 J285、车内各操作开关指示灯。

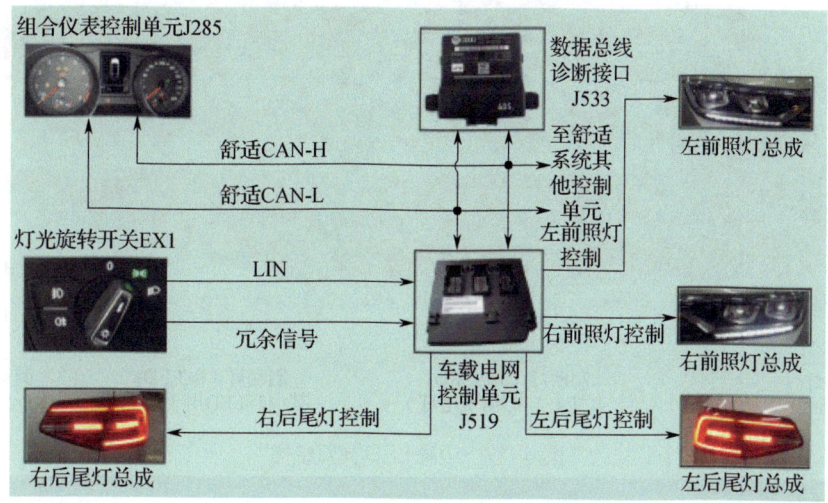

图 4-15　迈腾示廓灯控制系统组成

（1）前照灯总成中的示廓灯

前照灯总成中的示廓灯又叫日间行车灯，安装在前照灯总成的底部，如图 4-16 所示。该示廓灯用 LED 灯制成，其中的双色（Bi-Color）LED 灯用于日间行车灯、驻车灯和转向灯。

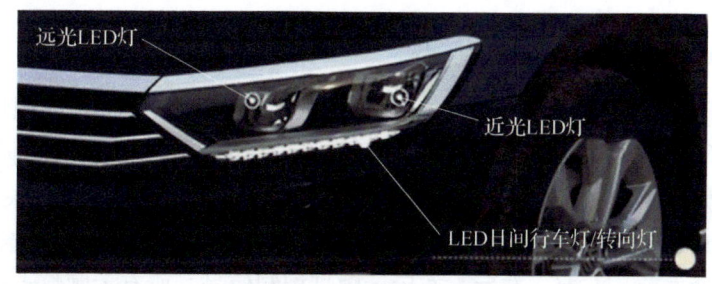

图 4-16　迈腾汽车前照灯

在"日间行车灯"功能下，通过 100% PWM 信号控制 13.5V 的 LED 白色部分，在开启转向信号灯的同时,将关闭日间行车灯。在"驻车灯"功能下,PWM 信号将减少 10%,因此 LED 变暗。此时再开启转向信号,则交替开启驻车灯和转向信号灯。

(2)LED 后尾灯

尾灯中一些 LED 段位可重复用于照明功能,如图 4-17 所示,而尾灯的照明使用下述照明段位:①固定部分和行李舱盖部分中的光导体 2×LED;②固定部分内的横向 LED 灯组 8×LED;③行李舱盖部分内的横向 LED 灯组 8×LED。

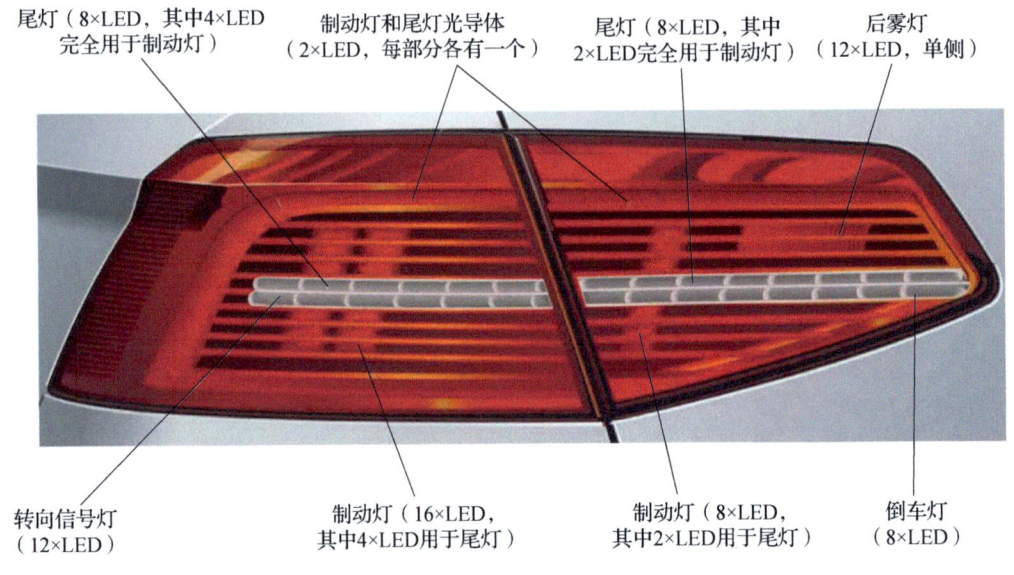

图 4-17 迈腾 LED 尾灯结构

如果尾灯转换到转向信号灯模式,则尾灯的下述段位继续亮起:①固定部分内的光导体和行李舱盖部分 2×LED;②行李舱盖部分内的 LED 灯组 8×LED 针对转向信号灯,现在尾灯固定部分内的 12 个转向信号灯 LED 亮起。

对于带有或没有尾灯的示廓灯,固定部分和行李舱盖部分内的光导体亮起(2×LED),同时下述段位亮起:①固定部分中的两个纵列灯组 16×LED,其中 4 个变暗的 LED 也用于尾灯;②行李舱盖中的一个纵列灯组 8×LED,其中 2 个变暗的 LED 也用于尾灯。

2. 示廓灯控制系统的工作过程

从迈腾外部示廓灯控制线路图(图 4-18)和迈腾车内氛围灯照明线路原理图(图 4-19)中可以看出,灯光旋转开关旋至示廓灯位置时,灯光旋转开关模块接收到示廓灯开启信号,模块将接收到的模拟电压信号转换为数字信号,并通过开关 LIN 数据线将此信号发送至车载电网控制单元 J519。控制单元 J519 接收到此信号后,进行以下操作:

1)分别接通左前、右前、左后、右后示廓灯控制信号,所有示廓灯点亮。

2)控制单元 J519 将此信号通过舒适 CAN 总线发送至组合仪表控制单元 J285、左侧车门控制单元 J386、右侧车门控制单元 J387、空调控制单元 J256,这些控制单元接收到

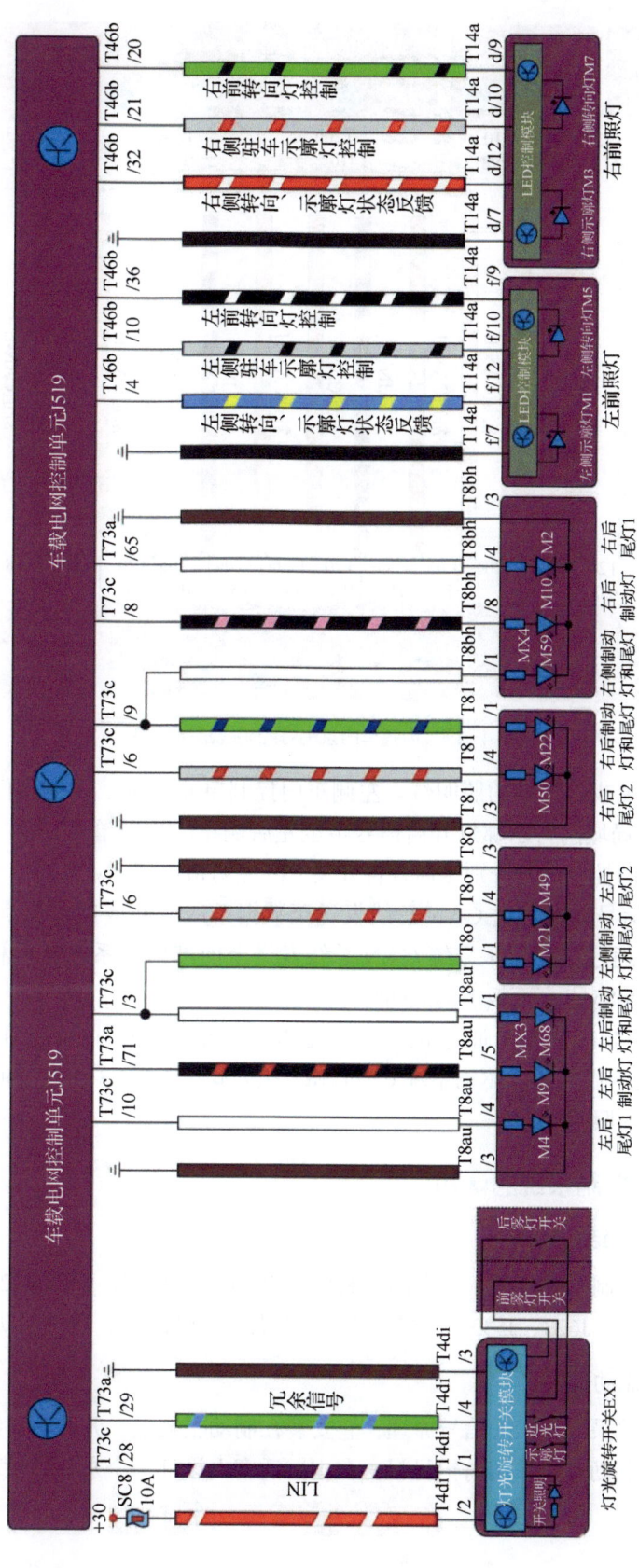

图 4-18 迈腾外部示廓灯控制线路图

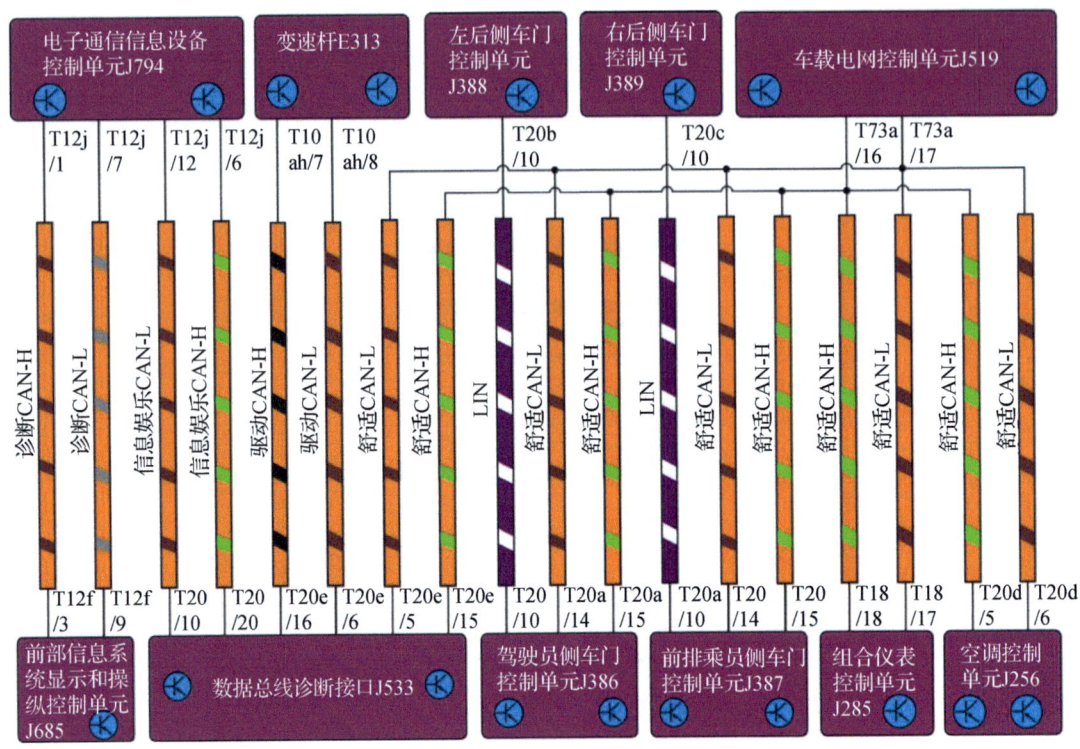

图 4-19 迈腾车内氛围灯照明线路原理图

此信号后接通开关或面板上的照明灯。左侧车门控制单元 J386、右侧车门控制单元 J387 通过各自的 LIN 局域网将示廓灯开启信号传至左后侧车门控制单元 J388、右后侧车门控制单元 J389，后门控制单元分别接通各自开关上的照明指示灯。

3）J519 将信号通过舒适 CAN 总线发送至数据总线诊断接口 J533，诊断接口 J533 将数据处理后，通过信息娱乐系统 CAN 总线发送至前部信息系统显示和操纵控制单元 J685，控制单元 J685 点亮面板上的照明灯。

4）控制单元 J519 将信号通过舒适 CAN 总线发送至数据总线诊断接口 J533，诊断接口 J533 将数据处理后，通过驱动系统 CAN 总线发送至变速杆 E313 控制单元，E313 控制单元点亮面板上的照明灯。

4.1.4 制动灯控制系统的认知

1. 迈腾制动灯结构组成

迈腾制动灯控制系统通过车载电网控制单元 J519 集中控制，如图 4-20 所示，系统主要包含制动灯开关、J623、J533、J285、J519、左右后尾灯总成、高位制动灯。

（1）霍尔式制动开关

迈腾制动开关采用霍尔式信号原理，它安装在制动主缸上，开关内部线路板上设计有两个霍尔芯片，制动主缸采用铸铝材料，在主缸活塞上设计一个永久磁性环，作为信号触发器。

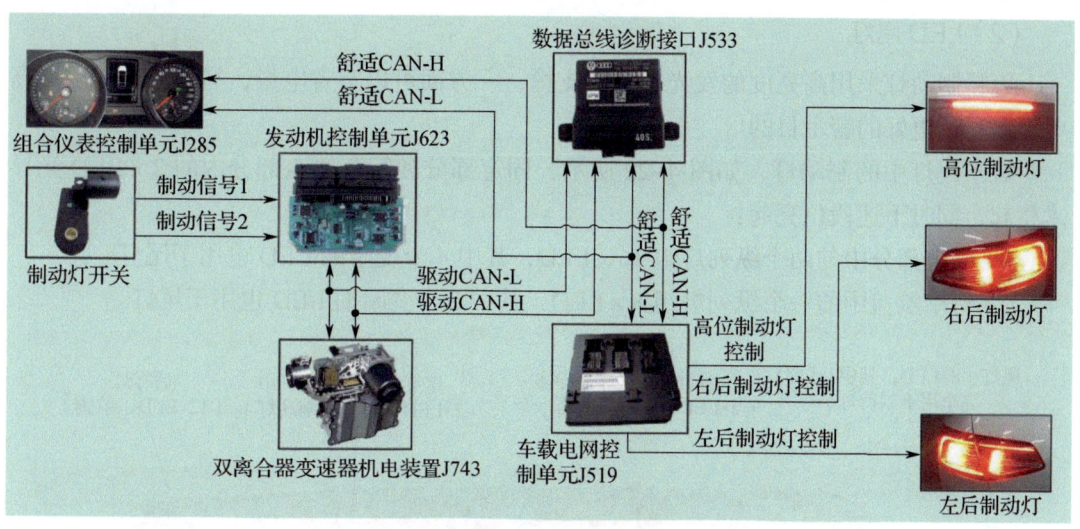

图 4-20 迈腾制动灯结构组成

踩下制动踏板时,活塞沿图 4-21 所示箭头方向移动,永久磁性环(信号触发器)切割开关内部线路板上霍尔芯片的磁感应线,从而产生感应信号。车载电网控制单元利用该信号控制制动灯的点亮或熄灭。

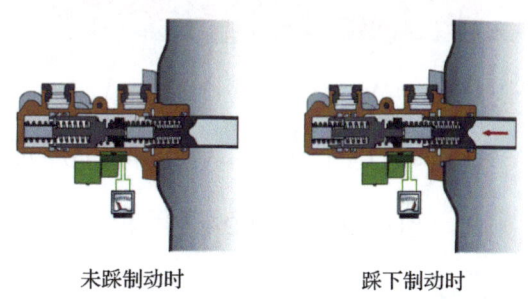

图 4-21 迈腾制动灯开关工作原理

开关内部通过两个霍尔芯片来实现双路信号输出,两路信号的切变点位移差小于 0.5mm,两路信号分别为常闭和常开信号。其信号逻辑见表 4-1。

表 4-1 迈腾制动灯开关信号逻辑

行程/mm	BLS	EMS
0	L	H
2.5	H	L
5	H	L
10	H	L
20	H	L
40	H	L

注:BLS 表示常开信号;EMS 表示常闭信号;H 表示高电平;L 表示低电平。

(2) LED 尾灯

迈腾制动灯采用高亮度的发光二极管支撑，一方面可以节省电量，另一方面可以提高亮度，达到更好的警示目的。

对于尾灯中的制动灯，如图 4-22 所示，固定部分和行李舱盖部分内的 2×LED 光导体亮起，同时下述段位亮起：

1）固定部分中的两个纵列灯组 16×LED，其中 4 个变暗的 LED 也用于尾灯。
2）行李舱盖中的一个纵列灯组 8×LED，其中 2 个变暗的 LED 也用于尾灯。

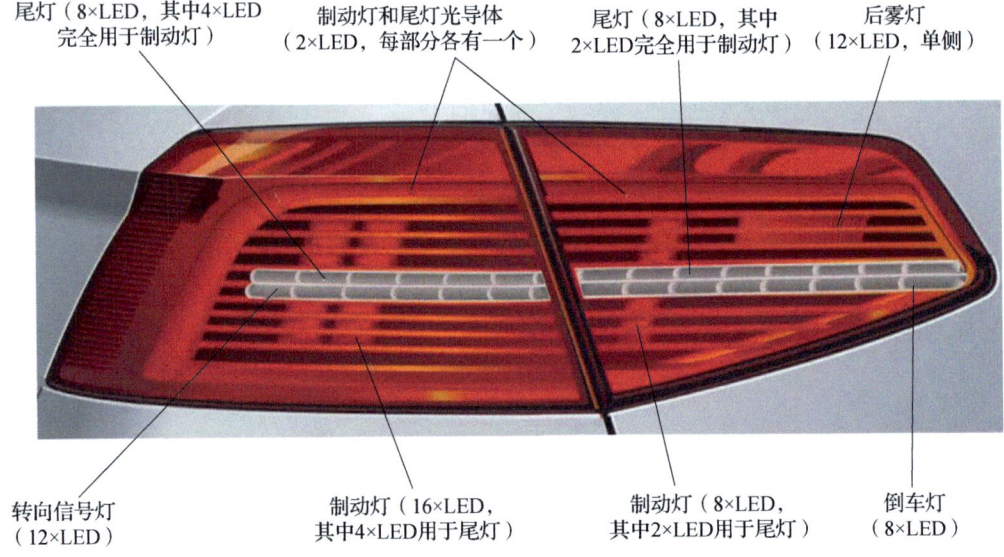

图 4-22　迈腾 LED 尾灯结构

2. 迈腾制动灯系统工作过程

从迈腾制动灯控制线路图（图 4-23）中可以看出，当踩下制动踏板时，发动机控制单元 J623 检测到制动灯开关两个霍尔芯片发出的两个制动踏板状态信号，并通过驱动数据总线将这一数据信息发送至双离合器变速器机电装置 J743、数据总线诊断接口 J533。

J533 将数据处理后，通过舒适数据总线将这一数据信息发送至车载电网控制单元 J519、组合仪表控制单元 J285。J285 接收到此信息后控制仪表上制动踏板状态指示灯熄灭；J519 接收到此消息后，分别接通左后、右后以及高位制动灯总成中的 LED 电源，LED（制动灯）点亮。

4.1.5　转向灯及危险警告灯控制系统的认知

1. 转向灯及危险警告灯控制系统的组成

迈腾转向灯及危险警告灯控制系统通过车载电网控制单元 J519 集中进行控制，系统包含转向/变光开关、危险警告灯开关、转向柱电子装置控制单元 J527、车载电网控制单元 J519、左前照灯总成、右前照灯总成、左后尾灯总成、右后尾灯总成、左侧后视镜总

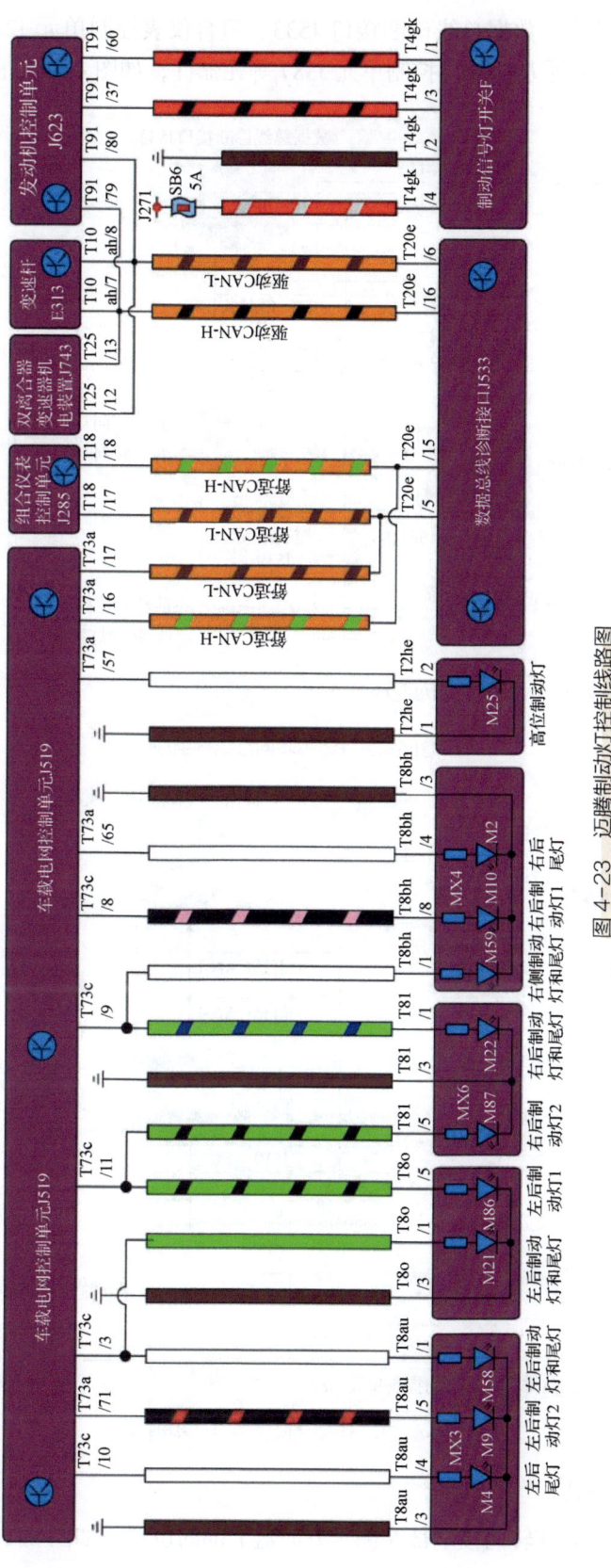

图4-23 迈腾制动灯控制线路图

成、右侧后视镜总成、数据总线诊断接口 J533、组合仪表控制单元 J285、驾驶员侧车门控制单元 J386、前排乘员侧车门控制单元 J387 等元器件，如图 4-24、图 4-25 所示。

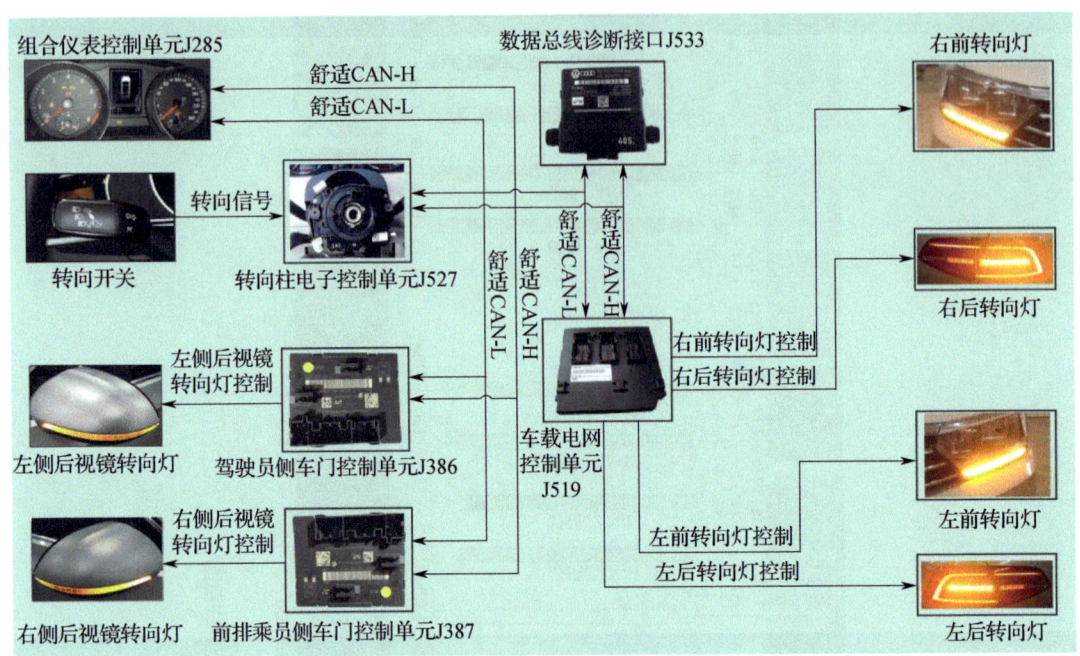

图 4-24　迈腾转向灯结构组成

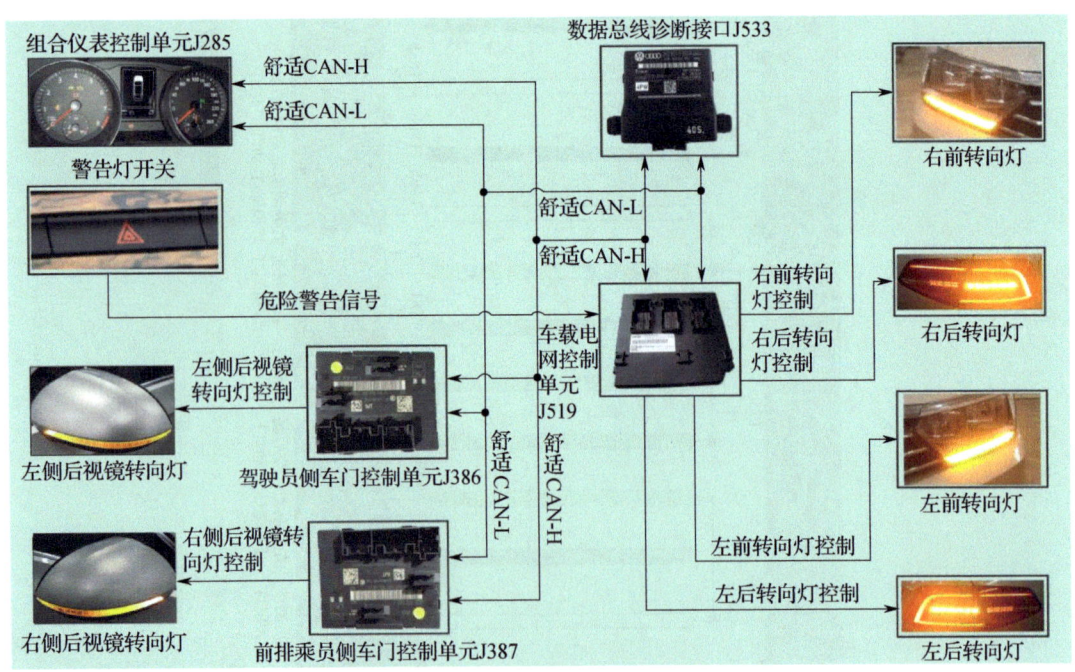

图 4-25　迈腾危险警告灯结构组成

（1）转向灯开关

转向灯开关安装在转向柱上部左侧、方向盘下部的位置，如图 4-26 所示。

任务 4 灯光控制系统认知与诊断

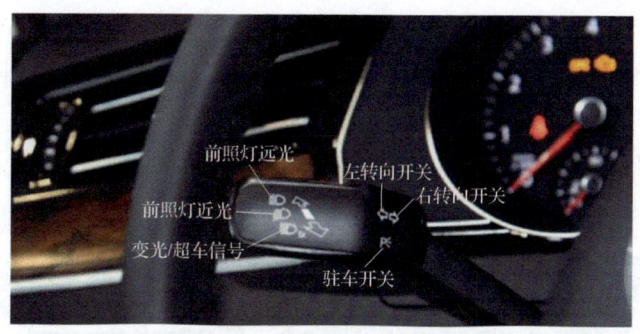

图 4-26 迈腾转向灯开关

从迈腾转向灯开关工作原理图（图 4-27）中可以看出，转向灯开关、变光开关和驾驶辅助系统操作按钮为一体。开关使用内部连接线束和转向柱电子装置控制单元 J527 相连。

1）打开点火开关，向前拨动转向灯开关，接通开关内部右转向灯触点，随即转向柱电子装置控制单元 J527 接收到右转向灯开启的模拟信号，控制单元 J527 将这一个模拟信号转换为数字信号，通过舒适系统 CAN 总线将数据发给车载电网控制单元 J519 和组合仪表控制单元 J285。

2）打开点火开关，向后拨动转向灯开关，接通开关内部左转向灯触点，随即转向柱电子装置控制单元 J527 接收到左转向灯开启的模拟信号，控制单元 J527 将这一个模拟信号转换为数字信号，通过舒适系统 CAN 总线将数据发给车载电网控制单元 J519 和组合仪表控制单元 J285。

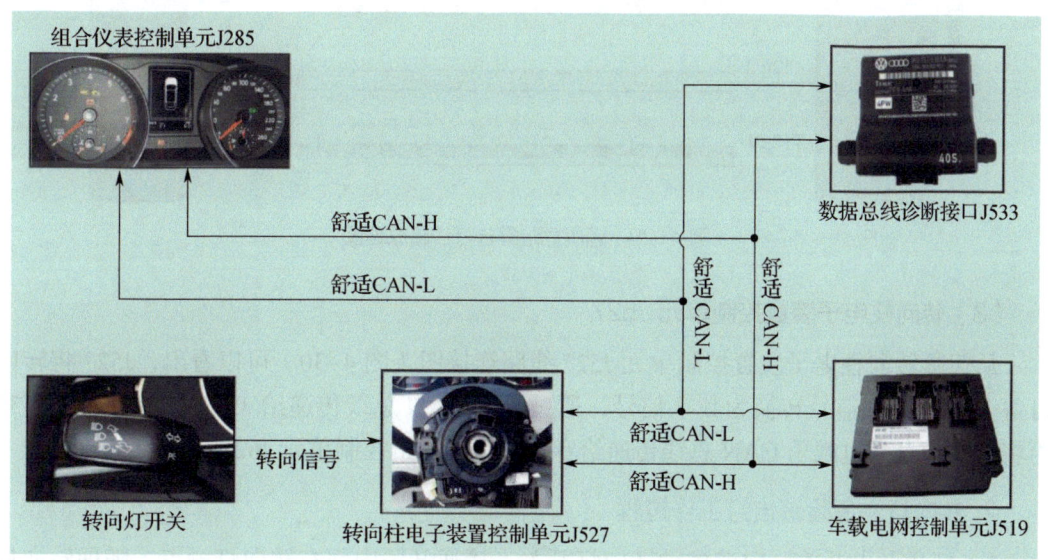

图 4-27 迈腾转向灯开关工作原理图

（2）危险警告灯开关

危险警告灯俗称为"双闪"，其开关位于仪表台中部，如图 4-28 所示。它是一种提醒其他车辆与行人注意本车发生了特殊情况的信号灯。在驾车过程中遇到浓雾能见度低于100m时，由于视线不好，不但应该开启前、后防雾灯，还应该开启危险警告灯，以提醒过往车辆及行人的注意，特别是提醒后方行驶的车辆保持应有的安全距离和必要的安全车速，避免紧急制动引起追尾。

图4-28 迈腾危险警告灯开关

危险警告灯开关使用连接线束和车载电网控制单元J519接通，如图4-29所示。在任何时候按下危险警告灯开关，开关内部触点接通，随即J519就可接收到危险警告灯开关开启的模拟信号。

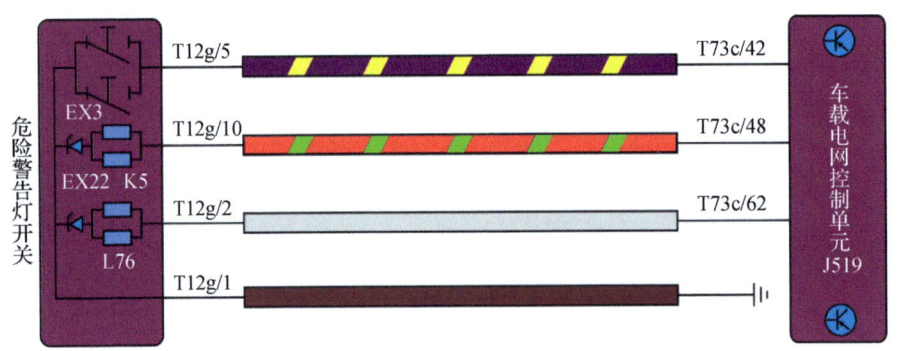

图4-29 迈腾危险警告灯线路原理图

（3）转向柱电子装置控制单元J527

从迈腾转向柱电子装置控制单元J527线路连接图（图4-30）可以看出，J527将转向灯等开关的模拟信号转换为数字信号，通过舒适CAN总线传递给J519以及J533，J533再将这些信息通过娱乐CAN总线传递给音响以及发动机控制单元J623。

2. 转向灯、危险警告灯工作过程

1）打开点火开关，向前拨动转向灯开关，接通开关内部右转向灯触点，随即转向柱电子装置控制单元J527接收到右转向灯开启的模拟信号，J527将这一个模拟信号转换为数字信号，通过舒适系统CAN总线将数据发给车载电网控制单元J519、组合仪表控制单元J285、前排乘员侧车门控制单元J387，如图4-31所示。

任务 4　灯光控制系统认知与诊断

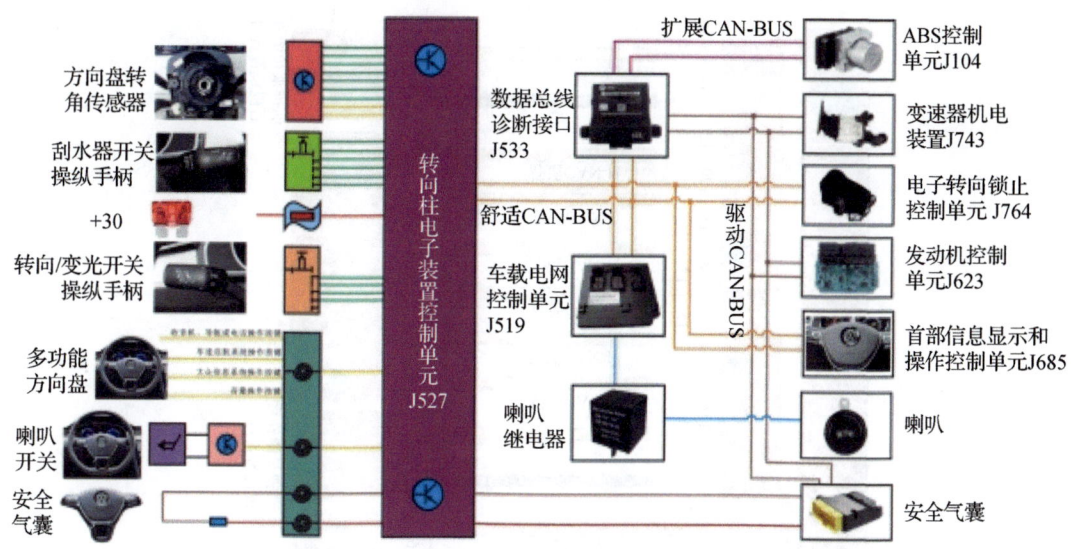

图 4-30　迈腾转向柱电子装置控制单元 J527 线路连接图

①J519 接收到右转向灯开启的模拟信号后，接通右前转向灯和右后转向灯。

②J285 通过舒适数据总线接收到此信号后，点亮其内部的右转向指示灯，提示驾驶员转向灯状态。

③J387 通过舒适数据总线接收到此信号后，点亮右侧后视镜上的右转向指示灯来提醒行人以及外部车辆。

2）打开点火开关，向后拨动转向灯开关，接通开关内部左转向灯触点，随即 J527 接收到左转向灯开启的模拟信号，J527 将这一个模拟信号转换为数字信号，通过舒适系统 CAN 总线将数据发给车载电网控制单元 J519、组合仪表控制单元 J285、驾驶员侧车门控制单元 J386。

①J519 接收到左转向灯开启的模拟信号后，接通左前转向灯和左后转向灯。

②J285 通过舒适数据总线接收到此信号后，点亮其内部的左转向指示灯，提示驾驶员转向灯状态。

③J386 通过舒适数据总线接收到此信号后，点亮左侧后视镜上的左转向指示灯来提醒行人以及外部车辆。

3）任何时候按下危险警告灯开关，开关内部触点接通，随即 J519 就可接收到危险警告灯开关开启的模拟信号，然后控制车辆上相关信号及指示灯闪烁，如图 4-32 所示。

①J519 接收到危险警告灯开关开启的模拟信号后，接通左前、左后、右前、右后转向灯。

②J285 通过舒适数据总线接收到此信号后，点亮其内部的左转、右转向指示灯，提示驾驶员危险警告灯状态。

③J386、J387 通过舒适数据总线接收到此信号后，点亮左、右两侧后视镜上的转向指示灯来提醒行人以及外部车辆。

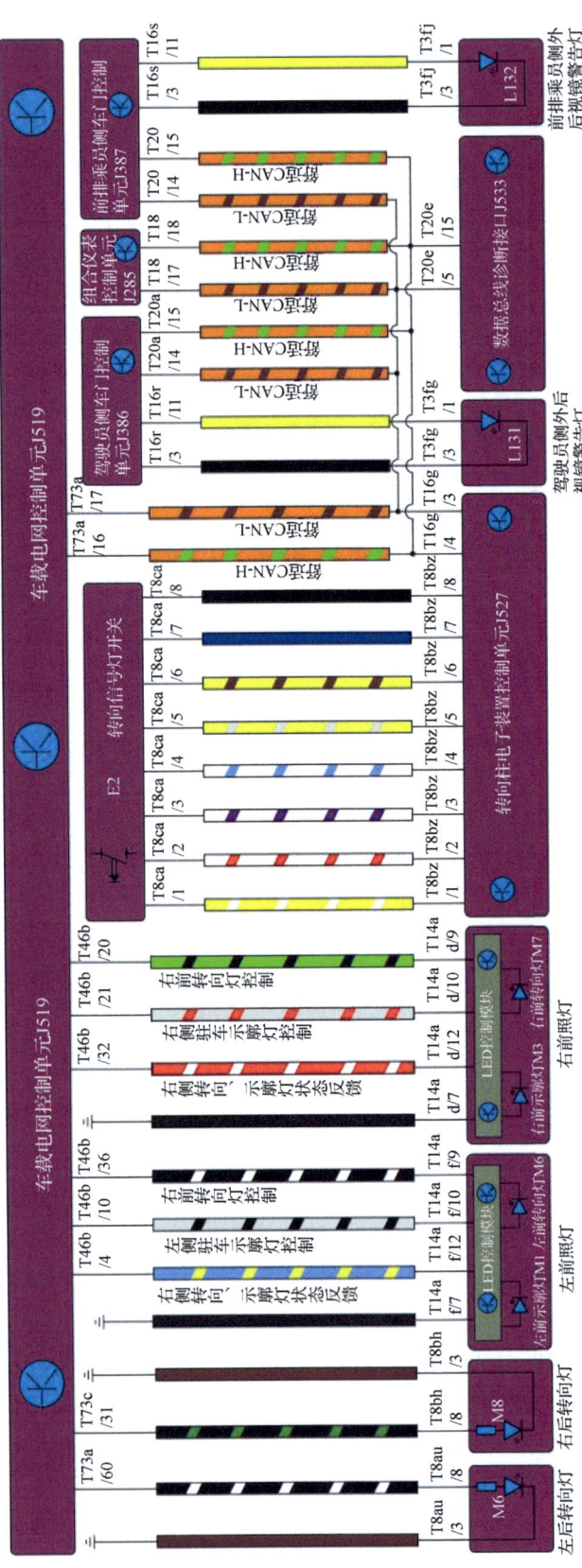

图 4-31 迈腾转向灯控制线路图

任务 4 灯光控制系统认知与诊断

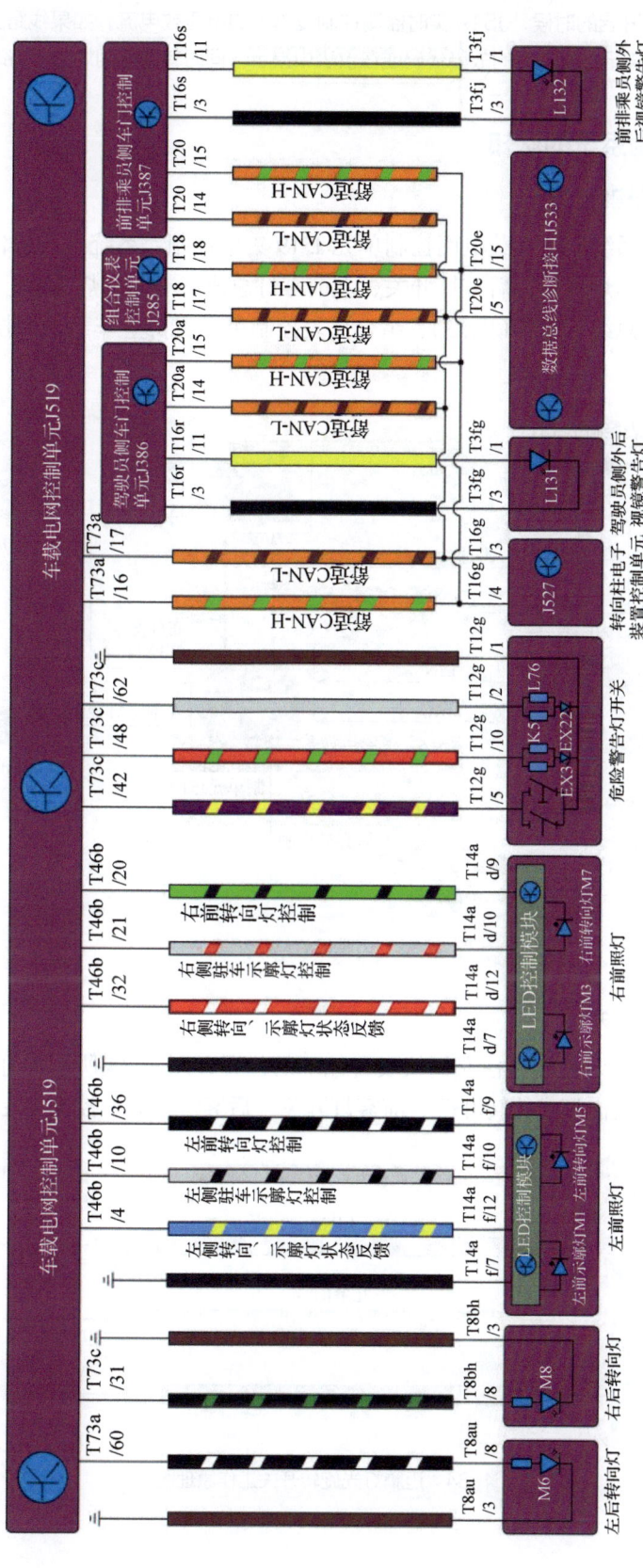

图 4-32 迈腾警告灯控制线路图

注意： 在以上灯光开启的时候，J519 实时监测控制线路上的电压或电流，如果线路上的电压或电流异常，控制单元将记忆相对应的故障代码或在仪表中提示，同时转向灯闪烁频率将改变。

4.1.6 雾灯控制系统的认知

1. 迈腾雾灯结构组成

迈腾雾灯控制系统通过车载电网控制单元 J519 集中控制，系统主要包含以下元器件：灯光旋转开关、前雾灯开关、后雾灯开关、左前雾灯总成、右前雾灯总成、左后尾灯总成（含后雾灯）、数据总线诊断接口 J533、组合仪表控制单元 J285、车载电网控制单元 J519，如图 4-33 所示。

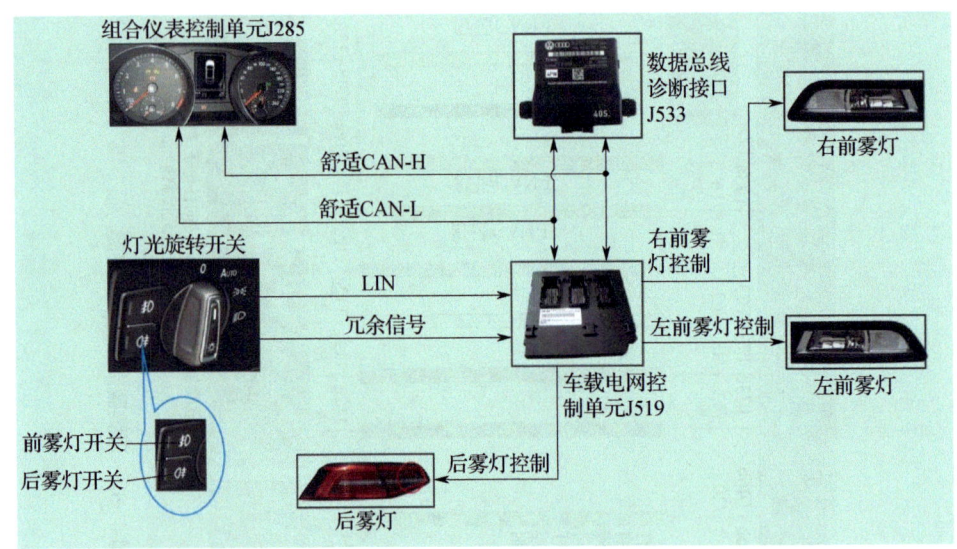

图 4-33 迈腾雾灯结构组成

（1）灯光旋转开关

灯光旋转开关安装在转向柱左侧仪表台偏下的位置，图 4-34 所示为灯光旋转开关工作原理图。控制开关由灯光旋转开关、前雾灯开关、后雾灯开关、控制单元组成。

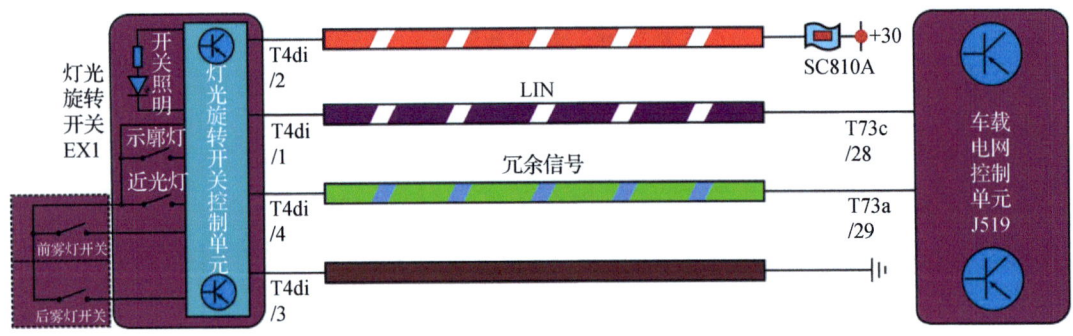

图 4-34 迈腾灯光旋转开关工作原理图

1）灯光旋转开关旋至示廓灯位置时，灯光旋转开关模块接收到示廓灯开启信号，模块将接收到的模拟电压信号转换为数字信号，并通过LIN线将此信号发送至J519；或者灯光旋转开关旋至近光灯位置时，灯光旋转开关模块接收到近光灯开启信号，模块将接收到的模拟电压信号转换为数字信号，并通过LIN线将此信号发送至J519。

2）按压前雾灯开关，灯光旋转开关模块接收到前雾灯开启信号，模块将接收到的模拟电压信号转换为数字信号，并通过LIN线将此信号发送至J519。

3）按压后雾灯开关，灯光旋转开关模块接收到后雾灯开启信号，模块将接收到的模拟电压信号转换为数字信号，并通过LIN线将此信号发送至J519。

以上为前、后雾灯开启顺序，如果顺序错误，将导致系统工作错乱：在示廓灯档位时，如果只操作后雾灯开关，则前后雾灯均不亮；在近光灯档位时，如果只操作后雾灯开关，则前雾灯不亮，但后雾灯点亮。

（2）前雾灯总成

汽车在雾、雪和大雨等恶劣气候条件下，或者在烟尘弥漫的环境中行驶时，为了照亮前方道路、保障行车安全，必须采用前雾灯照明。近年来的车辆造型设计多将雾灯设置在前保险杠上，如图4-35所示。

图4-35 迈腾前雾灯安装位置

迈腾前雾灯采用卤素灯泡，如图4-36所示。卤素灯泡（halogen lamp）又称为钨卤灯泡、石英灯泡，是白炽灯的一个变种。其原理是在灯泡内注入碘或溴等卤素气体，在高温下，升华的钨丝与卤素进行化学反应，冷却后的钨会重新凝固在钨丝上，形成平衡的循环，避免钨丝过早断裂。因此卤素灯泡的使用寿命比白炽灯更长。

迈腾前雾灯由反光镜、配光镜、灯泡（或LED）、遮光罩和垂直灯光调节装置及外壳等组成，以灯泡可换的装置可动型及反射镜可动型为主，其灯泡多为55W的卤素灯泡。另外，光束调整一般仅为上下方向。

光源的灯丝设计在反光镜抛物面的焦点上，经反光镜反射后形成与光轴平行的光束射出。配光镜将光束扩散、折射后形成较宽的水平光束，并使其光形和照度符合法规要求。前雾灯内的遮光罩是为了将灯丝向反光镜上半部分照射的光线遮住，使其配光有一清晰的明暗截止线，即上暗下明。在配光光形边缘上部的可见区域内尽可能暗，而下部亮区两侧水平方向扩散角应为50°，形成一个左右横向的亮区，以满足既不眩目又可为安全行车提供良好的照明条件。

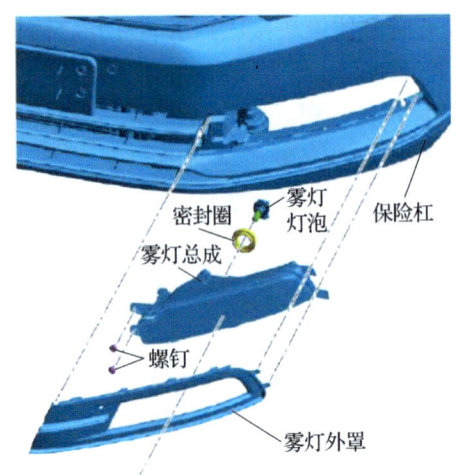
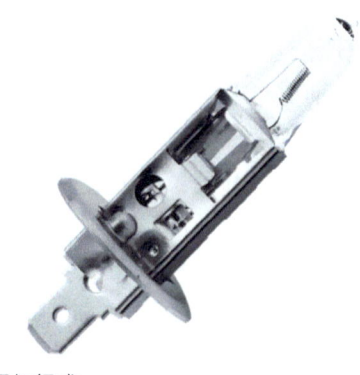

图 4-36 迈腾前雾灯组成

（3）LED 后雾灯

为了节省电能以及增加雾灯的亮度，迈腾后雾灯警示照明采用 LED 模块照明的方式。其 LED 尾灯结构如图 4-37 所示。

2. 雾灯控制系统的工作过程

从迈腾雾灯控制线路图（图 4-38）可以看出，灯光旋转开关旋至示廓灯或近光灯位置时，灯光旋转开关模块接收到示廓灯或近光灯开启信号，模块将接收到的模拟电压信号转换为数字信号，并通过 LIN 线将此信号发送至 J519。J519 接收到此信号后，接通车外示廓灯或近光灯线路，并通过数据总线将示廓灯开启信号发送至其他控制单元，各控制单元接收此信号后开启对应的室内开关照明。

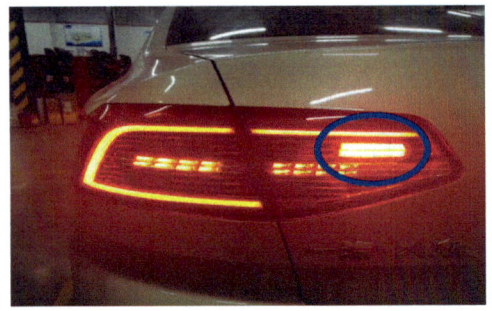

图 4-37 迈腾 LED 雾灯光束

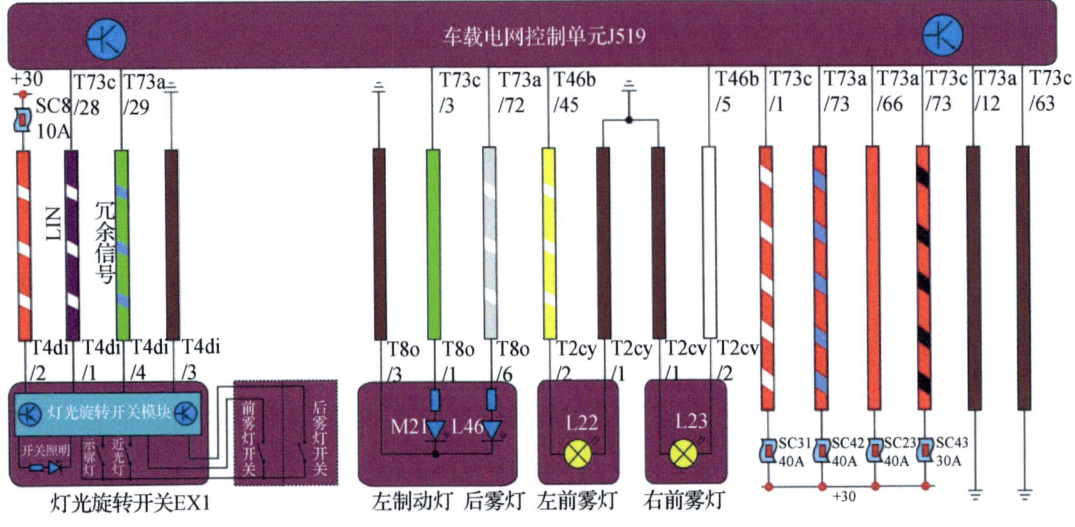

图 4-38 迈腾雾灯控制线路图

按下前雾灯开关，前雾灯开关信号接通，灯光旋转开关模块接收到前雾灯开启信号，模块将接收到的模拟电压信号转换为数字信号，并通过 LIN 线将此信号发送至 J519。J519 接收到此信号后，接通车外前雾灯线路，前雾灯点亮。

此时再按下后雾灯开关，后雾灯开关信号接通，灯光旋转开关模块接收到后雾灯开启信号，模块将接收到的模拟电压信号转换为数字信号，并通过 LIN 线将此信号发送至 J519。J519 接收到此信号后，接通车外后雾灯线路，后雾灯点亮。

4.1.7 倒车灯控制系统的认知

1. 倒车灯控制系统的组成

迈腾倒车灯控制系统通过车载电网控制单元 J519 集中控制，系统包含变速杆 E313 控制单元（带档位传感器）、双离合器变速器机电装置 J743、数据总线诊断接口 J533、组合仪表控制单元 J285、车载电网控制单元 J519、左右后尾灯总成等元器件，如图 4-39 所示。

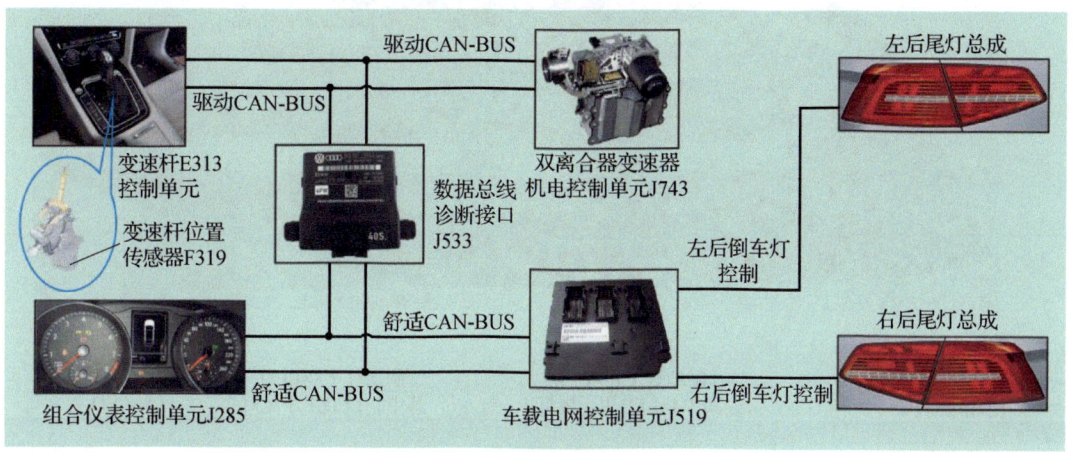

图 4-39 迈腾倒车灯结构组成

（1）变速杆 E313

变速杆 E313 将驾驶员对车辆控制的运动方式信息（停车、前进、倒车）通过驱动 CAN 总线传递给数据总线诊断接口 J533、发动机控制单元 J623、双离合器变速器机电控制单元 J743。J743 接收到此信息后控制内部执行器档位控制阀、离合器控制阀等动作，变速器电控及机械机构转入倒档模式。网关控制器 J533 接收到此信息后，通过舒适 CAN 总线将此信息发送至车载电网控制单元 J519 和组合仪表。车载电网控制单元 J519 接收到此信息后，控制后部倒车灯点亮，以警示行人以及其他车辆，在暗光线的情况下还可为驾驶员倒车提供后部照明。组合仪表接收到此信息后，控制仪表上"R"指示灯点亮，提醒驾驶员车辆目前所处的运行状态及方向。

变速杆 E313 内部由 7 个霍尔式传感器按不同位置排列在 E313 的 PCB 板上，图 4-40 所示为变速杆 E313 结构图。移动变速杆，7 个霍尔式传感器输出不同的高低电位，E313

内部检测到各个传感器输出的高低电位，生成编码，并和内部存储的档位信息编码进行比对，如果编码符合内部所存储的档位中 N、P、R、D、S 中的某一个，变速杆 E313 通过驱动 CAN 总线将对应档位信息发出。

（2）LED 倒车灯

迈腾 LED 尾灯（含倒车灯）结构如图 4-41 所示，为了节省电能以及增加后尾灯亮度，后尾灯内部的照明以及警示灯采用 LED（发光二极管）模块显示的方式。

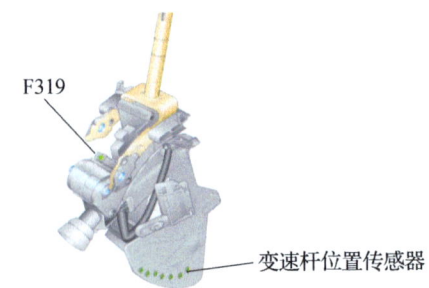

图 4-40 变速杆 E313 结构图

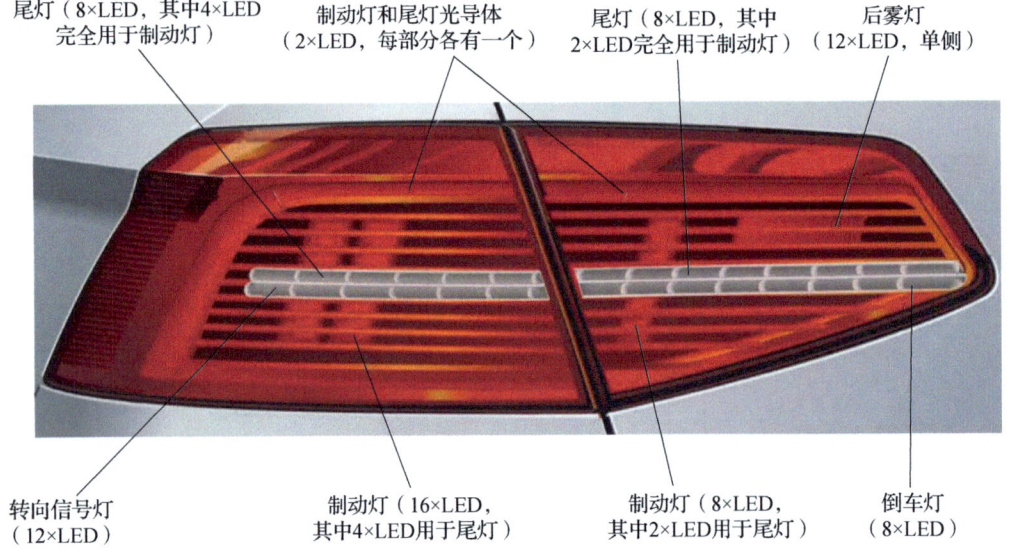

图 4-41 迈腾 LED 尾灯结构

2. 迈腾倒车灯系统工作过程

从迈腾倒车灯控制线路图（图 4-42）可以看出，当变速器变速杆置于倒档位置时，变速杆 E313 控制单元检测到变速杆位置传感器发出的倒档信号，同时点亮换档控制面板上的倒车标志符号灯。

变速杆 E313 控制单元通过驱动数据总线将这一数据信息发送至发动机控制单元 J623、双离合器变速器机电装置 J743、数据总线诊断接口 J533。双离合器变速器机电装置 J743 控制液压机构将齿轮转换至倒车状态。

数据总线诊断接口 J533 将数据处理后，通过舒适数据总线将这一数据信息发送至车载电网控制单元 J519、组合仪表控制单元 J285。组合仪表控制单元 J285 接收到此信息后，点亮仪表上倒档位置的档位显示符号；J519 接收到此消息后，分别接通左后和右后倒车灯总成中的 6 个 LED 电源，LED（倒车灯）点亮。

任务 4 灯光控制系统认知与诊断

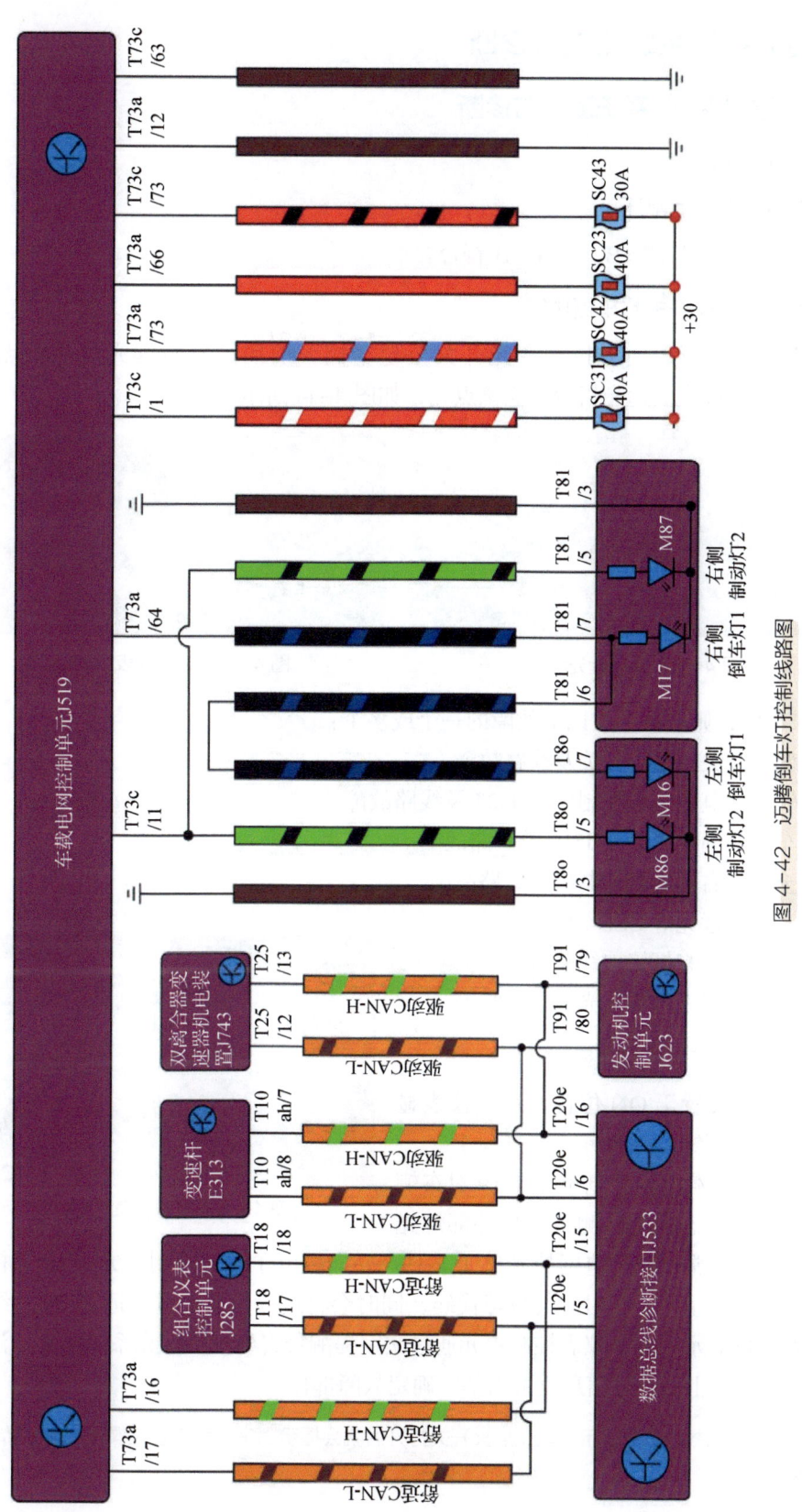

图 4-42 迈腾倒车灯控制线路图

4.2 灯光控制系统测试与诊断

4.2.1 远光灯控制系统测试与诊断

1. 初步分析

（1）检测蓄电池电压

用正确的方法检测 +B，确保 +B 符合要求。

（2）检查变光开关超车档功能

在任何情况下，向上拉动变光开关至超车档，前照灯左右远光灯应该点亮，如图 4-43 所示，仪表上远光指示灯应该点亮，如图 4-44 所示。

图 4-43　迈腾远光灯

图 4-44　迈腾仪表远光指示灯

如果异常，则可能存在以下故障的一个或多个：

1）变光开关内超车开关及线路故障。
2）转向柱电子装置控制单元 J527 及线路故障。
3）车载电网控制单元 J519 及线路故障。
4）至左、右远光灯控制信号线路故障。
5）左、右远光灯 LED 故障。
6）左、右远光灯接地线路故障。
7）仪表及仪表内部远光指示灯故障。

（3）ON 档时观察仪表显示

将点火开关置于 ON 位置，观察仪表显示是否正常，如图 4-45 所示。

迈腾汽车车载电网控制单元 J519 对车辆外部灯光工作状态实施监测，如果外部灯光

图 4-45　迈腾仪表灯光故障提示

工作状态发生异常，车载电网控制单元 J519、转向柱电子装置控制单元 J527 会根据检测到信号的状态产生一个相对应的故障代码，同时会将这一信息通过舒适 CAN 总线发送至组合仪表控制单元 J285，仪表控制单元通过文字提醒警告驾驶员灯光系统异常，注意行车安全。分析仪表上的故障信息就可以基本确定故障部位。

注意： 仪表上的故障信息提示有些在点火开关打开后就会提示出来，而有些在操作灯光旋转开关后才会提示出来。

（4）检查灯光开关近光灯功能

旋转灯光旋转开关至近光灯位置，观察前部左、右近光灯是否点亮。如果异常，则可能存在以下故障的一个或多个：

1）灯光旋转开关及线路故障。
2）至左、右近光灯控制信号线路故障。
3）左、右近光灯 LED 故障。
4）左、右近光灯接地线路故障。

（5）检查变光开关功能

按下变光开关，观察前部左、右远光灯是否点亮，以及仪表上远光指示灯是否点亮，如图 4-46 所示。如果显示异常，则可能存在变光开关及线路故障。

图 4-46　迈腾远光灯及仪表指示

（6）观察仪表是否提示新的灯光系统故障

观察仪表上是否提示新的灯光系统故障，如果有就按照信息进行维修。

2. DTC 分析

现代汽车一般都具有自诊断功能，即使通过故障现象可以明确故障范围，也最好首先读取故障记忆，因为这特别有利于快速发现故障。如果有故障代码，应清楚故障代码的定义和生成的条件，并基于此展开诊断和故障检修；如果没有故障代码，则基于系统的结构和工作原理进行系统诊断。

系统控制单元根据需要实时监测特定的元器件、数据通信以及线路的电压、信号。如果受监测的元器件、数据通信以及线路的电压、信号出现波动或异常，在设定时间内控制单元将确认此元器件、数据通信以及线路出现故障，随即在 ROM 中调取一个和电压以及信号异常相对应的代码，存储于控制单元 RAM 中，这就是故障代码，即 DTC。

在利用故障代码进行故障诊断时，一定要仔细阅读故障代码的定义和生成的条件，从中可以明确故障代码的生成机理，并根据机理确定验证故障代码真实性的方法，进而有利于提高诊断效果。因此，利用故障代码进行故障诊断时按以下步骤进行：

1）读取故障代码，查阅资料了解故障代码的定义和生成条件。
2）验证故障代码的真实性，验证的方法也分两步：
①通过清除故障代码、模仿故障工况运行车辆，再次读取故障代码。

② 通过数据流或在线测量值来判定故障真实性，并由此展开系统测量。

3）按照当前的故障车窗玻璃升降异常，实测过程中可能会遇到三种情况：

① 诊断仪器可以正常和车载电网控制单元 J519 之间进行通信，但系统没有故障记忆。

② 诊断仪器可以正常和车载电网控制单元 J519 之间进行通信，并能读取到系统中所存储的故障代码，此时应结合故障代码信息进行维修。

③ 诊断仪器不能正常和车载电网控制单元 J519 之间进行通信，因此无法读取系统中所存储的故障代码。

图 4-47 所示为诊断仪器和车载电网控制单元 J519 之间的通信原理图，从中可以看出，诊断仪器通过诊断仪器连接线、无线或蓝牙通信、OBD-Ⅱ诊断接口、CAN-BUS 与车载电网控制单元 J519 进行通信。

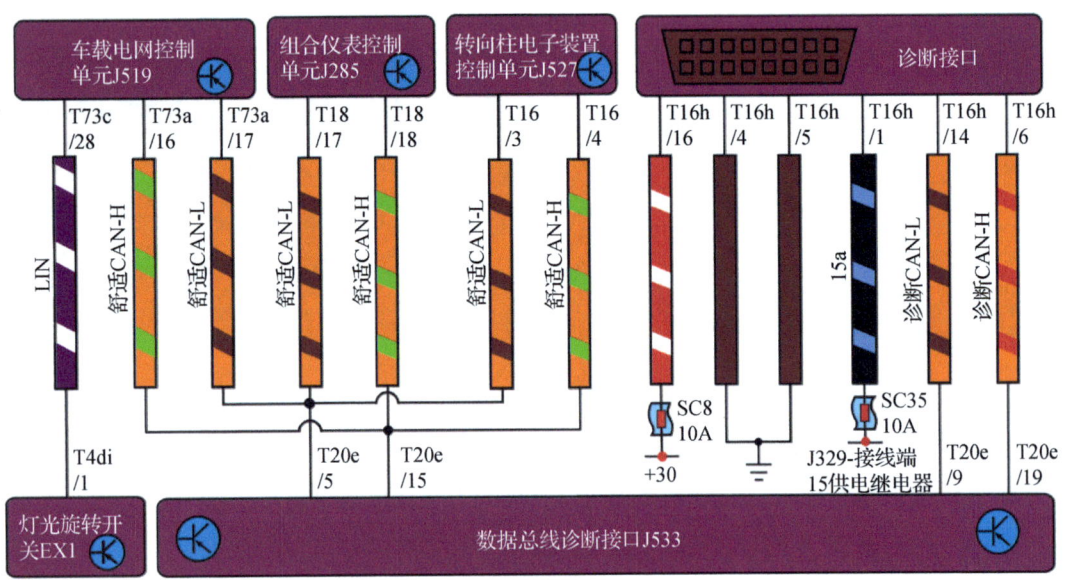

图 4-47　J519 数据诊断通信线路图解

4）如果诊断仪器无法进入车辆所有系统，则可能是解码器、诊断仪器连接线、无线或蓝牙通信、OBD-Ⅱ诊断接口、CAN 总线中的一个或多个出现故障。如果只是某个控制单元无法到达，则可能是该控制单元或其电源线路、相邻的 CAN-BUS 区间出现故障。诊断仪器无法进入某个控制单元，可能原因有以下几种：

① 诊断接口电源供给线路故障。

② 诊断接口与数据总线诊断接口 J533（网关）之间的诊断 CAN 线路故障。

③ 数据总线诊断接口 J533（网关）电源、自身故障。

④ J533 与车载电网控制单元 J519 之间的舒适 CAN 线路故障。

⑤ 车载电网控制单元 J519 自身或其电源故障。

3. 无码分析

如果没有故障代码显示，那就需要技术人员结合故障现象，分析系统线路图（图 4-48），列举故障可能，并按照正确的流程、利用合适的测试设备进行正确的测量，

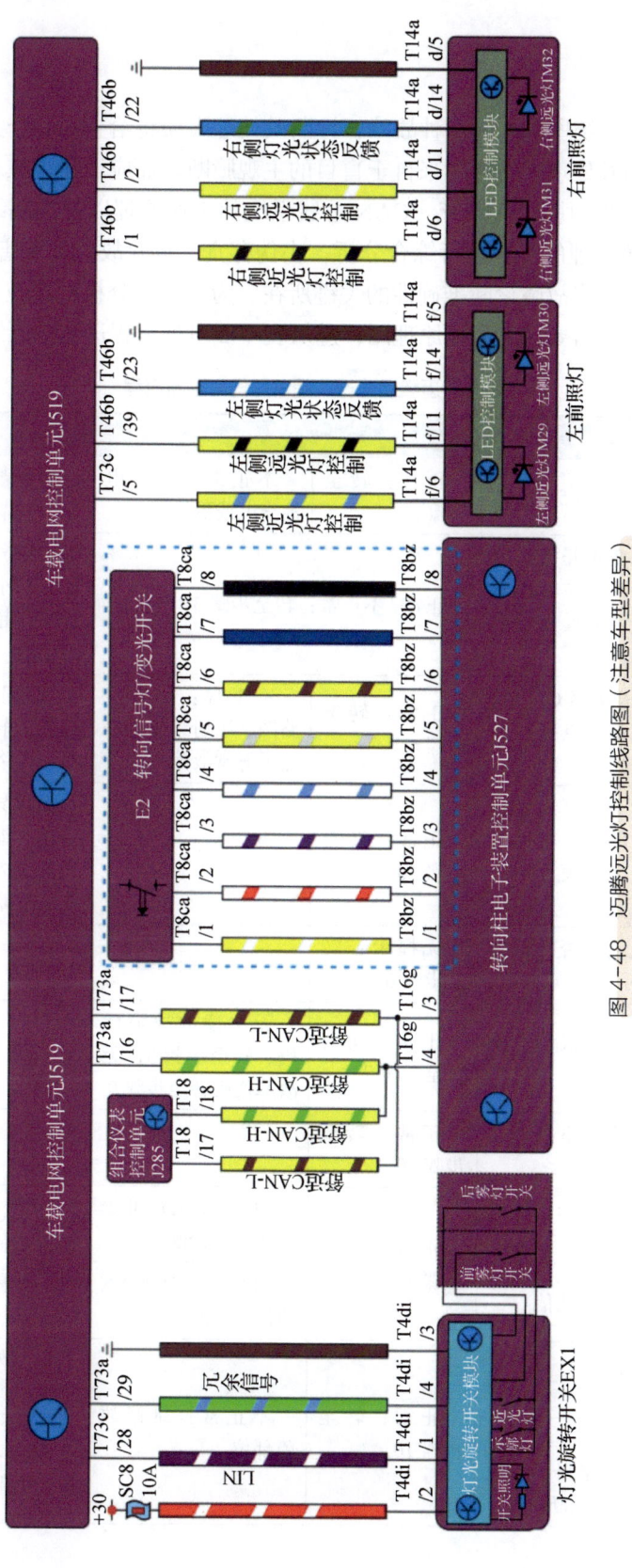

图 4-48 迈腾远光灯控制线路图（注意车型差异）

4. 诊断流程

面对汽车灯光系统所发生的各种故障，诊断及处理失误将给企业和个人造成相当大的损失。正确的诊断及处理，不可能来自于盲目的主观臆断，而应该建立在获取与故障有关信息的基础上，依据迈腾灯光系统、CAN 总线系统的工作原理以及控制结构，运用科学的分析方法，按照合理的步骤进行综合分析，去伪存真，排除故障"受害者"，找出故障"肇事者"，这才是提高故障诊断准确性的关键所在。为了便于分析，不至于被众多杂乱无章的信息扰乱思路，需要结合线路原理图，遵从表 4-2 所列流程进行诊断维修。

表 4-2 迈腾远光灯、超车灯异常诊断流程

步骤	操作	结果		备注
1	确认 +B 大于 11.5V	正常：转至步骤 2	不正常：给蓄电池充电或更换	确保蓄电池正负极接头连接牢靠、不脏污
2	向上拉动变光开关至超车档位，前照灯左右远光灯点亮、仪表上远光指示灯点亮	正常/不正常：转至步骤 3		如果异常开启远光灯验证，缩小故障范围为变光开关内超车开关触点及线路故障
3	打开点火开关至 ON 档，仪表显示应正常点亮；前照灯没有点亮	正常：转至步骤 4	不正常：结合线路图、手册维修仪表显示异常故障	如果前照灯点亮则检查灯光旋转开关电源、LIN 通信线路
4	按下变光开关至远光档位，观察前部左、右远光灯是否点亮，仪表上远光指示灯点亮。	正常：转至步骤 10	不正常：转至步骤 5	如果异常，结合超车灯正常，缩小故障范围为变光开关内远光开关触点及线路故障
5	观察仪表上是否有外部灯光故障提示	无提示：转至步骤 6		
6	连接故障诊断仪器，读取故障代码	正常读取：转至步骤 7	无法读取故障代码：转至步骤 8，无故障代码转至步骤 9	
7	根据实施维修里故障代码进行诊断、维修	正常：转至步骤 10		
8	检测 OBD-Ⅱ诊断接口及相关线路	正常：转至步骤 7	执行"OBD-Ⅱ诊断接口"诊断	使用连线时，如果解码器不亮或者使用无线传输方式怀疑无线单元不能通信时进行该诊断
8	检测舒适 CAN 通信		执行"舒适 CAN 通信"诊断	
9	插接件检查	正常：转至步骤 10	不正常：维修故障部位	包括外观、退针、锈蚀等项目
9	结合维修手册、线路图对所有远光灯控制、接地线路进行电压、通断测量			测量项目包括对地电压、电阻和端对端电阻

（续）

步骤	操作	结果		备注
10	故障检验	正常：转至步骤 11	不正常：转至步骤 5	
11	维修完成			

5. 实施维修

（1）根据故障代码提示进行维修

利用解码器读取故障代码，按照本资源库中提供的针对每个故障代码制定的诊断流程进行故障诊断。

（2）线路检测

根据系统的结构原理，对灯光旋转开关、变光开关、车载电网控制单元、数据总线诊断接口、左前远光灯、右前远光灯等线路进行检测，检测方法参照本资源库的相关内容。

（3）部件检测

根据系统的结构原理，对灯光旋转开关、变光开关、车载电网控制单元、数据总线诊断接口、左前近光灯、右前近光灯等元器件进行检测，检测方法参照本资源库的相关内容。

4.2.2 近光灯控制系统测试与诊断

1. 初步分析

（1）检测蓄电池电压

用正确的方法检测 +B，确保 +B 满足车辆要求。

（2）观察仪表显示信息

将点火开关置于 ON 位置，观察仪表显示是否正常，如图 4-49 所示。

如果仪表显示异常信息，就需要结合线路图、维修手册，先排除仪表显示异常的故障。

（3）观察前照灯是否异常

在打开点火开关后观察近光灯是否异常点亮，观察仪表是否显示异常信息，如果前照灯亮起，说明车载电网控制单元 J519 在自检过程中没有接收到正确的来自灯光旋转开关模块的信息，所以将会采取保护措施点亮近光灯。这就需要对灯光旋转开关模块的电源、开关本身、LIN 数据总线进行检测和检查。

1）旋转灯光旋转开关至近光灯位置，如图 4-50 所示，观察前部左、右近光灯是否点亮。如果左、右近光灯全未点亮，则可能存在以下故障的一个或多个：

① 灯光旋转开关模块本身、供电线路故障。

图 4-49 迈腾仪表灯光系统

图 4-50 迈腾近光灯开启

② 灯光旋转开关模块与 J519 之间线路故障。

③ J519 本身、供电线路故障。

2）如果只是某一侧近光灯未点亮，则可能存在以下故障的一个或多个：

① J519 至某侧前近光灯控制故障。

② J519 至某侧前近光灯控制信号线路故障。

③ 某侧前照灯自身故障。

④ 某侧前照灯接地线路故障。

（4）观察仪表是否提示灯光系统故障

接上步观察仪表是否提示灯光系统故障，如果仪表提示灯光系统故障，根据仪表提示进行检查和维修。

2. DTC 分析

现代汽车一般都具有自诊断功能，即使通过故障现象可以明确故障范围，也最好首先读取故障记忆，因为这特别有利于快速发现故障。如果有故障代码，应清楚故障代码的定义和生成的条件，并基于此展开诊断和故障检修；如果没有故障代码，则基于系统的结构和工作原理进行系统诊断。

3. 无码分析

如果没有故障代码显示，那就需要技术人员结合故障现象，分析系统线路图（图 4-51），列举故障可能，并按照正确的流程、利用合适的测试设备进行正确的测量，从而发现故障所在。

4. 诊断流程

面对汽车灯光系统所发生的各种故障，诊断及处理失误将给企业和个人造成相当大的损失。正确的诊断及处理，不可能来自于盲目的主观臆断，而应该建立在获取与故障有关信息的基础上，依据迈腾灯光系统、CAN 总线系统的工作原理以及控制结构，运用科学的分析方法，按照合理的步骤进行综合分析，去伪存真、舍次取主，排除故障"受害者"，找出故障"肇事者"，这才是提高故障诊断准确性的关键所在。为了便于分析，不至于被众多杂乱无章的信息扰乱思路，需要结合线路原理图，遵从表 4-3 所列流程进行诊断维修。

任务 4 灯光控制系统认知与诊断

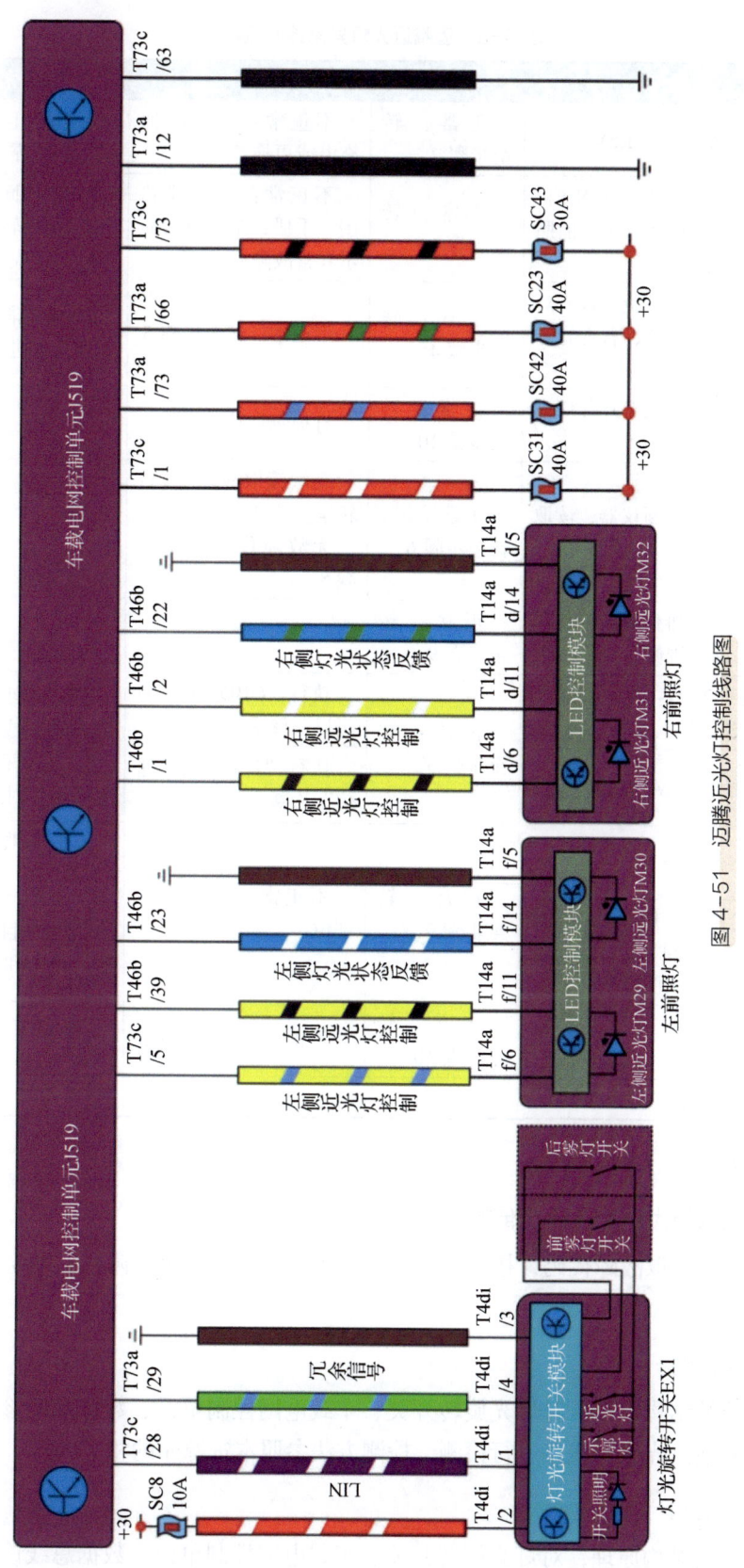

图 4-51 迈腾近光灯控制线路图

表 4-3 迈腾近光灯异常诊断流程

流程	操作	结果		备注
1	确认 +B 大于 11.5V	正常：转至步骤 2	不正常：给蓄电池充电或更换	确保蓄电池正负极接头连接牢靠，不脏污
2	打开点火开关至 ON 档，仪表显示应正常点亮；前照灯应没有点亮	正常：转至步骤 3	不正常：结合线路图、手册，维修仪表显示异常故障	如果前照灯点亮则检查灯光旋转开关电源、LIN 通信线路
3	灯光旋转开关旋至近光灯档位，前照灯左、右近光灯正常亮起	正常：转至步骤 4	不正常：转至步骤 5	检查异常部位时首先对插接件进行检查
4	观察仪表上没有外部灯光故障提示	正常：转至步骤 10	有提示：转至步骤 5	
5	连接故障诊断仪器，读取故障代码	正常读取：转至步骤 6	无法读取故障代码：转至步骤 7；无故障代码转至步骤 8	
6	根据实施维修里故障代码进行诊断、维修	正常：转至步骤 9		
7	检测 OBD-Ⅱ诊断接口及相关线路	正常：转至步骤 5	执行"OBD-Ⅱ诊断接口"诊断	使用连线时，如果解码器不亮或者使用无线传输方式怀疑无线模块不能通信时进行该诊断
7	检测舒适 CAN 通信	正常：转至步骤 5	执行"舒适 CAN 通信"诊断	
8	插接件检查	正常：转至步骤 9	不正常：维修故障部位	包括外观、退针、锈蚀等项目
8	结合维修手册、线路图对所有雾灯控制、接地线路进行电压、通断测量	正常：转至步骤 9	不正常：维修故障部位	测量项目包括对地电压、电阻和端对端电阻
9	故障检验	正常：转至步骤 10	不正常：转至步骤 5	
10	维修完成			

5. 实施维修

（1）根据故障代码提示进行维修

利用解码器读取故障代码，按照本资源库中提供的针对每个故障代码制定的诊断流程进行故障诊断。

（2）线路检测

根据系统的结构原理，对灯光旋转开关、车载电网控制单元、数据总线诊断接口、左前近光灯、右前近光灯等线路进行检测，检测方法参照本资源库的相关内容。

（3）部件检测

根据系统的结构原理，对灯光旋转开关、车载电网控制单元、数据总线诊断接口、左前近光灯、右前近光灯等元器件进行检测，检测方法参照本资源库的相关内容。

4.2.3 示廓灯控制系统测试与诊断

1. 初步分析

（1）检测蓄电池电压

用正确的方法检测 +B，确保 +B 满足车辆要求。

（2）观察仪表显示是否正常

将点火开关置于 ON 位置，观察仪表显示是否正常。如果仪表显示异常，如图 4-52 所示，就需要结合线路图、维修手册先排除仪表显示异常的故障。

（3）灯光旋转开关旋转至示廓灯位置

旋转灯光旋转开关至示廓灯位置，观察仪表上氛围灯、门窗玻璃升降器开关、音响面板、变速杆 E313 面板、空调控制面板指示灯等是否点亮，如图 4-53 所示。

图 4-52 迈腾仪表灯光故障提示

图 4-53 迈腾车内开关照明指示灯正常点亮

1）如果上边全部显示异常，则可能存在以下故障的一个或多个：
① 灯光旋转开关本身、供电及线路损坏。
② 车载电网控制单元 J519 本身、供电及线路损坏。

2）如果上边某一项显示异常，则根据该灯的控制原理分析，可能存在以下故障的一个或多个：
① 舒适数据 CAN 总线故障。
② 驱动数据 CAN 总线故障。
③ 信息娱乐数据 CAN 总线故障。
④ LIN 数据总线故障（局部）。
⑤ 对应的控制单元电源、自身故障。
⑥ 指示灯故障。

3）观察仪表是否提示示廓灯系统故障。如果此时仪表提示外部示廓灯故障，说明 J519 一定是接收到了灯光旋转开关的信号并进行自检动作，那造成仪表显示故障的原因可能是：
① J519 至某个示廓灯的信号线路故障。
② 某示廓灯自身故障。

③ 某示廓灯接地线路故障。

（4）观察前部左、右示廓灯是否正常点亮

观察前部左、右示廓灯是否正常点亮，如图4-54所示。如果某示廓灯全部不亮，则可能存在以下故障的一个或多个：

① J519自身故障。
② J519至某示廓灯的控制线路故障。
③ 某示廓灯自身故障。
④ 某示廓灯接地线路故障。

（5）观察后尾灯总成中的左、右示廓灯是否正常点亮

观察后尾灯总成中的左、右示廓灯是否正常点亮，如图4-55所示。如果某示廓灯全部不亮，则可能存在以下故障的一个或多个：

图4-54　迈腾前部左右示廓灯点亮

图4-55　迈腾后部左右示廓灯点亮

① J519自身故障。
② J519至某示廓灯的控制线路故障。
③ 某示廓灯自身故障。
④ 某示廓灯接地线路故障。

2. DTC分析

现代汽车一般都具有自诊断功能，即使通过故障现象可以明确故障范围，也最好首先读取故障记忆，因为这特别有利于快速发现故障。如果有故障代码，应清楚故障代码的定义和生成的条件，并基于此展开诊断和故障检修；如果没有故障代码，则基于系统的结构和工作原理进行系统诊断。

3. 无码分析

如果没有故障代码显示，那就需要技术人员结合故障现象，分析系统线路图，列举故障可能，并按照正确的流程、利用合适的测试设备进行正确的测量，从而发现故障所在。

4. 诊断流程

面对汽车灯光系统所发生的各种故障，诊断及处理失误将给企业和个人造成相当大的损失。正确的诊断及处理，不可能来自于盲目的主观臆断，而应该建立在获取与故障有关信息的基础上，依据迈腾灯光系统、CAN总线系统的工作原理以及控制结构，运用科学的分析方法，按照合理的步骤进行综合分析，去伪存真、舍次取主，排除故障"受害

者",找出故障"肇事者",这才是提高故障诊断准确性的关键所在。为了便于分析,不至于被众多杂乱无章的信息扰乱思路,需要结合线路原理图,遵从表 4-4 所列流程进行诊断维修。

表 4-4 迈腾示廓灯异常诊断流程

步骤	操作	结果		备注
1	确认 +B 大于 11.5V	正常:转至步骤 2	不正常:给蓄电池充电或更换	确保蓄电池正负极接头连接牢靠,不脏污
2	打开点火开关至 ON 档,仪表显示应正常点亮;前照灯没有点亮	正常:转至步骤 3	不正常:结合线路图、手册,维修仪表显示异常故障	如果前照灯点亮则检查灯光旋转开关电源、LIN 通信线路
3	灯光旋转开关旋至示廓灯档位,仪表、车内开关、空调面板、音响面板、变速杆 E313 面板等指示灯正常亮起	不正常:转至步骤 4	如果只是个别指示灯异常,结合线路图、手册,排除个别指示灯异常故障	检查异常部位时首先对插接件进行检查
4	观察仪表上是否外部灯光故障提示	无提示:转至步骤 5	有提示:结合线路图、维修手册,对提示部位进行检查和维修	检查异常部位时首先对插接件进行检查
5	观察所有外部示廓灯正常点亮	正常:转至步骤 11	异常:转至步骤 6	
6	连接故障诊断仪器,读取故障代码	正常读取:转至步骤 7	无法读取故障代码:转至步骤 8;无故障代码转至步骤 9	
7	根据实施维修里故障代码进行诊断、维修	正常:转至步骤 9		
8	检测 OBD-Ⅱ诊断接口及相关线路	正常:转至步骤 6	执行"OBD-Ⅱ诊断接口"诊断	使用连线时,如果解码器不亮或者使用无线传输方式怀疑无线模块不能通信时进行该诊断
8	检测舒适 CAN 通信	正常:转至步骤 6	执行"舒适 CAN 通信"诊断	使用连线时,如果解码器不亮或者使用无线传输方式怀疑无线模块不能通信时进行该诊断
9	插接件检查	正常:转至步骤 10	不正常:维修故障部位	包括外观、退针、锈蚀等项目
9	结合维修手册、线路图对所有示廓灯控制、接地线路进行电压、通断测量	正常:转至步骤 10	不正常:维修故障部位	测量项目包括对地电压、电阻和端对端电阻
10	故障检验	正常:转至步骤 11	不正常:转至步骤 6	
11	维修完成			

5. 实施维修

（1）根据故障代码提示进行维修

利用解码器读取故障代码，按照本资源库中提供的针对每个故障代码制定的诊断流程进行故障诊断。

（2）线路检测

根据系统的结构原理，对灯光旋转开关、车载电网控制单元、数据总线诊断接口、所有示廓灯等线路进行检测，检测方法参照本资源库的相关内容。

（3）部件检测

根据系统的结构原理，对灯光旋转开关、车载电网控制单元、数据总线诊断接口、所有示廓灯等元器件进行检测，检测方法参照本资源库的相关内容。

4.2.4 制动灯控制系统测试与诊断

1. 初步分析

（1）检查蓄电池电压

用正确的方法检测 +B，确保 +B 满足车辆要求。

（2）观察仪表显示是否正常

打开点火开关，观察仪表显示是否正常，如图 4-56 所示，如果仪表显示异常，就需要结合线路图、维修手册，先排除仪表显示异常的故障。

图 4-56 迈腾仪表状态显示异常

（3）踩制动踏板多次并观察仪表

踩制动踏板多次，观察仪表"制动踏板状态灯"应在踩下制动踏板时熄灭，松开时点亮，如图 4-57 所示。

制动踏板未踩下

制动踏板踩下

图 4-57 迈腾仪表状态显示

如果仪表"制动踏板状态灯"显示异常，说明制动踏板→J623（通过驱动 CAN）→J533（通过舒适 CAN）→J285 存在故障。具体来讲可能存在以下故障：

① 制动灯开关本身、供电及线路损坏。
② 发动机控制模块本身、供电及线路损坏。
③ 驱动数据 CAN 总线故障。
④ 数据总线诊断接口 J533（网关）及相关线路故障。
⑤ 舒适数据 CAN 总线故障。
⑥ 组合仪表控制单元本身损坏（制动踏板状态灯控制、显示）。

注意：
◆ 如果第①项出现故障，首先会出现仪表的"制动踏板状态灯"一直熄灭、所有制动灯常亮的故障，和上述故障现象不符，所以此处不考虑。
◆ 如果第②~⑤项出现故障，首先会出现仪表异常、车辆无法起动的故障，和上述故障现象不符，所以此处不考虑。
◆ 如果仪表别的显示正常，只是"制动踏板状态灯"显示异常，则属于第⑥项故障，说明仪表内部故障，需要更换组合仪表 J285。

（4）观察仪表是否提示外部制动灯系统故障

如果仪表提示外部制动灯系统故障，说明制动开关→J623（通过驱动 CAN）→J533（通过舒适 CAN）→J519、J533（通过舒适 CAN）→J285 工作正常，故障原因应为以下几点：

① J519 自身故障。
② J519 至后尾灯中制动灯信号线路故障。
③ 后尾灯自身故障。
④ 后尾灯接地线路故障。

（5）观察后尾灯中的制动灯、高位制动灯是否点亮

观察后尾灯中的制动灯、高位制动灯是否点亮，如图 4-58 所示。

如果某个制动灯不亮，则可能存在以下故障：

① J519 自身故障。
② J519 至某制动灯信号线路故障。
③ 某侧后尾灯自身故障。
④ 某侧后尾灯接地线路故障。

图 4-58 迈腾制动灯、高位制动灯状态显示

注意：除高位制动灯以外的每个制动灯都是和其他灯合用接地电路，所以如果公用接地的那个灯工作正常，可以暂时不考虑接地故障；对于 M9 和 M10 两个制动灯，在有些情况下还作为别的信号灯使用，所以要充分考虑 M9、M10 在联系一个工况下的工作状态来进行综合分析。

2. DTC 分析

现代汽车一般都具有自诊断功能，即使通过故障现象可以明确故障范围，也最好首先

读取故障记忆，因为这特别有利于快速发现故障。如果有故障代码，应清楚故障代码的定义和生成的条件，并基于此展开诊断和故障检修；如果没有故障代码，则基于系统的结构和工作原理进行系统诊断。

3. 无码分析

如果没有故障代码显示，就需要技术人员结合故障现象，分析系统线路图，列举故障可能，并按照正确的流程、利用合适的测试设备进行正确的测量，从而发现故障所在。

4. 诊断流程

面对汽车灯光系统所发生的各种故障，诊断及处理失误将给企业和个人造成相当大的损失。正确的诊断及处理，不可能来自于盲目的主观臆断，而应该建立在获取与故障有关信息的基础上，依据迈腾灯光系统、CAN 总线系统的工作原理以及控制结构，运用科学的分析方法，按照合理的步骤进行综合分析，去伪存真、舍次取主，排除故障"受害者"，找出故障"肇事者"，这才是提高故障诊断准确性的关键所在。为了便于分析，不至于被众多杂乱无章的信息扰乱思路，需要结合线路原理图，遵从表 4-5 所列流程进行诊断维修。

表 4-5 迈腾制动灯异常诊断流程

步骤	操作	结果		备注
1	确认 +B 大于 11.5V	正常：转至步骤 2	不正常：给蓄电池充电或更换	确保蓄电池正负极接头连接牢靠，不脏污
2	打开点火开关至 ON 档，仪表显示应正常点亮；踩制动踏板数次，制动踏板状态灯应正常熄灭和点亮	正常：转至步骤 3	制动踏板状态灯异常：转至步骤 4	仪表显示不正常结合线路图、手册维修仪表显示异常故障
2	踩制动踏板，发动机应能正常起动			如果发动机正常起动，说明制动开关、发动机控制单元、数据通信正常，故障应在制动灯 LED 控制上
3	观察仪表上是否有外部灯光故障提示	正常：转至步骤 4	有提示：转至步骤 5	
4	观察后部所有制动灯正常点亮	正常：转至步骤 10	异常：转至步骤 5	
5	连接故障诊断仪器，读取故障代码	正常读取：转至步骤 6	无法读取故障代码：转至步骤 7 无故障代码：转至步骤 8	
6	根据实施维修里故障代码进行诊断、维修	正常：转至步骤 9		

（续）

步骤	操作	结果		备注
7	检测 OBD-Ⅱ 诊断接口及相关线路	正常：转至步骤 5	执行"OBD-Ⅱ 诊断接口"诊断	使用连线时，如果解码器不亮或者使用无线传输方式怀疑无线模块不能通信时进行该诊断
	检测舒适 CAN 通信		执行"舒适 CAN 通信"诊断	
8	插接件检查	正常：转至步骤 10	不正常：维修故障部位	包括外观、退针、锈蚀等项目
	结合维修手册、线路图对所有制动灯控制、接地线路进行电压、通断测量			测量项目包括对地电压、电阻和端对端电阻
9	故障检验	正常：转至步骤 10	不正常：转至步骤 5	
10	维修完成			

5. 实施维修

（1）根据故障代码提示进行维修

利用解码器读取故障代码，按照本资源库中提供的针对每个故障代码制定的诊断流程进行故障诊断。

（2）线路检测

根据系统的结构原理，对制动灯开关、车载电网控制单元、数据总线诊断接口、所有制动灯等线路进行检测，检测方法参照本资源库的相关内容。

（3）部件检测

根据系统的结构原理，对制动灯开关、车载电网控制单元、数据总线诊断接口、所有制动灯等元器件进行检测，检测方法参照本资源库的相关内容。

4.2.5 转向灯及危险警告灯控制系统测试与诊断

1. 初步分析

（1）无钥匙进入车辆或遥控器开启车门时检查

在无钥匙进入车辆或遥控器开启车门时，观察车外所有转向灯是否正常闪烁。如果车门可以打开，而个别转向指示灯不能正常闪烁，则说明该灯控制线路存在故障；如果车门打不开，则参照舒适系统的相关内容进行检修。

（2）点火开关置于 ON 位置时观察仪表

将点火开关置于 ON 位置，观察仪表显示是否正常，如图 4-59 所示，如果仪表显示异常，就需要结合线路图、维修手册先排除仪表显示异常的故障。

（3）转向灯开关手柄至左转向灯开启位置时检查

拨动转向灯开关手柄至左转向灯开启位置，观察左侧转向灯是否闪烁正常，如图4-60所示，同时观察仪表上左侧转向指示灯是否闪烁正常。

图4-59 迈腾仪表灯光系统

（4）转向灯开关手柄至右转向灯开启位置时检查

接着拨动转向灯开关手柄至右转向灯开启位置，观察右侧转向灯是否闪烁正常，如图4-61所示，同时观察仪表上右侧转向指示灯是否闪烁正常。

图4-60 迈腾左侧转向灯

图4-61 迈腾右侧转向灯

1）所有左或右转向信号灯工作异常。如果所有左或右转向信号灯工作异常，则可能存在以下故障的一个或多个：

① 转向灯开关及线路故障。
② 转向柱电子装置控制单元J527及线路故障。
③ 车载电网控制单元J519及线路故障。
④ 至左或右侧各个转向灯控制信号线路故障。
⑤ 左或右侧转向灯LED故障。
⑥ 左或右侧各个转向灯接地线路故障。

2）仪表上转向指示灯闪烁频率增加。如果仪表上转向指示灯闪烁频率增加，则可能存在以下故障的一个或多个：

① 至左或右侧某个转向灯控制信号线路故障。
② 左或右侧某个转向灯LED故障。
③ 左或右侧某个转向灯接地线路故障。

（5）按下危险警告灯开关时观察

按下危险警告灯开关，观察前部左、右两侧转向灯是否闪烁正常，观察后部左、右两侧转向灯是否闪烁正常，如图4-62所示，同时观察仪表上左、右两侧转向指示灯是否闪烁正常。

图4-62 迈腾危险警告灯工作状态

如果所有信号灯工作异常，则可能存在以下故障的一个或多个：
① 危险警告灯开关及线路故障。
② 车载电网控制单元J519（局部）故障。

（6）观察仪表是否提示灯光系统故障

如果仪表提示灯光系统故障，根据仪表提示进行检查和维修。

注意： 如果转向灯工作异常，则可通过开启危险警告灯开关，让全部转向灯工作来进行判定。

1）所有转向灯正常。如果在危险警告灯开启状态下，所有转向灯正常，则可能存在以下故障的一个或多个：
① 转向灯开关及线路故障。
② 转向柱电子装置控制单元J527及线路故障。

2）某转向灯工作异常。如果在危险警告灯开启状态下，某个转向灯工作异常，则可能存在以下故障的一个或多个：
① 至某个转向灯控制信号线路故障。
② 某转向灯自身或其接地线路故障。

2. DTC分析

现代汽车一般都具有自诊断功能，即使通过故障现象可以明确故障范围，也最好首先读取故障记忆，因为这特别有利于快速发现故障。如果有故障代码，应清楚故障代码的定义和生成的条件，并基于此展开诊断和维修；如果没有故障代码，则基于系统的结构和工作原理进行系统诊断。

3. 无码分析

如果没有故障代码显示，那就需要技术人员结合故障现象，分析系统线路图，列举故障可能，并按照正确的流程、利用合适的测试设备进行正确的测量，从而发现故障所在。

4. 诊断流程

面对汽车灯光系统所发生的各种故障，诊断及处理失误将给企业和个人造成相当大的损失。正确的诊断及处理，不可能来自于盲目的主观臆断，而应该建立在获取与故障有关信息的基础上，依据迈腾灯光系统、CAN 总线系统的工作原理以及控制结构，运用科学的分析方法，按照合理的步骤进行综合分析，去伪存真、舍次取主，排除故障"受害者"，找出故障"肇事者"，这才是提高故障诊断准确性的关键所在。为了便于分析，不至于被众多杂乱无章的信息扰乱思路，需要结合线路原理图，遵从表 4-6 所列流程进行诊断维修。

表 4-6 迈腾转向灯、危险警告灯异常诊断流程

步骤	操作	结果		备注
1	确认 +B 大于 11.5V	正常：转至步骤 2	不正常：给蓄电池充电或更换	确保蓄电池正负极接头连接牢靠，不脏污
2	打开点火开关至 ON 档，仪表显示应正常点亮	正常：转至步骤 3	不正常：结合线路图、维修手册，维修仪表显示异常故障	
3	向后拨动转向灯开关手柄至左转向灯开启位置，观察左侧转向灯是否闪烁正常、仪表上左侧转向指示灯是否闪烁正常	正常：转至步骤 4	不正常：转至步骤 7	如果异常，结合"初步分析"里危险警告灯状态，缩小故障范围；仪表上转向指示灯闪烁频率增加，则可能为某个转向灯控制信号线路、LED、接地故障
4	向前拨动转向灯开关手柄至右转向灯开启位置，观察右侧转向灯是否闪烁正常、仪表上右侧转向指示灯是否闪烁正常	正常：转至步骤 5	不正常：转至步骤 7	如果异常，结合"初步分析"里危险警告灯状态，缩小故障范围；仪表上转向指示灯闪烁频率增加，则可能为某个转向灯控制信号线路、LED、接地故障
5	按下危险警告灯开关，观察左、右两侧转向灯是否闪烁正常，仪表上左、右两侧转向指示灯是否闪烁正常	正常：转至步骤 6	不正常：转至步骤 7	如果异常，结合"初步分析"里危险警告灯状态，缩小故障范围
6	观察仪表上没有外部灯光故障提示	正常读取：转至步骤 12	有提示：转至步骤 7	
7	连接故障诊断仪器，读取故障代码	正常读取：转至步骤 8	无法读取故障代码：转至步骤 9 无故障代码：转至步骤 10	
8	根据实施维修里故障代码进行诊断、维修	正常：转至步骤 11		

(续)

步骤	操作	结果		备注
9	检测 OBD-Ⅱ诊断接口及相关线路	正常：转至步骤 7	执行"OBD-Ⅱ诊断接口"诊断	使用连线时，如果解码器不亮或者使用无线传输方式怀疑无线单元不能通信时进行该诊断
	检测舒适 CAN 通信		执行"舒适 CAN 通信"诊断	
10	插接件检查	正常：转至步骤 11	不正常：维修故障部位	包括外观、退针、锈蚀等项目
	结合维修手册、线路图对所有转向、危险警告灯控制、接地线路进行电压、通断测量			测量项目包括对地电压、电阻和端对端电阻
11	故障检验	正常：转至步骤 12	不正常：转至步骤 5	
12	维修完成			

5. 实施维修

（1）根据故障代码提示进行维修

利用解码器读取故障代码，按照本资源库中提供的针对每个故障代码制定的诊断流程进行故障诊断。

（2）线路检测

根据系统的结构原理，对转向/变光开关、警告灯开关、左前照灯总成、右前照灯总成、左后尾灯总成、右后尾灯总成、左侧后视镜总成、右侧后视镜总成、数据总线诊断接口 J533、组合仪表控制单元 J285、车载电网控制单元 J519、转向柱电子装置控制单元 J527、驾驶员侧车门控制单元 J386、前排乘员侧车门控制单元 J387 等线路进行检测，检测方法参照本资源库的相关内容。

（3）部件检测

根据系统的结构原理，对转向/变光开关、危险警告灯开关、左前照灯总成、右前照灯总成、左后尾灯总成、右后尾灯总成、左侧后视镜总成、右侧后视镜总成、数据总线诊断接口 J533、组合仪表控制单元 J285、车载电网控制单元 J519、转向柱电子装置控制单元 J527、驾驶员侧车门控制单元 J386、前排乘员侧车门控制单元 J387 等元器件进行检测。检测方法参照本资源库的相关内容。

4.2.6 雾灯控制系统测试与诊断

1. 初步分析

（1）检测蓄电池电压

用正确的方法检测 +B，确保 +B 满足车辆要求。

（2）点火开关置于 ON 位置时观察仪表信息

将点火开关置于 ON 位置，观察仪表显示是否正常，如图 4-63 所示。如果仪表显示异常，就需要结合线路图、维修手册，先排除仪表显示异常的故障。

图 4-63　迈腾仪表灯光系统故障提示

（3）灯光旋转开关至示廓灯位置时检查

旋转灯光旋转开关至示廓灯位置，如图 4-64 所示，观察仪表上氛围灯和门窗玻璃开关、音响面板、变速杆 E313 面板、空调控制面板指示灯以及外部示廓灯是否点亮。

注意：如果上述指示灯显示异常，则雾灯系统也可能存在异常，应结合雾灯异常情况进行维修。

（4）开启前雾灯开关时检查

开启前雾灯开关，如图 4-65 所示，观察前雾灯开关以及仪表上前雾灯开启指示灯是否正常亮起。

图 4-64　迈腾车内开关照明指示灯

图 4-65　迈腾前雾灯开启指示灯

1）如果开关上的指示灯不能点亮，则可能存在以下故障的一个或多个：

① 前雾灯开关自身或电源线路故障。

② 旋转灯光旋转开关（雾灯信号）至 J519 线路故障。

③ J519 自身故障。

④ 指示灯故障。

⑤ 舒适系统 CAN 总线故障。

2）如果仪表上的指示灯不能点亮，则可能存在以下故障的一个或多个：

① 前雾灯开关自身或电源线路故障。

② 旋转灯光旋转开关（雾灯信号）至 J519 线路故障。

③ J519 自身故障。

④ 舒适系统 CAN 总线故障。

⑤ 组合仪表故障。

注意：可以参考别的功能排除某些故障的可能性。

（5）观察仪表上是否提示灯光系统故障

观察仪表上是否提示灯光系统故障，如果仪表提示灯光系统故障，按照系统提示检查和维修灯光系统。

（6）观察左前、右前雾灯是否正常点亮

观察左前、右前雾灯是否正常点亮，如图4-66所示。如果前雾灯全部不亮，则可能存在以下故障的一个或多个：

① J519自身故障。
② J519至前雾灯信号线路故障。
③ 前雾灯灯泡故障。
④ 前雾灯接地线路故障。

（7）开启后雾灯开关时观察

图4-66 迈腾前雾灯

开启后雾灯开关，如图4-67所示，观察后雾灯开关以及仪表上后雾灯开关指示灯是否亮起，如果指示灯异常，则可能是开关自身故障。

（8）观察仪表是否提示灯光系统故障

接上步观察仪表是否提示灯光系统故障，如果仪表提示灯光系统故障，按照系统提示检查和维修灯光系统。

（9）观察左后雾灯是否点亮

观察左后雾灯是否点亮，如图4-68所示。如果左后雾灯不亮，则可能存在以下故障的一个或多个：

图4-67 迈腾后雾灯开关指示灯

图4-68 迈腾左后雾灯

① J519自身故障。
② J519至左后雾灯控制线路故障。
③ 左后雾灯自身故障。
④ 左后雾灯接地线路故障。

2. DTC分析

现代汽车一般都具有自诊断功能，即使通过故障现象可以明确故障范围，也最好首先读取故障记忆，因为这特别有利于快速发现故障。如果有故障代码，应清楚故障代码的定义和生成的条件，并基于此展开诊断和故障检修；如果没有故障代码，则基于系统的结构和工作原理进行系统诊断。

3. 无码分析

如果没有故障代码显示，那就需要技术人员结合故障现象，分析系统线路图，列举故障可能，并按照正确的流程、利用合适的测试设备进行正确的测量，从而发现故障所在。

4. 诊断流程

面对汽车灯光系统所发生的各种故障，诊断及处理失误将给企业和个人造成相当大的损失。正确的诊断及处理，不可能来自于盲目的主观臆断，而应该建立在获取与故障有关信息的基础上，依据迈腾灯光系统、CAN 总线系统的工作原理以及控制结构，运用科学的分析方法，按照合理的步骤进行综合分析，去伪存真、舍次取主，排除故障"受害者"，找出故障"肇事者"，这才是提高故障诊断准确性的关键所在。为了便于分析，不至于被众多杂乱无章的信息扰乱思路，需要结合线路原理图，遵从表 4-7 所列流程进行诊断维修。

表 4-7　迈腾雾灯异常诊断流程

步骤	操作	结果		备注
1	确认 +B 大于 11.5V	正常：转至步骤 2	不正常：给蓄电池充电或更换	确保蓄电池正负极接头连接牢靠，不脏污
2	打开点火开关至 ON 档，仪表显示应正常点亮；前照灯没有点亮	正常：转至步骤 3	仪表显示不正常：结合线路图、手册，维修仪表显示异常故障	如果前照灯点亮则检查灯光旋转开关电源、LIN 通信线路
3	灯光旋转开关旋至示廓灯档位，仪表、车内开关、空调面板、音响面板、变速杆 E313 面板等指示灯正常亮起 开启前雾灯开关，开关、仪表上前雾灯指示灯正常点亮 开启后雾灯开关，开关、仪表上后雾灯指示灯正常点亮	不正常：转至步骤 4	如果只是个别指示灯异常，结合线路图、手册，排除个别指示灯异常故障	检查异常部位时首先对插接件进行检查
4	观察仪表上没有外部灯光故障提示	无提示：转至步骤 5	有提示：转至步骤 6	检查异常部位时首先对插接件进行检查
5	观察前后雾灯应正常点亮	正常：转至步骤 11	异常：转至步骤 6	
6	连接故障诊断仪器，读取故障代码	正常读取：转至步骤 7	无法读取故障代码：转至步骤 8 无故障代码：转至步骤 9	

（续）

步骤	操作	结果		备注
7	根据实施维修里故障代码进行诊断、维修	正常：转至步骤10		
8	检测OBD-Ⅱ诊断接口及相关线路	正常：转至步骤6	执行"OBD-Ⅱ诊断接口"诊断	使用连线时，如果解码器不亮或者使用无线传输方式怀疑无线模块不能通信时进行该诊断
	检测舒适CAN通信		执行"舒适CAN通信"诊断	
9	插接件检查	正常：转至步骤10	不正常：维修故障部位	包括外观、退针、锈蚀等项目
	结合维修手册、线路图对所有雾灯控制、接地线路进行电压、通断测量			测量项目包括对地电压、电阻和端对端电阻
10	故障检验	正常：转至步骤11	不正常：转至步骤6	
11	维修完成			

5. 实施维修

（1）根据故障代码提示进行维修

利用解码器读取故障代码，按照本资源库中提供的针对每个故障代码制定的诊断流程进行故障诊断。

（2）线路检测

根据系统的结构原理，对灯光旋转开关、前雾灯开关、后雾灯开关、车载电网控制单元、数据总线诊断接口、左前雾灯、右前雾灯、左后雾灯等线路进行检测，检测方法参照本资源库的相关内容。

（3）部件检测

根据系统的结构原理，对前雾灯开关、后雾灯开关、数据总线诊断接口、左前雾灯、右前雾灯、左后雾灯等元器件进行检测，检测方法参照本资源库的相关内容。

4.2.7 倒车灯控制系统测试与诊断

1. 初步分析

（1）检测蓄电池电压

正确的方法检测+B，确保+B满足车辆要求。

（2）打开点火开关观察仪表

打开点火开关，观察仪表显示是否正常，如图4-69所示。如果仪表显示异常，就需要结合线路图、维修手册，先排除仪表显示异常的故障。

（3）观察换档面板档位指示灯

观察换档面板档位指示灯目前的状态（P或N）显示是否正常，如图4-70所示。如果换档面板档位指示灯显示异常，则可能存在以下故障：

图4-69　迈腾仪表显示

图4-70　迈腾换档面板档位指示灯

① P或N位传感器及线路损坏（变速杆E313控制单元内部）。
② 变速杆E313控制单元本身或电源故障。
③ P或N指示灯及线路损坏（变速杆E313控制单元内部）。

（4）变速杆移入R位时观察

将变速杆移入R位，观察换档面板档位指示灯是否正常。如果换档面板上只是R位指示灯不亮，则可能存在以下故障：

① R位传感器及线路损坏（变速杆E313控制单元内部）。
② R位指示灯及线路损坏（变速杆E313控制单元内部）。

（5）观察仪表上R位指示灯

接着观察仪表上R位指示灯是否正常，如图4-71所示。

如果组合仪表上R位指示异常，结合迈腾数据总线原理图（图4-72），则可能存在以下故障：

① 变速杆E313控制单元自身故障。
② 驱动CAN数据通信故障。
③ 数据总线诊断接口J533（网关）故障。
④ 舒适CAN数据通信故障。
⑤ 组合仪表控制单元J285自身故障。

图4-71　迈腾仪表R位指示灯

（6）观察后尾灯上倒车灯是否点亮

1）如果后尾灯上倒车灯全部不亮，则可能存在以下故障：

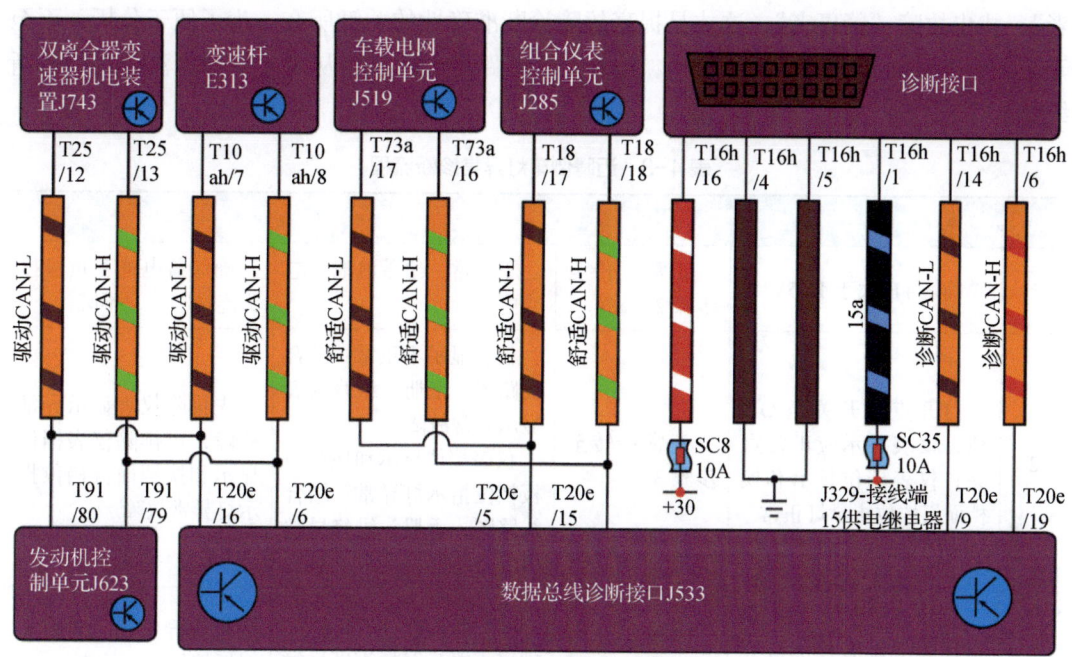

图 4-72　迈腾数据诊断通信线路图解

① J519 自身故障。

② J519 至左、右后尾灯倒车灯控制线路（节点以前）故障。

2）如果后尾灯上倒车灯一侧不亮，则可能存在以下故障：

① J519 至一侧倒车灯控制线路节点到某倒车灯之间线路故障。

② 某侧倒车灯自身故障。

③ 某侧倒车灯接地线路故障。

2. DTC 分析

现代汽车一般都具有自诊断功能，即使通过故障现象可以明确故障范围，也最好首先读取故障记忆，因为这特别有利于快速发现故障。如果有故障代码，应清楚故障代码的定义和生成的条件，并基于此展开诊断和故障检修；如果没有故障代码，则基于系统的结构和工作原理进行系统诊断。

3. 无码分析

如果没有故障代码显示，那就需要技术人员结合故障现象，分析系统线路图，列举故障可能，并按照正确的流程、利用合适的测试设备进行正确的测量，从而发现故障所在。

4. 诊断流程

面对汽车灯光系统所发生的各种故障，诊断及处理失误将给企业和个人造成相当大的损失。正确的诊断及处理，不可能来自于盲目的主观臆断，而应该建立在获取与故障有关信息的基础上，依据迈腾灯光系统、CAN 总线系统的工作原理以及控制结构，运用科学的分析方法，按照合理的步骤进行综合分析，去伪存真、舍次取主，排除故障"受害者"，找出故障"肇事者"，这才是提高故障诊断准确性的关键所在。为了便于分析，不至于被众多杂乱无章的信息扰乱思路，需要结合线路原理图，遵从表4-8所列流程进行诊断维修。

表4-8 迈腾倒车灯异常诊断流程

步骤	操作	结果		备注
1	确认+B大于11.5V	正常：转至步骤2	不正常：给蓄电池充电或更换	确保蓄电池正负极接头连接牢靠，不脏污
2	打开点火开关至ON档，仪表显示应正常点亮；仪表档位显示和换档面板档位指示灯正常	正常：转至步骤3	仪表显示不正常：结合线路图、手册，维修仪表显示异常故障 仪表档位显示和换档面板档位指示灯异常：结合线路图、手册，维修异常故障	先排除仪表显示异常故障，再排除仪表档位显示和换档面板档位指示灯异常故障
3	换档杆移至R位，观察仪表上没有外部灯光故障提示	无提示：转至步骤4	有提示：结合线路图、维修手册，对提示部位进行检查和维修	检查异常部位时首先对插接件进行检查
4	观察后部两个倒车灯正常点亮	正常：转至步骤10	异常：转至步骤5	
5	连接故障诊断仪器，读取故障代码	正常读取：转至步骤6	无法读取故障代码：转至步骤7 无故障代码：转至步骤8	
6	根据实施维修里故障代码进行诊断、维修	正常：转至步骤9		
7	检测OBD-Ⅱ诊断接口及相关线路	正常：转至步骤5	执行"OBD-Ⅱ诊断接口"诊断	使用连线时，如果解码器不亮或者使用无线传输方式怀疑无线模块不能通信时进行该诊断
7	检测舒适CAN通信	正常：转至步骤5	执行"舒适CAN通信"诊断	
8	插接件检查	正常：转至步骤10	不正常：维修故障部位	包括外观、退针、锈蚀等项目
8	结合维修手册、线路图对左、右倒车灯控制、接地线路进行电压、通断测量	正常：转至步骤10	不正常：维修故障部位	测量项目包括对地电压、电阻和端对端电阻
9	故障检验	正常：转至步骤10	不正常：转至步骤5	
10	维修完成			

5. 实施维修

（1）根据故障代码提示进行维修

利用解码器读取故障代码，按照本资源库中提供的针对每个故障代码制定的诊断流程进行故障诊断。

（2）线路检测

根据系统的结构原理，对变速杆 E313 控制单元（带档位传感器）、双离合器变速器机电装置 J743、数据总线诊断接口 J533、组合仪表控制单元 J285、车载电网控制单元 J519、左右后尾灯总成等线路进行检测，检测方法参照本资源库的相关内容。

（3）部件检测

根据系统的结构原理，对变速杆 E313 控制单元（带档位传感器）、双离合器变速器机电装置 J743、数据总线诊断接口 J533、组合仪表控制单元 J285、车载电网控制单元 J519、左右后尾灯总成等元器件进行检测，检测方法参照本资源库的相关内容。

计划与实施

1. 领取任务

服务顾问将车辆开至待修区，将车辆钥匙、汽车维修服务接车单（见附件任务单1）交给车间主管，并向车间主管交待作业内容，说明交车时间、要求及其他须注意事项。车间主管根据各班组的技术能力及工作状况，向班组派工，班组领取任务。

2. 确认任务

1）班组接到任务后，根据汽车维修服务接车单对车辆进行验收。

2）确认故障现象，必要时试车。

3）根据汽车维修服务接车单上的工作内容，进行维修或诊断。

4）维修技师凭汽车维修服务接车单领料，并在出库单上签字。

注意事项：
◆ 非工作需要不得进入车内且不能开启顾客车上的电器设备。
◆ 对于顾客留在车内的物品，维修技师应小心地加以保护，非工作需要严禁触动，因工作需要触动时应通知服务顾问以征得顾客的同意。

3. 借助原厂维修手册、参考教材完成以下知识准备

1）汽车灯光控制系统的功能：

_____

_____

_____

_____

2）有以下几种方式可以让远光灯点亮：

3）迈腾近光灯在以下工况会点亮：

4）迈腾轿车示廓灯在以下工况条件下会点亮：

5）简述迈腾制动开关的作用：

6）迈腾轿车的转向、警告灯在以下控制模块下会点亮：

7）迈腾轿车倒车灯在以下工况会点亮：

8）画出迈腾大灯总成控制系统线路图，并在下表中写出各管脚的管脚定义和电压特性。

管脚	管脚定义	电压特性

4. 制订计划

分组讨论并制定具体操作步骤。

> 提示：
> ◆ 通过上面相关理论知识的了解，维修人员根据维修的规范要求和维修的经验制定了相关的维修方案。

（1）制定人员分工

组长＿＿＿＿＿＿＿＿＿＿＿＿＿＿＿＿＿＿＿＿＿＿＿＿＿＿＿＿＿＿＿＿

组号＿＿＿＿＿＿＿＿＿＿＿＿＿＿＿＿＿＿＿＿＿＿＿＿＿＿＿＿＿＿＿＿

组员＿＿＿＿＿＿＿＿＿＿＿＿＿＿＿＿＿＿＿＿＿＿＿＿＿＿＿＿＿＿＿＿

（2）检测、维修需要的设备、工具

＿＿＿＿＿＿＿＿＿＿＿＿＿＿＿＿＿＿＿＿＿＿＿＿＿＿＿＿＿＿＿＿＿＿

（3）灯光控制系统异常的故障排除分析

1）请按照故障树的方式整理出此故障的诊断流程（见附件任务单2）。

2）实施诊断并填写诊断报告（见附件任务单3）。

3）填写完工单（见附件任务单4）。

> 提示：
> ◆ 结合迈腾灯光控制系统需检查、诊断、拆卸、测量、维修、安装、检验的项目多少和顺序填写。

◆结合车辆诊断仪数据填写。
◆在有关流程步骤中,注意蓄电池、点火开关状态。
◆注意专用仪器、量具、工具的使用。
◆注意安全防范、安全操作。

评价与反馈

1. 学习效果评价

（1）填空题

1）变光开关的作用是控制远光灯和近光灯的相互变换,在超车时也作为_____信号。

2）前照灯系统主要由_____、_____、_____总成组成。

3）灯光开关的作用是分别控制部分灯光的_____和_____。

4）汽车前照灯一般由_____、_____、_____三部分组成。

5）前照灯的作用是照亮前方道路,让驾驶员能够监视_____情况,及时看清障碍物并做出反应,同时前照灯射出的灯光影像也可以给对面来车作为_____信号。

6）前照灯的性能严重影响汽车行驶安全,前照灯的_____不足,将使驾驶员在夜间行车时不能辨认道路情况而容易发生交通事故；前照灯的_____不正确,夜间会车时会给对方驾驶员造成_____而可能导致交通事故。

7）制动灯开关一般安装在_____上。

8）制动灯系统的作用是在汽车制动时,向环境系统发出_____信号,提醒后车或行人注意避让和保持距离。

9）在汽车转向或变车道时,单侧转向灯发出_____的闪光信号,向环境系统指示车辆的_____或_____意图。

10）在车辆遇险时,危险警告灯（与转向灯共用）_____,向环境系统发出_____,提醒后方车辆避让。

（2）选择题

1）在轿车前照灯系统中,下列所列举的哪种元件不是所有轿车上都有的？（　　）
　　A. 灯光开关　　　　　B. 车载电网控制单元
　　C. 变光开关　　　　　D. 前照灯总成

2）在夜间行车时,通过交叉路口应开启远光灯。（　　）
　　A. 正确　　　　　　　B. 错误

3）双丝型前照灯灯泡的远光灯丝应处于反光镜抛物曲面的焦点上,而近光灯丝处于其后上方。（　　）。
　　A. 正确　　　　　　　B. 错误

4）前照灯的主要用途是照亮车前的道路，确保行车安全。同时还可利用（　　）开关交替变换作为夜间信号。

　　A.远近光　　　　　　B.转向灯　　　　　　C.刮水器　　　　　　D.雾灯

5）在讨论前照灯系统故障时，技师甲说，要检查前照灯的亮度是否符合要求，若不符合要求则应更换灯泡或做其他相应的修理；技师乙说，要检查光轴的角度是否符合要求，若不符合要求则应相应地做些调整。请问谁的说法是正确的？（　　）

　　A.只有甲正确　　　　　　　　　　　　B.只有乙正确

　　C.甲、乙均正确　　　　　　　　　　　D.甲、乙均不正确

6）在轿车前照灯系统中，下列所列举的哪种元件不是所有轿车上都有的？（　　）

　　A.灯光开关　　　　　　　　　　　　　B.车载电网控制单元

　　C.变光开关　　　　　　　　　　　　　D.前照灯总成

7）高位制动灯不亮不影响驾驶安全。（　　）

　　A.正确　　　　　　　　　　　　　　　B.错误

8）在讨论制动灯系统的构造和工作原理时，技师甲说制动信号灯是与制动系统同步工作的，它通常由制动灯开关控制；技师乙说，制动灯不单单是一种信号灯，也是一种照明灯，请问谁的说法是正确的？（　　）

　　A.只有甲正确　　　　　　　　　　　　B.只有乙正确

　　C.甲、乙均正确　　　　　　　　　　　D.甲、乙均不正确

9）两侧转向灯闪烁频率不同的原因可能是（　　）。

　　A.闪光器故障　　　　　　　　　　　　B.电源电压过高或过低

　　C.两侧灯泡功率不同

10）在讨论危险警告灯系统的构造和工作原理时，技师甲说，转向灯系统和危险警告灯系统的所有灯泡既受转向灯开关的控制，也受危险警告灯开关的控制；技师乙说，如果在转向灯开关未复位时关闭点火开关甚至拔下点火钥匙，那有一侧的转向灯会持续点亮。请问谁的说法是正确的？（　　）

　　A.只有甲正确　　　　　　　　　　　　B.只有乙正确

　　C.甲、乙均正确　　　　　　　　　　　D.甲、乙均不正确

11）汽车信号系统的作用是：通过（　　）向其他车辆的驾驶员和行人发出警示、引起注意，确保车辆行驶的安全。

　　A.信号和灯光　　　　　　　　　　　　B.声响和警告信号

　　C.灯光和警告信号　　　　　　　　　　D.声响和灯光

12）在汽车运行过程中，如果左侧倒车灯工作正常，而右侧倒车灯工作异常，在讨论故障原因时，技师甲说故障应该在右侧倒车灯灯泡及其线束；技师乙说故障应该在倒车灯开关及其线束上。请问谁的说法相对正确？

　　A.只有甲正确　　　　　　　　　　　　B.只有乙正确

　　C.两人均正确　　　　　　　　　　　　D.两人均不正确

13）倒车灯的光色为（　　）。

A. 白色　　　　　B. 红色　　　　　C. 黄色

14）在讨论倒车灯系统的有关知识时，请问下列各项哪项说法肯定是错误的？（　　）

    A. 倒车灯也是一种照明灯，可以照亮车辆后方的路面

    B. 倒车灯仅仅是一种警示灯，无照明效果

    C. 有的汽车的倒车灯系统中的倒车灯开关闭合时，就可以直接给倒车灯泡提供电流

    D. 有的汽车的倒车灯开关输出的仅仅是一个信号电压，车载控制单元在接到该信号后，便会给倒车灯泡提供电流

2. 学习过程评价

项目	评价内容	评价等级 A	B	C
关键能力考核项目	遵守纪律，遵守学习场所管理规定，服从安排			
	安全意识、责任意识、5S 管理意识，注重节约、节能与环保			
	学习态度积极主动，能参加实习安排的活动			
	团队合作意识，注重沟通，能自主学习及相互合作			
	仪容仪表符合活动要求			
专业能力考核项目	按时按要求独立完成工作页、任务			
	工具、设备选择得当，使用符合技术要求			
	操作规范，符合要求			
	学习准备充分、齐全			
	注重工作效率与工作质量			
	技能点 1：使用诊断仪读取和分析数据流，并判断部件工作状态			
	技能点 2：使用示波器连接、测量和分析部件的波形，并判断部件工作状态			
小组评语及建议		组长签名： 年　月　日		
老师评语及建议		老师签名： 年　月　日		

能力与拓展

案例 1　灯光开关 LIN 线故障检修

故障点 1　灯光开关 LIN 线断路
故障点 2　灯光开关 LIN 线虚接 1000Ω 电阻
故障点 3　灯光开关 LIN 线对地短路
故障点 4　灯光开关 LIN 线对地虚接 500Ω 电阻

故障现象

打开车门，进入车内，灯光旋转开关 EX1 背景灯不亮；打开 E378，示廓灯和近光灯全部点亮；旋至示廓灯档时，示廓灯正常，前后雾灯均不亮；旋至近光灯档时，近光灯正常，前后雾灯均不亮。其余正常。

现象分析

灯光开关电路如图 4-73 所示，打开 E378，示廓灯和近光灯全部点亮，说明灯光系统进入应急模式；示廓灯档，示廓灯正常，前后雾灯均不亮，说明冗余信号正常。可能的故障原因包括：①灯光开关自身故障；②灯光开关正极电源或 LIN 线路故障；③J519 局部故障。

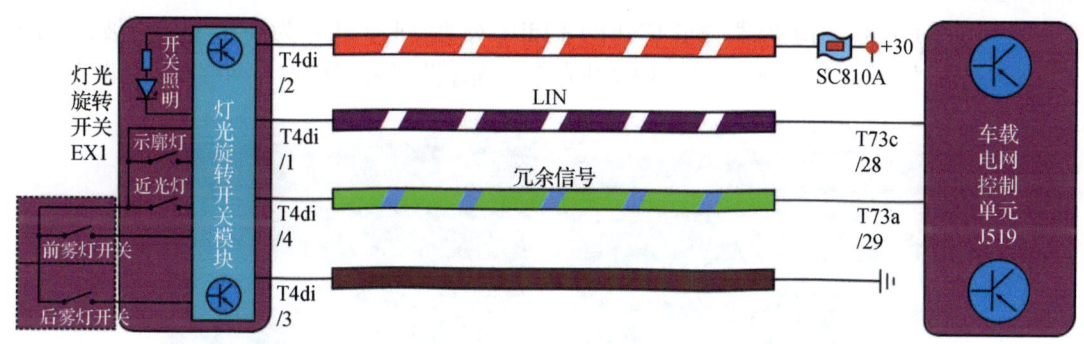

图 4-73　灯光开关电路

故障点 1　灯光开关 LIN 线断路诊断过程

1）打开 E378，用示波器测量 EX1 的 T4di/1 对地波形，正常为 0~12V 的方波，实测基本为 +B 直线，说明测试点到 J519 之间线路断路。

2）打开 E378，用示波器测量 J519 的 T73c/28 对地波形，正常为 0~12V 的方波，实测未见异常。

3）关闭 E378，拆下蓄电池负极接线，断开 J519、EX1 插接器，用万用表测量 J519、EX1 之间 LIN 线的阻值，正常应近乎为零，实测为无穷大。

4）排除灯光开关 LIN 线断路故障，系统恢复正常。

> **故障机理**

由于灯光开关 LIN 线断路，导致 J519 无法收到完整的开关信号，所以打开 E378 时灯光系统进入应急模式，示廓灯和近光灯全部点亮，前后雾灯均不亮。

故障点 2 灯光开关 LIN 线虚接 1000Ω 电阻诊断过程

1）打开 E378，用示波器测量 EX1 的 T4di/1 对地波形，正常为 0~12V 的方波，实测发现波形的低电平一会儿为 0V，一会儿为 3V（可能存在偏差），异常，说明测试点到 J519 之间线路虚接。

2）打开 E378，用示波器测量 J519 的 T73c/28 对地波形，正常为 0~12V 的方波，实测发现高电平一会儿为 12V，一会儿为 4V，结合上一步测试结果，说明 LIN 线虚接。

3）关闭 E378，拆下蓄电池负极接线，断开 J519、EX1 插接器，用万用表测量 J519、EX1 之间 LIN 线的阻值，正常应近乎为零，实测为 1000Ω。

4）排除灯光开关 LIN 线虚接故障，系统恢复正常。

> **故障机理**

由于灯光开关 LIN 线虚接，导致 J519 无法收到完整的开关信号，所以打开 E378 时灯光系统进入应急模式，示廓灯和近光灯全部点亮，前后雾灯均不亮。

故障点 3 灯光开关 LIN 线对地短路诊断过程

1）打开 E378，用示波器测量 EX1 的 T4di/1 对地波形，正常为 0~12V 的方波，实测为 0V 直线，如图 4-74 所示，说明 LIN 线存在对地短路或者测试点与两端模块均断路。

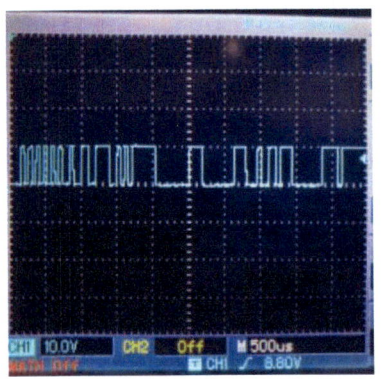 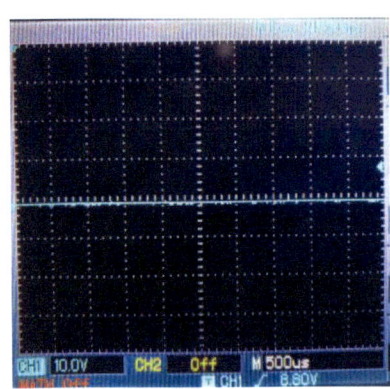

正常波形　　　　　　　　　　　实测波形

图 4-74　EX1 的 T4di/1 对地正常波形与实测波形

2）关闭 E378，拆下蓄电池负极接线，用万用表测量 J519、EX1 之间信号线路对地电阻，正常应存在很大电阻，实测为 0Ω。

3）断开 J519、EX1 插接器，用万用表测量 J519、EX1 之间信号线路对地电阻，正常为无穷大，实测为 0Ω。

4）排除灯光开关 LIN 线对地短路故障，系统恢复正常。

> **故障机理**

由于灯光开关 LIN 线对地短路，导致 J519 无法收到完整的开关信号，所以打开 E378 时灯光系统进入应急模式，示廓灯和近光灯全部点亮，前后雾灯均不亮。

故障点 4 灯光开关 LIN 线对地虚接 500Ω 电阻诊断过程

1）打开 E378，用示波器测量 EX1 的 T4di/1 对地波形，正常为 0~12V 的方波，实测为 0~5V 的方波，说明 LIN 线可能存在对地虚接或者 EX1 自身故障。

2）关闭 E378，拆下蓄电池负极接线，用万用表测量 J519、EX1 之间信号线路对地电阻，正常应存在很大电阻，实测为 500Ω。

3）断开 J519、EX1 插接器，用万用表测量 J519、EX1 之间信号线路对地电阻，正常为无穷大，实测为 500Ω。

4）排除灯光开关 LIN 线对地虚接故障，系统恢复正常。

> **故障机理**

由于灯光开关 LIN 线对地虚接，导致 J519 无法收到完整的开关信号，所以打开 E378 时灯光系统进入应急模式，示廓灯和近光灯全部点亮，前后雾灯均不亮。

案例 2　灯光开关 LIN 线对冗余线路短路故障检修

故障现象

打开车门，进入车内，EX1 背景灯点亮；打开 E378，示廓灯和近光灯全部点亮；示廓灯档时，示廓灯正常，近光灯异常闪烁，前后雾灯均不亮；近光灯档时，近光灯点亮，前后雾灯均不亮。其余正常。

微课视频 4.2　灯光开关 LIN 线对冗余线路短路故障

现象分析

灯光开关电路如图 4-75 所示，打开 E378，示廓灯和近光灯全部点亮，说明灯光系统进入应急模式；示廓灯档时，示廓灯正常，近光灯异常闪烁，说明灯光开关信号在正常和异常之间变化。可能的故障原因包括：①灯光开关自身故障；②灯光开关相关线路故障；③J519 局部故障。

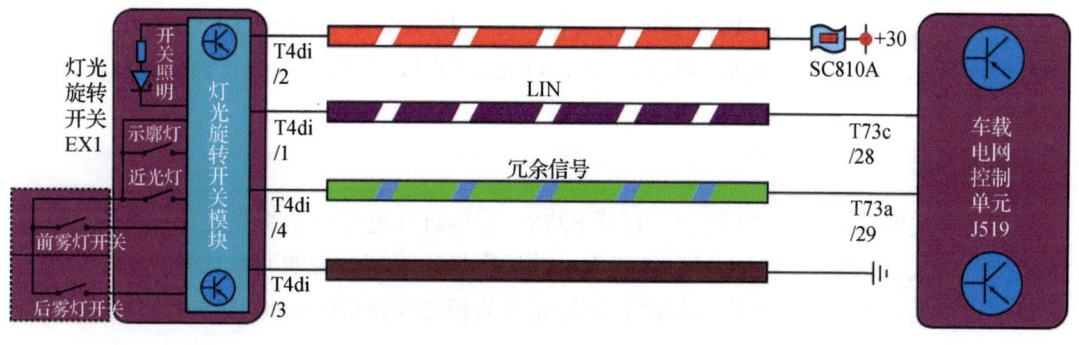

图 4-75　灯光开关电路

诊断过程

1）打开 E378，操作 EX1，用示波器测量 J519 的 T73c/28 对地波形，正常为 0-12V 的方波，实测为 0→+B 的杂波，如图 4-76 所示，且在不同档位，波形振幅与冗余信号振幅一致，说明 LIN 线可能对冗余线路短路。

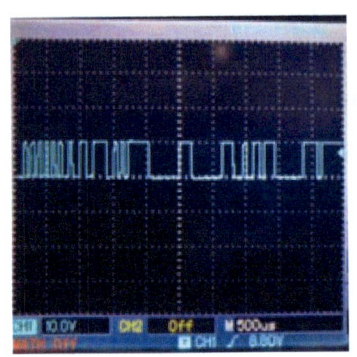   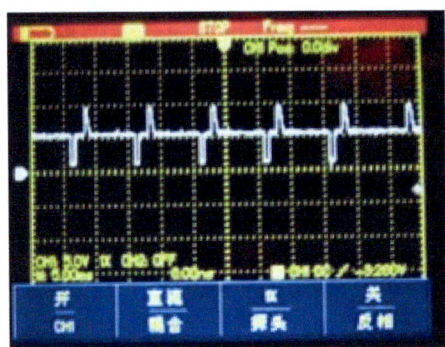

正常波形　　　　　　　　　　　实测波形

图 4-76　J519 的 T73c/28 对地正常波形与实测波形

2）关闭 E378，拆下蓄电池负极接线，用示波器测量 J519 的 T73a/29、T73c/28 之间的电阻，应存在很大的阻值，实测为 0Ω。

3）断开 J519、EX1 插接器，用示波器测量 J519 的 T73a/29、T73c/28 之间的电阻，正常应无穷大，实测为 0Ω。

4）排除灯光开关 LIN 线对冗余线路短路故障，系统恢复正常。

故障机理

由于灯光开关 LIN 线对冗余线路短路，导致 J519 无法收到完整的开关信号，所以打开 E378 时灯光系统进入应急模式，示廓灯和近光灯全部点亮，前后雾灯均不亮。

案例 3　灯光开关 LIN 线对冗余线路虚接 200Ω 电阻故障检修

故障现象

打开车门，进入车内，EX1 背景灯点亮；打开 E378，示廓灯和近光灯全部点亮；示廓灯档时，示廓灯正常，前后雾灯均不亮；近光灯档时，近光灯点亮，前后雾灯均不亮。其余正常。

现象分析

灯光开关电路如图 4-77 所示，打开 E378，示廓灯和近光灯全部点亮，说明灯光系统进入应急模式；示廓灯档时，示廓灯正常，前后雾灯均不亮，说明冗余信号正常。可能的故障原因包括：①灯光开关自身故障；②灯光开关相关线路故障；③ J519 局部故障。

任务 4 灯光控制系统认知与诊断

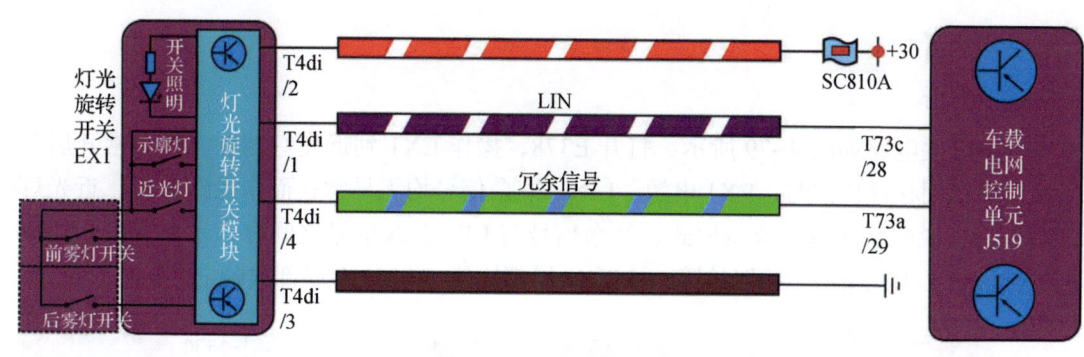

图 4-77 灯光开关电路

诊断过程

1）打开 E378，操作 EX1，用示波器测量 J519 的 T73c/28 对地波形，正常为 0-12V 的方波，实测为 0 → +B 的杂波，如图 4-78 所示，且在不同档位，波形振幅与冗余信号振幅一致，说明 LIN 线可能对冗余线路虚接。

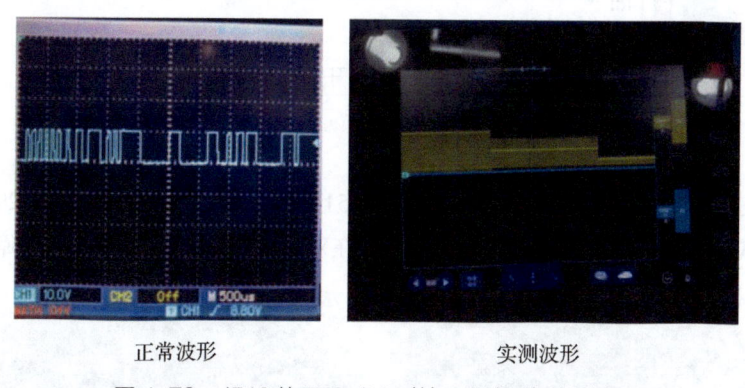

正常波形　　　　　　　　　　实测波形

图 4-78　J519 的 T73c/28 对地正常波形与实测波形

2）关闭 E378，拆下蓄电池负极接线，用示波器测量 J519 的 T73a/29、T73c/28 之间的电阻，应存在很大的阻值，实测为 200Ω。

3）断开 J519、EX1 插接器，用示波器测量 J519 的 T73a/29、T73c/28 之间的电阻，正常应无穷大，实测为 200Ω。

4）排除灯光开关 LIN 线对冗余线路虚接故障，系统恢复正常。

故障机理

由于灯光开关 LIN 线对冗余线路虚接，导致 J519 无法收到完整的开关信号，所以打开 E378 时灯光系统进入应急模式，示廓灯和近光灯全部点亮，前后雾灯均不亮。

案例 4　灯光开关冗余信号线路对地短路故障检修

故障现象

打开 E378，未操作 EX1，近光灯自动开启；操作 EX1，只能在近光灯档位开启前后雾灯。其余正常。

现象分析

灯光开关电路如图 4-79 所示，打开 E378，操作 EX1 到近光灯档位，可正常开启前后雾灯，说明在该档位时，EX1 电源、LIN、冗余信号均无异常；而未操作 EX1，近光灯自动开启，说明系统进入应急模式，冗余信号与 LIN 总线信号之间存在矛盾。可能的故障原因包括：①冗余信号线路故障；②EX1 局部故障；③J519 局部故障。

图 4-79　灯光开关电路

诊断过程

1）打开 E378，操作 EX1，用示波器测量 J519 端冗余信号波形（T73a/29），发现冗余信号始终为 0V 直线，如图 4-80 所示，说明存在对地短路或者 J519 存在故障。

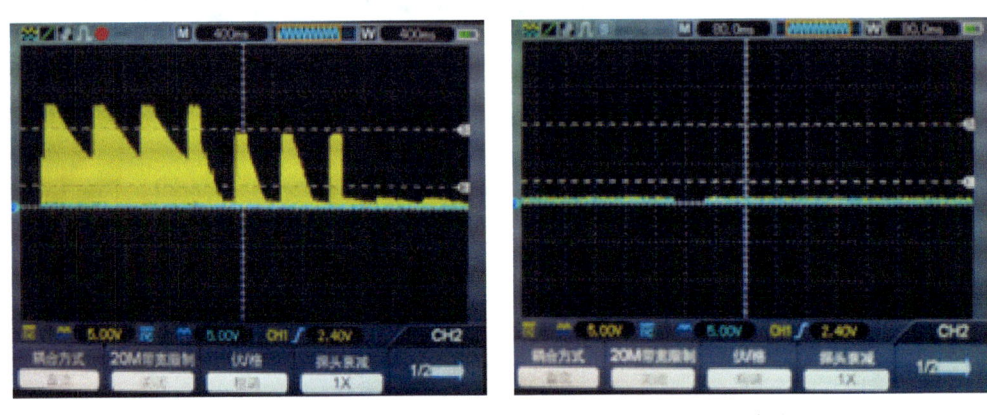

　　　　正常波形　　　　　　　　　　　　　实测波形

图 4-80　J519 端冗余信号正常波形与实测波形

2）关闭 E378，拆下蓄电池负极接线，用万用表测量 J519 的 T73a/29 到 EX1 的 T4di/4 之间线路的对地电阻，应存在很大阻值，实测近乎为零。

3）断开 J519、EX1 插接器，用万用表测量 J519 的 T73a/29 到 EX1 的 T4di/4 之间线路的对地电阻，正常应无穷大，实测近乎为零。

4）排除冗余信号线路对地短路故障，系统恢复正常。

> 故障机理

由于冗余信号线路对地短路，导致 J519 收到与 LIN 线不一致的开关信号，所以打开 E378，灯光系统进入应急模式。

案例 5 ｜灯光开关冗余信号线路对地虚接 500 Ω 电阻故障检修

> 故障现象

打开 E378，未操作 EX1，近光灯自动开启；示廓灯档时，示廓灯和近光灯同时点亮，前后雾灯不亮；近光灯档时，近光灯点亮，前后雾灯正常。其余正常。

> 现象分析

灯光开关电路如图 4-81 所示，打开 E378，操作 EX1 到近光灯档位，可正常开启前后雾灯，说明在该档位时，EX1 电源、LIN、冗余信号均无异常；而未操作 EX1，近光灯自动开启，说明系统进入应急模式、冗余信号与 LIN 总线信号之间存在矛盾。可能的故障原因包括：①冗余信号线路；②EX1 局部；③J519 局部。

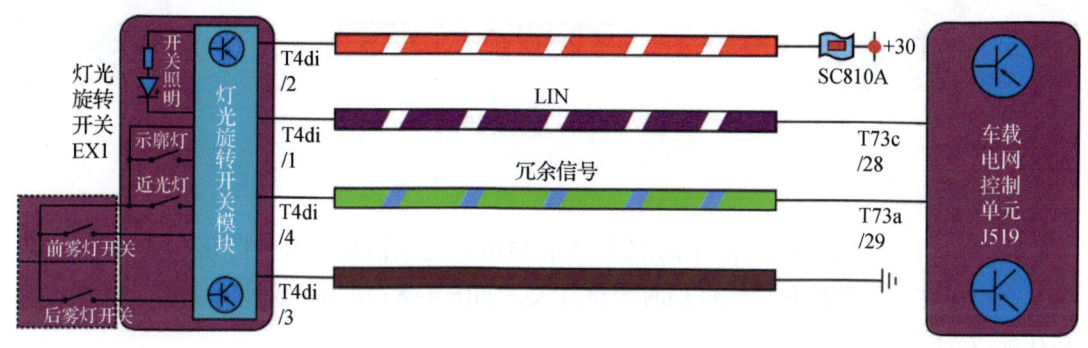

图 4-81 灯光开关电路

> 诊断过程

1）打开 E378，操作 EX1，用示波器测量 J519 端冗余信号波形（T73a/29），发现冗余信号振幅始终较低，说明冗余存在对地虚接故障。

2）关闭 E378，拆下蓄电池负极接线，用万用表测量 J519 的 T73a/29 到 EX1 的 T4di/4 之间线路的对地电阻，应存在很大阻值，实测为 500 Ω。

3）断开 J519、EX1 插接器，用万用表测量 J519 的 T73a/29 到 EX1 的 T4di/4 之间线路的对地电阻，正常应无穷大，实测为 500 Ω。

4）排除冗余信号线路对地虚接故障，系统恢复正常。

> 故障机理

由于冗余信号线路对地虚接，导致 J519 收到与 LIN 线不一致的开关信号，所以打开 E378，灯光系统进入应急模式。

案例6 灯光开关冗余信号线路虚接500Ω电阻故障检修

故障现象

打开E378，正常；示廓灯档时，示廓灯点亮，前后雾灯正常；近光灯档时，近光灯点亮，前后雾灯不亮。

现象分析

灯光开关电路如图4-82所示，示廓灯档时，示廓灯工作正常，同时可开启前后雾灯，说明EX1与J519之间一切正常；近光灯档时，前后雾灯不亮，说明J519接收到矛盾的开关信号。可以的故障原因包括：①EX1局部；②冗余信号线路；③J519局部。

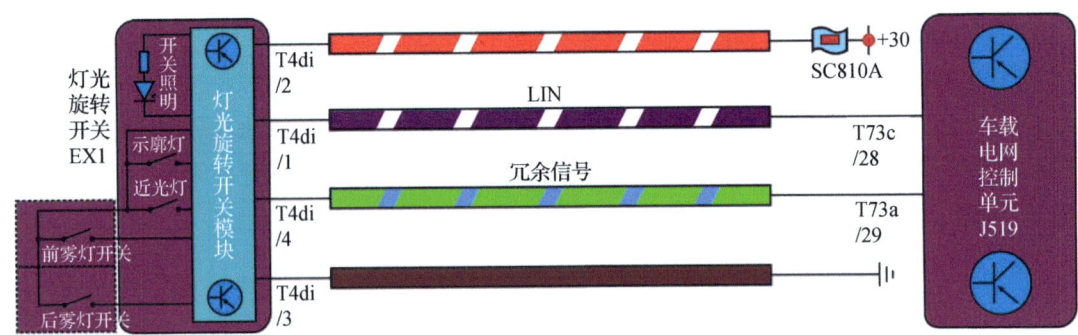

图4-82 灯光开关电路

诊断过程

1）打开E378，操作EX1，用示波器测量J519端冗余信号波形（T73a/29），发现冗余信号高电平在示廓灯档和近光灯档时明显过大，如图4-83所示，说明冗余信号线路可能存在虚接故障。

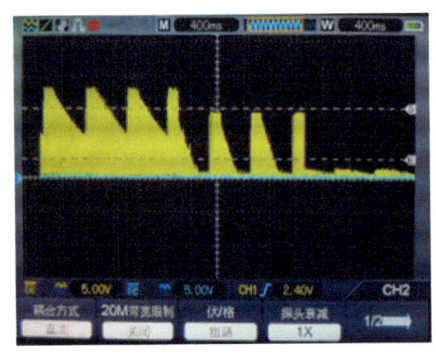
正常波形

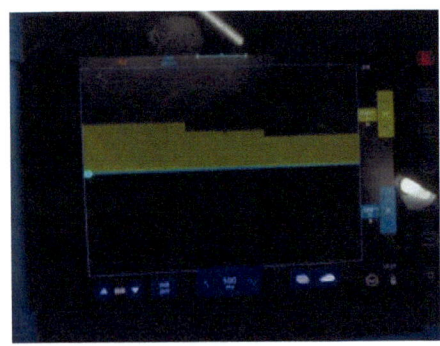
实测波形

图4-83 J519端冗余信号正常波形与实测波形

2）打开E378，操作EX1，用示波器测量EX1的T4di/4信号波形，发现冗余信号高电平在示廓灯档和近光灯档时明显过低，说明冗余信号线路存在虚接故障。

3）关闭E378，拆下蓄电池负极接线，断开J519、EX1插接器，用万用表测量J519的

T73a/29 到 EX1 的 T4di/4 之间线路的电阻，应近乎为零，实测为 500Ω，说明线路虚接。

4）排除故障，系统恢复正常。

故障机理

由于冗余信号线路虚接，导致 J519 在近光灯档收到与 LIN 线不一致的开关信号，所以近光灯档时灯光系统进入应急模式，前后雾灯不亮。

| 案例 7 | 灯光开关供电线路故障检修

故障点 1　灯光开关供电熔丝 SC8 断路
故障点 2　灯光开关供电熔丝 SC8 虚接 1000Ω 电阻
故障点 3　灯光开关接地线路断路
故障点 4　灯光开关接地线路虚接 1000Ω

故障现象

打开车门，进入车内，EX1 背景灯不亮；打开 E378，示廓灯和近光灯全部点亮；示廓灯档时，示廓灯正常，前后雾灯均不亮；近光灯档时，近光灯正常，前后雾灯均不亮。其余正常。

现象分析

灯光开关电路如图 4-84 所示，EX1 背景灯不亮，说明"正极电源→照明灯→灯光旋转开关模块（通过 LIN 线）→ J519"工作异常；打开 E378，示廓灯和近光灯全部点亮，说明灯光系统进入应急模式，J519 接收到异常的开关信号；示廓灯档时，示廓灯正常，前后雾灯均不亮，说明冗余信号正常。

综合以上分析，可能的故障原因包括：①灯光开关自身故障；②灯光开关相关线路故障；③ J519 局部故障。

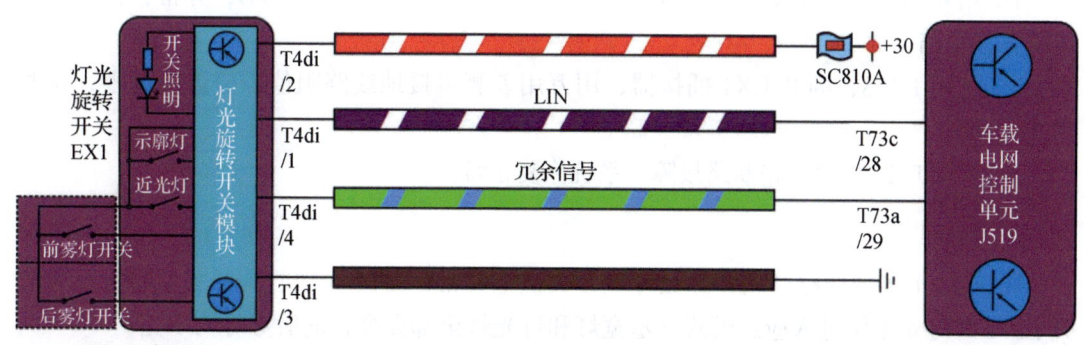

图 4-84　灯光开关电路

故障点 1　灯光开关供电熔丝 SC8 断路诊断过程

1）打开 E378，用示波器测量 EX1 的 T4di/1 对地波形，正常为 0-12V 的方波，实测正常。

2）用万用表测量 T4di/2 对地电压，正常为 +B，实测为 0V，异常。

3）用万用表测量 SC8 对地电压，正常均为 +B，实测一端为 +B，另一端为 0V，说明 SC8 断路。

4）拔下 SC8，用万用表测量阻值，正常为 0Ω，实测为无穷大。

5）用万用表测量 SC8 下游电路对地电阻，应大于 +B/10A，实测正常。

6）更换 SC8，系统恢复正常。

> 故障机理

由于 SC8 断路，导致灯光开关供电异常，J519 无法收到完整的开关信号，所以打开 E378 时灯光系统进入应急模式，示廓灯和近光灯全部点亮，前后雾灯均不亮。

> 故障点 2　灯光开关供电熔丝 SC8 虚接 1000Ω 电阻诊断过程

1）打开 E378，用示波器测量 EX1 的 T4di/1 对地波形，正常为 0-12V 的方波，实测为 0-12V 方波，正常。

2）打开 E378，用万用表测量 T4di/2 对地电压，正常为 +B，实测为 3V，异常。

3）打开 E378，用万用表测量 SC8 对地电压，正常均为 +B，实测一端为 +B，另一端为 3V，说明 SC8 内部电阻过大。

4）拔下 SC8，用万用表测量阻值，正常为 0Ω，实测为 1000Ω。

5）更换 SC8，系统恢复正常。

> 故障机理

由于 SC8 虚接，导致灯光开关供电异常，J519 无法收到完整的开关信号，所以打开 E378 时灯光系统进入应急模式，示廓灯和近光灯全部点亮，前后雾灯均不亮。

> 故障点 3　灯光开关接地线路断路诊断过程

1）用万用表测量 T4di/3 对地电压，正常应小于 0.1V，实测为 +B，异常，说明接地线路存在断路。

2）关闭 E378，断开 EX1 插接器，用万用表测量接地线路阻值，应近乎为零，实测为无穷大。

3）排除 EX1 接地线路断路故障，系统恢复正常。

> 故障机理

由于 EX1 接地线路断路，导致灯光开关供电异常，J519 无法收到开关信号，所以打开 E378 时灯光系统进入应急模式，示宽灯和近光灯全部点亮，前后雾灯均不亮。

> 故障点 4　灯光开关接地线路虚接 1000Ω 诊断过程

1）打开 E378，用万用表测量 EX1 的 T4di/3 对地电压，正常应小于 0.1V，实测为 8V，异常，说明接地线路存在虚接。

2）关闭 E378，断开 EX1 插接器，用万用表测量接地线路阻值，应近乎为零，实测为 1000Ω。

3）排除 EX1 接地线虚接路故障，系统恢复正常。

故障机理

由于 EX1 接地线路虚接，导致灯光开关供电异常，J519 无法收到开关信号，所以打开 E378 时灯光系统进入应急模式，示廓灯和近光灯全部点亮，前后雾灯均不亮。

案例 8 后雾灯供电线路断路故障检修

故障现象

打开 E378，示廓灯档时，示廓灯正常，前雾灯正常，但后雾灯不亮；近光灯档时，近光灯正常，前雾灯正常，后雾灯不亮，仪表上后雾灯指示灯点亮，仪表提示左侧后雾灯损坏。

微课视频 4.8
后雾灯供电线路断路故障

现象分析

后雾灯电路如图 4-85 所示，仪表上后雾灯指示灯点亮，说明 J519 已经收到后雾灯开关信号；但后雾灯不亮，说明后雾灯回路异常。可能的故障原因包括：①后雾灯自身故障；②后雾灯线路故障；③ J519 局部故障。

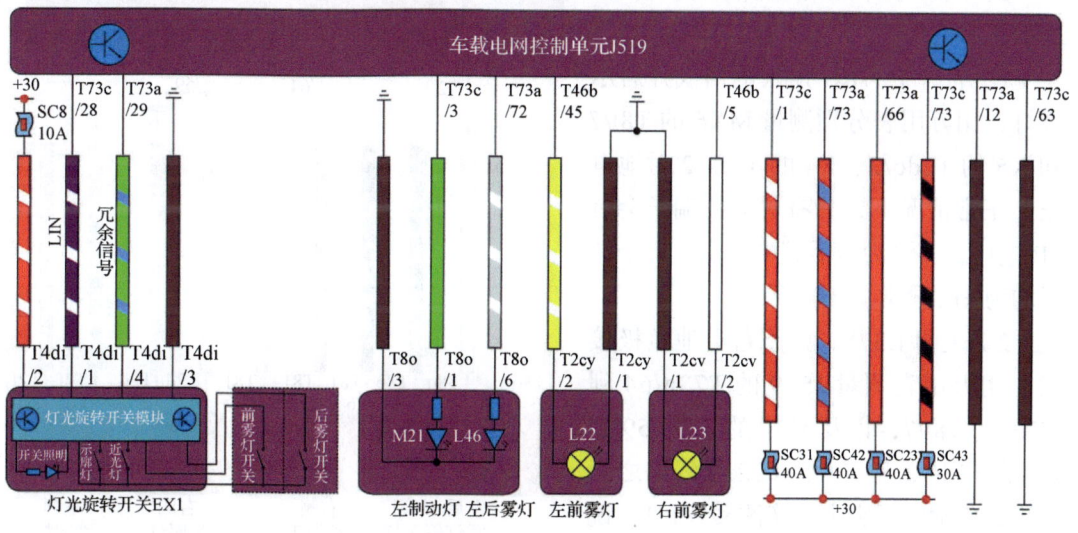

图 4-85 后雾灯电路

诊断过程

1）关闭行李舱盖，打开后雾灯，用万用表测量 T8o/6 对地电压，正常为 +B，实测为 0V，异常（注意：由于左制动灯正常，而左制动灯和左后雾灯合用一个接地线，所以暂时不考虑左后雾灯接地问题）。

2）关闭行李舱盖，打开后雾灯，用万用表测量 J519 的后雾灯输出 T73a/72 对地电压，正常为 +B，实测正常，结合上一步测试结果，说明后雾灯供电线路断路。

3）关闭 E378，拆下蓄电池负极接线，断开 J519、L46 插接器，用万用表测量后雾灯供电线路阻值，正常为 0Ω，实测值为无穷大。

4）排除后雾灯供电线路断路故障，系统恢复正常。

故障机理

由于后雾灯供电线路断路，导致后雾灯无法收到 J519 的供电信号，所以打开后雾灯开关，后雾灯不亮。

案例 9 倒车灯与牌照灯供电线路短路故障检修

故障现象

打开 E378，打开倒车灯，倒车灯正常，但牌照灯异常亮起；打开 E378，打开牌照灯，牌照灯正常，但倒车灯异常亮起。其余正常。

现象分析

基于线路原理，说明倒车灯与牌照灯的相关线路存在关联故障。

诊断过程

倒车灯与牌照灯电路如图 4-86 所示。

1）打开 E378，挂入倒档或开启示廓灯，用万用表分别测量 MX6 的 T8l/7 和 X5 的 T2dq/2、X4 的 T2fk/2 对地电压。正常情况下，只有对应的端子会有 +B 电压，实测为激活其中一个，三个端子均为 +B，异常。

2）关闭 E378，拆下蓄电池负极接线，用万用表测量 J519 的 T73a/64 到 MX6 的 T8l/7，以及 J519 的 T73a/59 到 X5 的 T2dq/2 和 X4 的 T2fk/2 线路之间电阻，正常应无穷大，实测≤0.1Ω，说明线路之间存在互短。

3）排除故障，系统恢复正常。

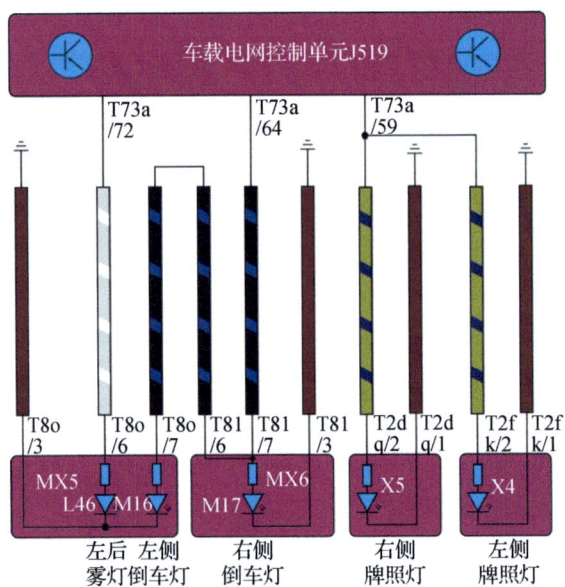

图 4-86　倒车灯与牌照灯电路

故障机理

由于倒车灯与牌照灯供电线路短路，导致 J519 点亮其中任一灯泡时，其他灯泡均点亮。

案例 10　尾部左侧牌照灯 X4 损坏故障检修

故障现象

X4 牌照灯始终不亮，其余正常。

现象分析

倒车灯与牌照灯电路如图 4-87 所示，由于 X4、X5 共用一部分供电和接地线路，X5 正常，说明公共供电和接地线路正常。造成 X4 牌照灯始终不亮的可能原因包括：① X4 损坏；② X4 线路故障。

诊断过程

1）在示廓灯灯档，用万用表测量 X4 的 T2fk/2 对地电压，正常为 +B，实测为 12.4V，正常，说明 X4 自身损坏。

2）更换 X4，系统恢复正常。

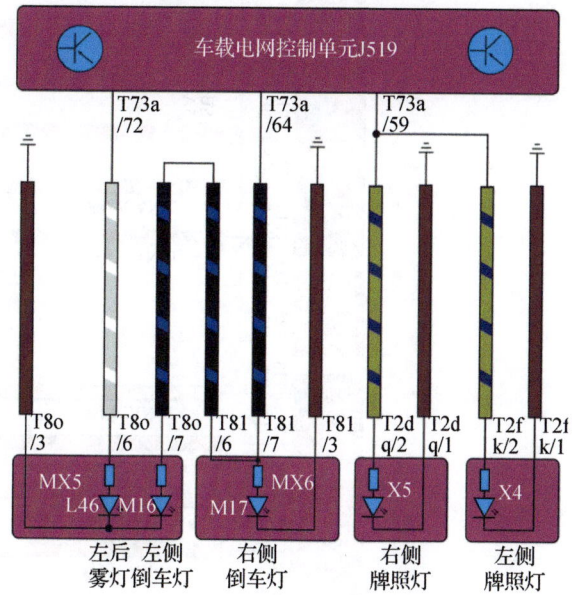

图 4-87　倒车灯与牌照灯电路

故障机理

由于牌照灯 X4 损坏，所以打开示廓灯档时，左侧牌照灯不亮。

案例 11　高位制动灯供电线路断路故障检修

故障现象

打开 E378，踩下制动踏板高位制动灯不亮。其余正常。

现象分析

制动灯控制电路如图 4-88 所示，尾部制动灯正常，说明 J519 接收到的制动开关信号正常。造成高位制动灯不亮的原因可能是：① M25 相关线路；② M25、J519 局部。

诊断过程

1）打开 E378，踩下制动踏板，用万用表测量 M25 的工作电压，正常应为 +B，实测为 0V，异常。

2）打开 E378，踩下制动踏板，用万用表测量 M25 的 T2he/1、T2he/2 对地电压，正常分别为 0V、+B，实测均为 0V，异常。

3）打开 E378，踩下制动踏板，用万用表测量 J519 的 T73a/57 对地电压，实测为 +B，正常，说明线路断路。

4）关闭 E378，拆下蓄电池负极接线，断开 J519、M25 插接器，用万用表测量 M25

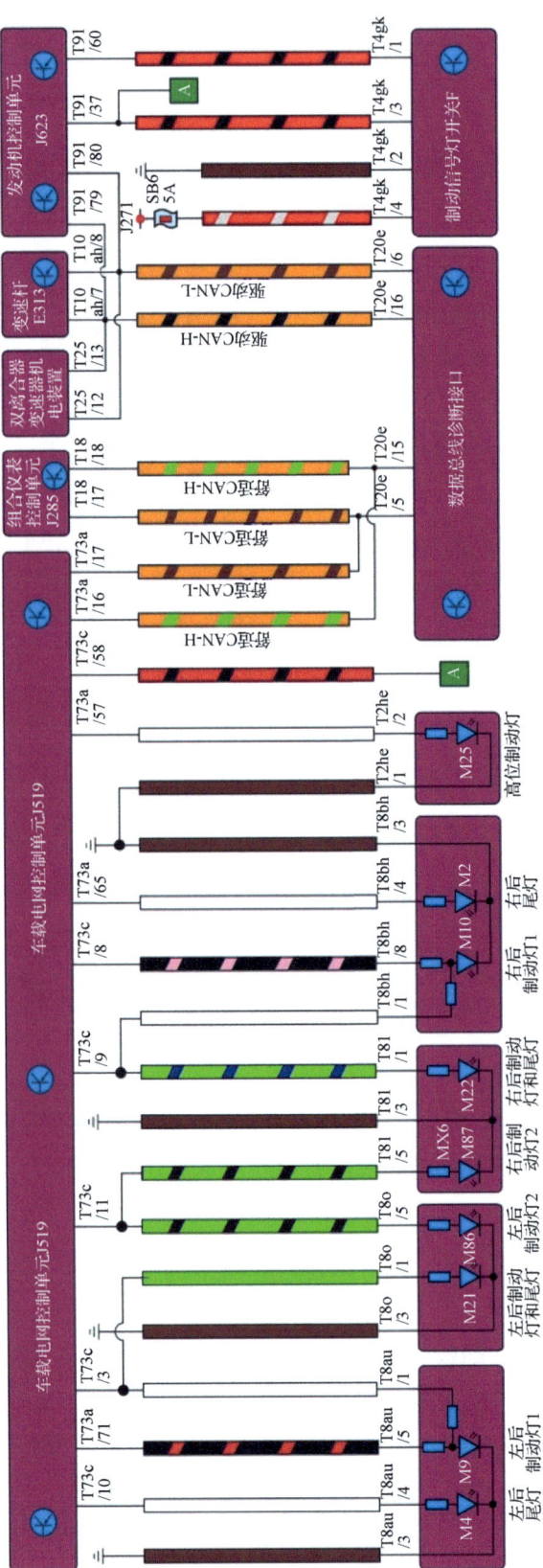

图 4-88 制动灯控制电路

的 T2he/2 与 J519 的 T73a/57 之间线路的电阻，正常应近乎为零，实测为无穷大。

5）排除高位制动灯供电线路断路故障，系统恢复正常。

故障机理

由于高位制动灯供电线路断路，导致 J519 不能控制灯泡点亮，所以踩下制动踏板，高位制动灯不亮。

案例 12 J519 端制动信号线路对正极短路故障检修

故障现象

按 E378，不踩制动踏板直接起动车辆，仪表无制动踏板指示灯，其他无异常；制动灯长亮。

现象分析

制动灯控制电路如图 4-89 所示，不踩制动踏板直接起动，且制动灯常亮，说明制动踏板踩下的信号始终存在。可能的故障原因包括：①制动开关自身故障；②相关线路故障；③ J623、J519 局部故障。

诊断过程

1）踩制动踏板，用万用表测量 J519 端 T73c/58 对地电压，正常应为 0 → +B，实测为 +B 不变，说明测试点与 +B 之间短路。

2）断开 TIUL 插接器，用万用表测量 J519 端 T73c/58 对地电压，正常应小于 0.1V，实测为 +B 不变，说明信号线路存在对正极短路。

3）断开蓄电池负极，断开 J519 插接器和 TIUL 插接器，用万用表测量信号线路对正极的阻值，实测为 0Ω。

4）排除制动信号线路对正极短路故障，系统恢复正常。

故障机理

由于制动信号线路对正极短路，导致 J519 和 J623 始终收到制动踏板踩下的信号，所以不踩制动踏板就可以起动，且制动灯常亮。

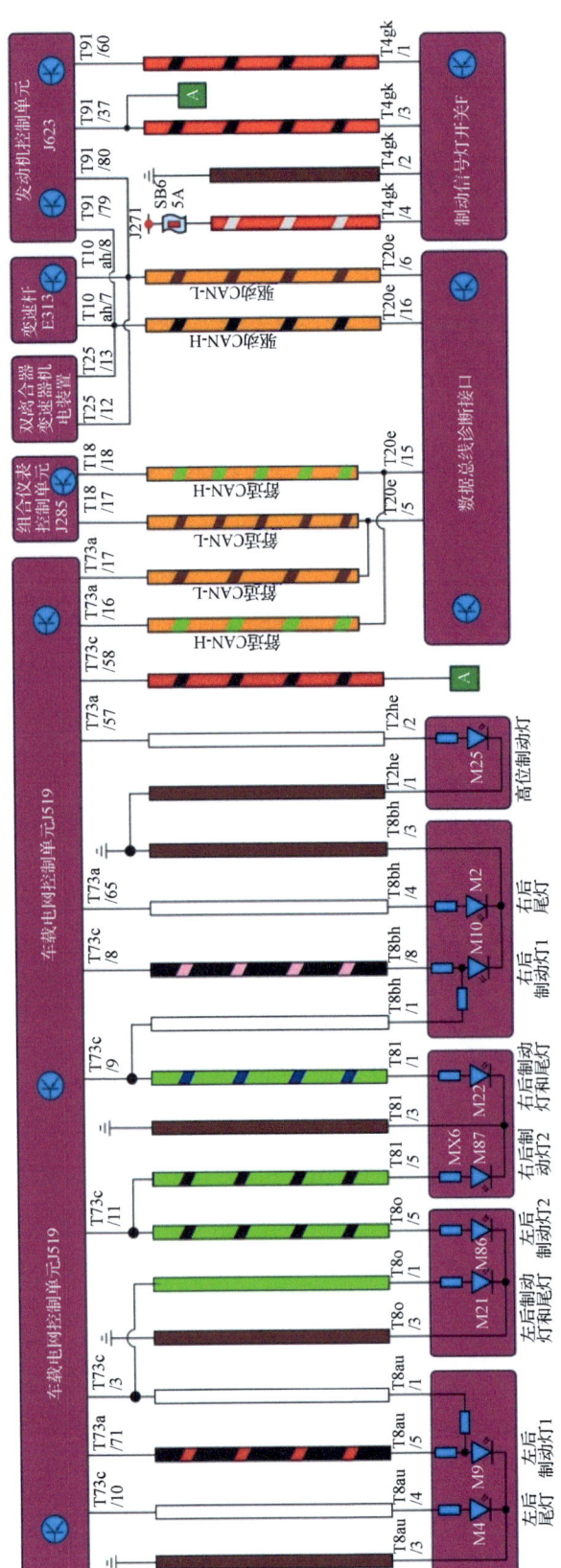

图4-89 制动灯控制电路

附件

任务单 1　汽车维修服务接车单

来店时间：＿＿＿＿年＿＿月＿＿日＿＿时＿＿分　　交车时间：＿＿＿＿年＿＿月＿＿日＿＿时＿＿分

顾客姓名		车牌号		车型		车辆颜色	
顾客电话		行驶里程		VIN 号			
维修项目							
＿＿＿＿＿km 常规保养□　一般维修□　事故车□　洗车□　其他□							
维修项目	配件	工时	合计	维修项目	配件	工时	合计
1.				7.			
2.				8.			
3.				9.			
4.				10.			
5.				11.			
6.				合计			
故障描述及初步诊断结果							

保养项目		旧件	环车检查
机油		带走□　不带走□	外观检查（有损坏处〇出）
机滤			
空滤		油量显示（用→标记）	
汽滤			
空调滤			
火花塞		FULL	
变速器油			
转向油			
防冻液			
制动油			
全车传动带			
润滑清洗			
进气燃油		EMPTY	
空调杀菌			
灯光检测			
轮胎检测		制动器检测	底盘检测
接车人签字：			顾客签字：

注：1. 此单据中预计费用是预估费用，实际费用以结算单中最终费用为准。
　　2. 将车辆交给我店检修时，已提示将车内贵重物品自行收起并妥善保管。如有遗失本店恕不负责。

任务单 2　故障树

任务单 3 诊断报告

一、准确描述故障现象，并列举故障原因	得分
故障现象描述：	
与本页内容相关的控制原理图，不用者不填	
初步分析测试结果，必要时简单修复，并做进一步诊断（或验证），不用者不填	
故障可能范围，分析到第一层即可，不用者不填	
针对下一步诊断的思路说明，不用者不填	

（续）

二、故障确诊过程，请在对应的选项后划"√"，或填写对应的内容	得分
1.利用汽车专用诊断仪读取故障代码	
（1）诊断仪与本系统控制模块的通信情况：异常（　　）/正常（　　）	
①诊断仪与其他控制模块的通信情况：异常（　　）/正常（　　）	
②从其他控制模块读取的相关故障代码信息，不用者不填	
③分析测试结果，不用者不填	
④导致汽车专用诊断仪通信不正常的故障原因，不用者不填	
原理图，来源（　　），不用者不填	
（2）本系统控制模块与诊断仪正常通信时读取的故障信息，不用者不填	
无故障代码（　　）/有故障代码（　　）	
1）基于无故障代码的诊断信息，分析可能的故障原因，不用者不填	

注：本页根据需要选择使用。

(续)

2）基于有故障代码的诊断信息				得分
故障代码	定义	是否始终记忆	与故障是否相关	
		是（ ）/否（ ）	是（ ）/否（ ）	
		是（ ）/否（ ）	是（ ）/否（ ）	
		是（ ）/否（ ）	是（ ）/否（ ）	
		是（ ）/否（ ）	是（ ）/否（ ）	
		是（ ）/否（ ）	是（ ）/否（ ）	
		是（ ）/否（ ）	是（ ）/否（ ）	
		是（ ）/否（ ）	是（ ）/否（ ）	
		是（ ）/否（ ）	是（ ）/否（ ）	
		是（ ）/否（ ）	是（ ）/否（ ）	

①分析测试结果，不用者不填

②基于相关故障代码的诊断信息，分析可能的故障原因，不用者不填

	与本页内容相关的控制原理图，不用者不填

实施下一步诊断的思路说明，不用者不填

注：本页根据需要选择使用。

（续）

2. 基于以上诊断结论，实施诊断，确定故障范围			得分
测试对象			
测试条件		使用设备	
电路电压、数据流、执行元件诊断结果或尾气排放数值测试结果，不用者不填			
测试参数			
标准描述			
测试结果			
是否正常			
波形测试结果，不用者不填			
波形名称	标准波形（注意单位）	实测波形（请圈出异常位置）	
分析测试结果，必要时简单修复，并做进一步诊断（或验证），不用者不填			
诊断结论：引起故障的可能原因，不用者不填			
	与本页内容相关的控制原理图，不用者不填		
实施下一步诊断的思路说明，不用者不填			

注：本页根据需要选择使用，可多次重复使用。

（续）

3.基于以上诊断结论，实施诊断并确定故障范围			得分
测试对象			
测试条件		使用设备	
电路电压、数据流、执行元件诊断结果或尾气排放数值测试结果，不用者不填			
测试参数			
标准描述			
测试结果			
是否正常			
波形测试结果，不用者不填			
波形名称	标准波形（注意单位）	实测波形（请圈出异常位置）	
分析测试结果，必要时简单修复，并做进一步诊断（或验证），不用者不填			
三、最终诊断结论：引起故障的可能原因			
四、分析故障机理，提出维修建议			

注：本页必用。

任务单4　完工单

请留下您宝贵的意见！以便我们为您提供更好的服务			尊敬的车主阁下： 　　我中心已遵照您的委托，将您的座驾□修理□保养□检验完毕，经检查发现您的座驾还有以下问题，敬请您早作处理，以确保您旅途愉快！		完工检验
质量	技术	□好　　□一般　　□差	检查结果：	处理意见：	检验结果：
	设备	□先进 □落后			处理意见：
	操作	□规范 □一般　□不规范			
工期	待工	□长　　□一般			备注：
	待料	□长　　□一般			
价格	工价	□满意 □能接受 □不能接受			
	料价	□满意 □能接受 □不能接受			
服务	态度	□热情 □一般　□冷淡			
	环境	□整洁 □一般　□脏乱			
	秩序	□有序 □一般　□混乱			班组签名：
	手续	□烦琐 □简便			
					检验员签名：
抱怨处理情况	□能得到有效处理 □不能得到有效处理		检验员签名：　　技术主管签名：		
其他建议：			出厂检验： 　1.确认油、液及所有安全项目均已检查过； 　2.检查工单是否填写完整； 　3.旧件的处理同车主的交涉； 　4.确认车辆内外的清洁是否做过； 　5.清点随车工具和其他物品； 　6.确认过的地方没有弄脏或弄坏； 　7.确认实际维修换件项目和费用是否与报修单相符。		接车员签名：